教育「変革」の時代の羅針盤

「教育DX×個別最適な学び」の光と影

石井 英真 著

教育出版

【目 次】

はしがき——教育「改革」の時代から教育「変革」の時代へ

　2017年改訂の新学習指導要領が実施されようとするタイミングで、GIGAスクール構想、中央教育審議会答申「『令和の日本型学校教育』の構築を目指して〜全ての子供たちの可能性を引き出す、個別最適な学びと、協働的な学びの実現〜」(以下、「令和の日本型学校教育」)(2021年1月26日)など、次々と新たな教育改革構想が、文部科学省（以下、文科省）のみならず、経済産業省（以下、経産省）、内閣府からも提起されています。そして、咀嚼する余裕も十分でないままに新しい言葉が投げ込まれる結果、「主体的・対話的で深い学び」から「個別最適な学び」へとキーワードを乗り換えるかのような動きも見られます。

　近年、教育改革構想の提案が繰り返される背景には、変化の激しい社会における子どもたちの学習・生活環境や学校の構造変容があります。特に、GIGAスクール構想や「個別最適な学び」は、ICT活用や自由進度学習等の新たな手法や学習形態の提案に止まるものではありません。既存の枠組みをある程度生かしながら「改善」や「改革」を進めるのみならず、履修主義や学年学級制、標準授業時数、学校に集って教師の指導の下で学び合うことを自明視しないなど、日本の学校の基盤となるルールや制度的・組織的枠組みやシステムをゼロベースで見直し、「変革（transformation）」しようとする志向性が強まっています。

　後述するように、この教育「変革」政策は、「Society 5.0」という政策アイディアを軸に、「個別最適な学び」と「教育DX（デジタルトランスフォーメーション）」とを掛け合わせ、レイヤー構造のプラットフォームビジネスをモデルとして構想されています。また、その基本構造は、教育課程政策と教師教育政策とで同型です。「『令和の日本型学校教育』を担う新たな教師の学びの姿の実現に向けて（審議まとめ）」(2021年11月15日)

では、教員免許更新制を発展的に解消した先に、研修履歴管理システムによる教員の個別最適な学びの実現が提起され、2022 年 5 月 11 日、教員免許更新制を廃止する教育職員免許法の改正案と、教員一人ひとりの研修記録の作成を各教育委員会等の任命権者に義務づける教育公務員特例法の改正案が、参議院本会議で可決、成立しました。さらに、そうした教育「変革」政策は、「教育政策共同体を越えた幅広いイシュー・ネットワーク（アライアンス）」（合田 2020、p.15）、すなわち省庁連携による政策調整過程を通して推進されています。そしてそれは、内閣府の総合科学技術・イノベーション会議（CSTI）の教育・人材育成ワーキンググループによる「Society 5.0 の実現に向けた教育・人材育成に関する政策パッケージ」（以下、「政策パッケージ」）（2022 年 6 月 2 日）として結実しています。

　デマンドサイドからの視点で考える教育「変革」政策は、「教育」の供給主体を「学校」のみに限定することなく、社会・民間との積極的な連携を重視し、学校内部においても、教員に依存せず多職種協働の組織への転換を志向しています。「子どもが教育を選ぶ時代」（野本 2022）という言葉が象徴的に示すように、学校や教師や授業や教科書を必ずしも経由しない学びのあり方が、「子ども主語」「自律的な学び」「エージェンシー」といった言葉と結びついて理想化される状況もあります。

　教員の質の担保どころか、教員志望者減による人員の確保も難しい状況で、教員あるいは学校の仕事のスリム化や外注、教職ルートの多様化や人材の多様化を促す教職資格自体の規制緩和の動きもあり、教職の専門性や専門職性、さらには日本の教師のこれまでの当たり前が大きくゆさぶられています。教育の仕事や専門性を教職の専有物とすることは自明ではないし、全人教育志向で多様な役割を丸抱えしがちで、教員の献身やマルチな職人的仕事を前提にした学校運営は立ち行かないところまで来ています。

　情報技術革新がもたらす「第 4 次産業革命」とも言われる近年の時代状況は、メディア革命としての性格も強く帯びており、知やコミュニケーショ

ンやコミュニティのあり方に大きなインパクトをもたらしています。人と人との距離（ソーシャルディスタンス）を主題化したコロナ禍、および、コロナ禍以前から進行していた「第4次産業革命」に起因する、さまざまな人、モノ、コトのネットワーク化やボーダレス化を加速させる DX は、「日本型学校教育」の共同体的性格を、そして、日本の「タテ社会」的構造の根本を問い直すラディカルさを持っています。それは、企業の側の、新卒一括採用と終身雇用によって支えられたメンバーシップ型の日本型雇用システムの閉鎖性・保守性を問い直す動きとセットで捉えられるべきものでもあります。日本社会の社会関係やコミュニティのあり方をゆさぶる情報技術革新と社会変動の契機を生かして、教育「変革」政策が、タテ社会日本の、世間に準拠した行動に流れがちな同調主義、そして、めいめいの努力に依存する精神論に傾斜しがちな自力主義を少しなりとも問い直すものになりうるのか。そして、より多くの子どもたちのウェルビーイングを保障する、より共生的で機動性のある公教育システムの構築につながりうるのか。あるいは逆に、情報技術革新のインパクトも技術的に消費して、自由と多様性の名の下に社会の分極化と不安定化を強め、主体性尊重の名の下に、心理主義と社会問題の個人化の傾向を強め、結果として生きづらさの拡大につながるおそれはないのか。本書では、教育「変革」政策の光と影を見極めて、「日本型学校教育」の再構築につなげる道筋について論じたいと思います。

　本書では、教育「変革」政策の展開を概観しながら、その基本的な枠組みとそれをめぐる論点を整理します。タイトルに「光と影」とあるように、本書は、「変革」のもたらすポジティブな側面だけでなく、むしろ懸念される負の側面や課題などについても取り上げ、その克服のために何が必要かも論じます。その上で、「日本型学校教育」の強みと弱みを明確化しながら、また、学校や教師の仕事のコアを確認しながら、教育「変革」のうねりを、真に子どもたちの学びと成長と幸福追求の保障へとつないでいく

指針や展望を示したいと思います。そうして、複雑化し不透明化している現状についての見晴らしをよくするとともに、コンピテンシー、エージェンシー、子ども主語、主体的・対話的で深い学び、ICT 活用、個別最適な学びなどの核心を見極め、授業づくりや学びを支援する仕事の不易と軸足を確認しつつ、「土づくり」をしっかり行いながら「日本型学校教育」の再構築へと実質的な一歩をふみだすための見通しを示せればと思います。さらに、そうした新しい学校や教育を担う教師が、余裕とやり甲斐をもって、日常的な学校生活の中で経験と力量を積み上げていけるための、持続可能かつ本質を外さない教職の専門性と力量形成システムのあり方についても述べます。

第1章　「変革」の時代の教育政策の展開

1．教育「変革」政策の展開——「知識基盤社会」から「Society 5.0」への政策アイディアの変化

　後期近代、ポスト近代、ハイ・モダニティとも形容される現代社会の要請、特に産業界からの人材育成要求を受けて、「コンピテンシー（competency）」（職業上の実力や人生における成功を予測する能力）の育成を重視する傾向（コンピテンシー・ベースの教育改革）が世界的に展開してきました（松下 2010；石井 2015；松尾 2015）。現代社会は、経済面から見ると、グローバル化、知識経済、情報技術革新が密接に関係しながら進行している社会です。「資本主義の非物質主義的転回」（諸富 2020）とも言われる、1970 年代以降進展してきた資本主義の構造変容は、2000 年代の段階では、世界的には知識経済、知識資本主義といった概念で、日本でも「知識基盤社会」というキーワードで、教育改革にも影響を与えました。社会が求める人材像や能力の中身、およびその合理的・効率的形成の方法論が議論され、その先に成立したのが、2017 年改訂の資質・能力ベースの学習指導要領です。

　「知識基盤社会」論に導かれた資質・能力ベースの改革は、現在、新たな局面を迎えています。情報技術革新に関わって、ニューメディアの使用法に止まらない、社会の観念やシステムや思考法のあり方に関わる大転換が、「第4次産業革命」や「Society 5.0」といったキーワードにより明確に認識されるようになってきたのです。2016 年 1 月にスイスのダボスで開催された第 46 回世界経済フォーラムの年次総会（ダボス会議）において、AI やロボット技術などを軸とする「第4次産業革命」が主題化されました。

これを受けて、日本政府が打ち出したのが、「Society 5.0」（サイバー空間（仮想空間）とフィジカル空間（現実空間）を高度に融合させたシステムにより、経済発展と社会的課題の解決を両立する、人間中心の社会）という政策アイディアです。

「Society 5.0」という政策アイディアは、「はしがき」で述べたように、「変革」志向の「令和の日本型学校教育」や「政策パッケージ」などを生み出しています。これらの「変革」論議は、教育に止まらず福祉なども含めて、子ども支援の担い手や組織体制を包括的に再検討するものです。本章では、「令和の日本型学校教育」の中身やその成立過程、および、「政策パッケージ」に示された改革構想の内実を整理し、その基本的な性格や論点を明らかにしたいと思います。

「令和の日本型学校教育」は、後述する「Society 5.0 に向けた人材育成」に示された「学び」の時代の学校像を具体化し、GIGA スクール構想による一人一台端末等の条件整備の先に、いかなる学びと学校のあり方を創造するかを示そうとするものです。そして、答申およびその策定過程には、経産省の「未来の教室」構想が大きな影響を与えています。近年の省庁連携による政策決定過程を見る上でも、「未来の教室」構想を概観した上で、「令和の日本型学校教育」のポイントを整理してみましょう。

2．経産省の「未来の教室」と文科省の「令和の日本型学校教育」のあいだ

（1）経産省の「未来の教室」構想の内実

経産省の「未来の教室」構想は、未来を見通しにくい時代において、未来を創る当事者（チェンジ・メイカー）の育成を目指し、改革に向けた三本の柱を提起しています（経産省 2019）。一つ目の柱は、「学びの STEAM 化」であり、文理を問わず教科知識や専門知識を習得すること（＝「知る」）と、探究・プロジェクト型学習（Project-based learning：PBL）の中で知識に横串を刺し、創造的・論理的に思考し、未知の課題やその解決策を見

いだすこと（＝「創る」）とが循環する学びの必要性が提起されています（図1）。二つ目の柱は、「学びの自立化・個別最適化」であり、子どもたち一人ひとりによって異なる認知特性や興味・関心や学習の到達度に応じて、各自にとって最適で自立的な学習機会を選べるようにしていくこととされます。

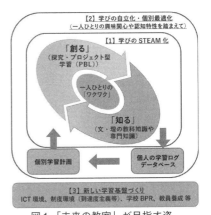

図1 「未来の教室」が目指す姿
（「未来の教室」のホームページ（https://www.learning-innovation.go.jp/about/）より抜粋）

「未来の教室」では、上記の取り組みを進める上で、民間企業等が開発したEdTechの活用が推奨されています。「学びのSTEAM化」については、S（Science：科学）、T（Technology：技術）、E（Engineering：工学）、M（Mathematics：数学）のみならず、リベラルアーツ（Arts）の要素が加えられていますが、人文学としての意味よりもデザイン思考に力点が置かれ、ロボティクスやプログラミングを駆使したものづくりや、実験を通じて科学技術への理解を深める学びなど、産業競争力を支えるハイテク産業に従事できる人材の育成に強調点があります。そして、産学官連携によるSTEAM学習プログラムの開発とそのデジタルコンテンツ化を促進すべく、STEAMライブラリーというプラットフォームも立ち上げています。

こうして、一人ひとりの興味・関心に応じて個別最適化されたPBLを実現していくのみならず、PBLに割く時間を捻出する上で、AI型ドリル教材を用いた自学自習と学び合いが知識習得に効果的で、時間短縮にもつながることが示されます。そして、AIとデータの力を借りた個別指導としての、個別最適化された学びが、一斉・一律・一方向型授業に代わる授業の形とされました。さらに、子どもたち一人ひとりが自分に適した学び方を選び、自分に相応しい学習ペースを選んで学ぶことがEdTechの登

場によって技術的には容易になったとして、同じ学年の子どもたちが同じ教室に同時に集まり、標準的な授業時数を一律に履修する現在の制度を見直し、「学年」「学級」「履修主義」を緩和し、「到達度主義」としての修得主義を導入することが説かれました。

　上記の二つの柱を進めるための新たなインフラを整えることが、三つ目の柱です。そこでは、上述の到達度主義の導入に加え、一人一台端末など、学校のICTインフラの整備、業務実態の分析をふまえて業務を大胆に捨て、デジタル・ファーストの考え方で業務環境を再構築する教員の働き方改革、学校外の人材と学び協働し続けるために、教師自身がチェンジ・メイカーとなるための研修プログラムの開発、および、産業界・民間教育・研究機関・地域社会と学校教育との協働・融合のためのハードルを下げる、社会とシームレスな学校づくりが挙げられていました。

　以上のように、「未来の教室」の提言は、企業とも連携しながら、EdTechを大胆に導入すべきだという語りにあふれており、教材ではなく文房具として一人一台端末を整備する文科省のGIGAスクール構想とも連動しています。その基本的な論理は、学校の機能を切り分け、学校の外側のさまざまなアクターで分担していく方向性、および、一人ひとりのニーズに応じることを志向する方向性、いわば公教育の機能主義的再編と個人主義的再編として特徴づけることができます（石井 2020d）。

（2）文科省の「令和の日本型学校教育」構想の内実

　「未来の教室」と同様、「令和の日本型学校教育」にも、豊かな人生を切り拓き、持続可能な社会の創り手となるといった具合に、正解のない問題に対応して納得解を探ることに止まらず、変化を積極的に促進する方向性が見て取れます。また、社会や子どもたちにおいて拡大する多様性への対応、社会全体のデジタル化・オンライン化、DXの加速化への対応を基本的なモチーフとしています。

　「令和の日本型学校教育」では、2017年改訂の学習指導要領の着実な実施という文脈を強調しつつ、学校における働き方改革やGIGAスクール構想への対応などの新たな動きも意識しながら、正解主義や同調圧力からの脱却や一人ひとりの子どもを主語にした学校の実現を目指すとされています。資質・能力ベースの2017年版学習指導要領と同様に、人間としての強みに注目し、現代社会への適応に限定されない、教育目的における普遍性を強調しようとする姿勢、および、全人的な発達・成長の保障という「日本型学校教育」の強みに目を向ける姿勢は、ある程度堅持されています。まさに「令和の日本型学校教育」とされているゆえんです。ただ、2017年版学習指導要領と比べると、「必要な改革を躊躇なく進める」という変革志向の強さが読み取れます。

　「令和の日本型学校教育」が目指す学校像として、「全ての子どもたちの可能性を引き出す、個別最適な学びと、協働的な学びの実現」という方向性が示されます。ここで、「未来の教室」や、後述の「Society 5.0 に向けた人材育成」において「個別最適化された学び」とされていたものが、「個別最適な学び」とされている点に、過去との非連続性を強調する社会変動をふまえつつも、これまでの教育政策や教育実践の蓄積とつなごうとする文科省の姿勢が表れています。「個別最適化」という政策上の概念は、ともすればAI型ドリルによる知識・技能の自由進度学習のイメージに矮小化されがちで、学習の効率化・機械化・孤立化が危惧されたり、大人や機械が最適な学びを提供する受動的な学びに陥ることが危惧されたりもしました。これに対して、中教審の審議を経て、「個別最適化された学び」概念は、個別化・個性化教育の歴史的蓄積と結びつけられてその論点が整理され、「指導の個別化」と「学習の個性化」という、日本の個別化・個性化教育が提起してきた概念によって捉え直されることとなります。さらに、'adaptive learning' ではなく、'personalized and self-regulated learning' として、自律的学習者の育成という意味を強める形で、その概

念が規定し直されることとなりました[1]。ただ、「指導の個別化」と「学習の個性化」という言葉による整理では、第2章で詳しく述べるように、個々人の量的差異（垂直軸）と質的差異（水平軸）のどちらを強調するかという、「個別化」概念と「個性化」概念で歴史的に問われてきた、学校像の分岐点に関わる本質的論点が見えにくくなっています。こうして、「個別最適な学び」概念については、従来の教育政策の用語である「個に応じた指導」（教師視点）を学習者視点で捉え直したものとし、「協働的な学び」との一体的実現を強調することで、「主体的・対話的で深い学び」の追求と「資質・能力」の育成という、2017年版学習指導要領の枠組みとの整合性を図ろうとしているとみることができます。

　子どもたち一人ひとりが自分のニーズに合わせて、いつでもどこでも誰とでも学べる、場所や時間や集団の制約から解放された自由な学びを実現するための制度枠組みのあり方について、「令和の日本型学校教育」は、検定試験的で等級制的な極端な修得主義（教師の仕事や学校の役割の限定化・スリム化への志向性）には慎重であり、学校教育の質と多様性、包摂性を高め、教育の機会均等を実現すべく、学校という場でともに学ぶことの意味も重視しています。そして、標準授業時数の規制を緩め、デジタルやオンラインを最大限に生かして学習を効率化・個別化するような論調に対しては、「二項対立の陥穽に陥らない」として、「履修主義・修得主義等の適切な組み合わせ」という形で一定の歯止めをかけることが試みられています。

　コロナ禍で顕在化した学校依存や教職のブラック化の問題も背景に、「令

---

[1] 中央教育審議会初等中等教育分科会教育課程部会「教育課程部会における審議のまとめ」（2021年1月25日）の関連資料に所収の、石井英真「これからの時代の学校のカリキュラムと授業の在り方をめぐって〜先端技術の活用等を踏まえた『ひとりひとりを生かす』履修システムを検討する視点」、奈須正裕「個別最適化された学びについて」、溝上慎一「令和の日本型学校教育における『個別最適な学び』『協働的な学び』についての概念的考察」を参照。

和の日本型学校教育」では、学校や教師がすべき業務・役割・指導の範囲・内容・量の精選・縮減・重点化の必要性も指摘されていますし、学校内外との連携・分担による学校マネジメントの実現も掲げられています。ただ、安心安全な居場所・セーフティーネット等、コロナ禍で顕在化した福祉的な役割も明示的に示されたことで、これまでの役割を減らすことなく、学校や教師の役割が肥大化したようにも映るかもしれません。また、外部人材の活用や、教員免許の取得要件の緩和等、多様な人材確保の方針も示されていますが、基本的にはカリキュラム・マネジメントの延長線上に連携・分担は構想されており、産業界・民間教育・研究機関といったカテゴリーよりも、地域社会や多様な関係機関という表現で、あくまでも学校の応援団・協力者的なニュアンスや、学校経営の公共性や専門性やコミュニティ性を重視する姿勢も見て取れます。

　条件整備についても一定触れられており、GIGA スクール構想による一人一台端末の配備を前提に、学校教育の基盤的なツールとして、ICT は必要不可欠なものとされ、これまでの実践と ICT とを最適に組み合わせていく方針が示されています。また、教職員定数の改善とも結びついた少人数学級の実現、小学校高学年からの教科担任制のあり方など、指導体制や必要な施設・設備の計画的な整備についても一定触れられてはいます。

（3）「令和の日本型学校教育」に見る省庁連携と政策形成過程の特質
　「令和の日本型学校教育」は、教育政策共同体の閉じたネットワークだけで政策過程を管理してきた従来のあり方とは異なる、省庁連携による教育政策形成としての性格を持ちます。
　たとえば、経産省との関係について、文科省の合田哲雄 (2020) は、「Society 5.0 という未来社会像は共有しつつ、文部科学省は個人の尊厳や自立の基盤である公正な学びの機会の確保を重視し、経済産業省は社会の構造変化をリードし競争に打ち勝つチェンジメーカーとその創造的な課題発見・

解決力の育成を重視している」(p.9) と述べます。そして、政治主導の Society 5.0 というアイディアについて、文科省側では「社会的な公正や個人の尊厳を重視する傾向」を堅持しつつ、大臣懇談会や GIGA スクール構想の実現、コロナ対応を経て、教育福祉という観点からの学校の価値の認識までをも包摂するものとして、そのアイディアの射程を拡張してきた過程を記しています。他方、経産省の浅野大介（2021）も、「『教師の職人技、集団の力』を大事にしてきた文科省と、『教師とデジタルの融合、個々の学習者に適した学習環境』に力点を置く経産省が交わることは、教育改革の最適解を探し出すうえでとても重要なこと」と述べています。

　先述のように、経産省の「未来の教室」は、自由権的側面（国家規制からの自由）を重視し、公教育の機能主義的・個人主義的再編、人材育成への志向性が強いと言えます。それは、機能性や効率性の観点から学校組織の当たり前を問い直し、現状のリソースで欲張りすぎず、業務のスリム化やサービスの適性化を通して労働環境の改善につながるかもしれません。また、多様性や創造性を重視することで、自由選択の機会を拡大し、画一的平等主義で十分に尊重されてこなかった周縁のニーズに応える柔軟性や機動性をもたらすかもしれません。しかしそれは、後述するように、知識習得と考える力の育成を二元的に捉える段階論的学習観・道具的知識観（1990 年代の「新しい学力観」の論理への退行）を前提に、教科を ICT が、教科外を企業・NPO 団体等が担う機械的な分業論を呼び込むことも危惧されます。ICT や外部人材による支援、あるいは代替・外注が推進され、その分、教職の専門性を参入障壁と見て、それを切り下げたり教員資格の緩和を図ったりする一方で、教職員の増員や待遇改善への施策がおろそかになったりしていくことや、教育のイージーワーク化や商業主義的市場化によって教育の質や公共性が掘り崩されたりすることが危惧されます。

　他方、文科省の「令和の日本型学校教育」は、社会権的側面（国家による自由）を重視し、教職の専門性や学校の共同体性・共通性を維持する傾

向、人間教育への志向性が強いと言えます。それは、それまでの教育コミュニティの歴史や文化や価値（土着性や特殊性や持続性）に根差しながら、変革においても押し流すべきではない学校の役割や教育という営為の軸を確認する志向性を一定持っています。それは、規制緩和の行き過ぎに歯止めをかけ、変革を一過性の改革に陥らせることなく、イノベーションの基盤となる学校現場レベルの協働的組織文化の構築と変革の定着・安定につなげられるかもしれません。また、第 6 章で詳述するように、多様化するアクターとの関係で教職の劣位化や脱専門職化（量や質の切り下げ）に向かう傾向も危惧される中、教職の専門性・専門職性の向上や条件整備への配慮も垣間見えます。しかしそれは、理念や理想の提示に終始しがちで、リソースの裏づけやロジスティックスを明確化し、実行可能性の観点からの施策の中身の吟味、あるいは、リソースの確保の方策が示されなければ、現場にいたずらに負担と責任を強いるものとなりかねません。「令和の日本型学校教育」についても、国と地方、教育委員会と各学校等の教育政策共同体内の閉じた上位下達関係を問い直すものではなく、特に、学習指導要領実施のタイミングに、「個別最適な学びと協働的な学びの実現」自体が目的とも見えるような副題が示されたこともあり、方法レベルの新たなパッケージの開発・普及という文脈で受け取られているようにも思います。

　以上のように、「令和の日本型学校教育」には、従来の教育政策共同体にとって外部の異質な原理を取り込みながらも、教育政策としての一貫性を担保しようとする文科省の努力も見て取れます。そもそも「令和の日本型学校教育」の策定においては、教育ベンチャーや NPO 関係の委員が大きな役割を果たしました。また、その影響関係は、必ずしも一方的なものではなく、経産省の「未来の教室」への文科省の理念や政策の浸透も一定程度見て取れます。たとえば、経産省『「未来の教室」と EdTech 研究会 STEAM 検討ワーキンググループ 中間報告』（2020 年）では、「未来の

教室ビジョン」（経産省）と「新学習指導要領の考え方」（文科省）との対応関係を示そうとしており、「学校教育法令（標準授業時数、学習指導要領等）の規定を積極的に解釈すれば、現行教育課程内で『学びのSTEAM化』は十分に可能（むしろ、カリキュラム・マネジメントを推奨）」という記述もあり、現行枠組みのラディカルな改変への慎重さも盛り込まれるに至っています。

　異なる機関哲学を持った省庁間の連携は、連携における対等性や水平性が担保されるなら、閉鎖的な教育政策に新しい視点や変革の契機を生み出す創造的対話につながる可能性もあるでしょう。しかしながら、実際には、政治主導の名の下に、実質的に文科省より政府に近い審議会などで方針が示されて、文科省や各教育委員会はそれを上位下達で実行するというような、「間接統治」構造（青木 2021）において、その垂直的関係の上位に他省庁が入ってくる形であれば、創造的対話にはつながりにくいし、教育政策の経済政策への従属と文科省の機関哲学の内側からの空洞化につながりかねません。何より、直接的に責任を問われないポジションにおいては、改革の構想は放談に近い性格を帯びますし、そのレベルでのアクターの拡大は、改革構想に示されたストーリー（想定）を再解釈も含んで実践に具体化する、実施主体である現場の地道で見えにくい仕事について、想定されたストーリーと合致する一部分だけが掬い取られがちで、多くの現場の声にならない声が置き去りにされてしまうかもしれません。また、二重行政的な構造が教育委員会や学校現場レベルにおいても反映され、混乱や分断が生じたりすることにも注意が必要です。

3．CSTIの「政策パッケージ」に見る「Society 5.0」への教育「変革」構想

（1）CSTIの「政策パッケージ」の内実

　以上のような省庁連携による「令和の日本型学校教育」の先に構想され

た「政策パッケージ」は、「一人一人が多様な幸せ（well-being）を実現できる社会」として「Society 5.0」を再定義し、子どもたちの自由な発想や多様性の尊重と主体性の伸長を、学校だけでなく地域、保護者、企業、行政など社会全体で推進するための見取り図として示されています。その作成方針は、「デマンドサイド、子ども目線で」、「既存スキームに囚われない」（府省庁横断的に）、「社会構造全体を俯瞰して」、「時にアジャイルに」、「わかりやすく」とされており、3本の政策と46の施策が示されています。ここでは特に、「政策パッケージ」が目指す学校像が示されている、政策1「子供の特性を重視した学びの『時間』と『空間』の多様化」の中身を中心的に検討します。

　「政策パッケージ」は、モノの所有に価値を置く工業化社会（大量生産・大量消費、縦割り、自前主義、新卒一括採用・年功序列）から、他分野・業種をつないで利活用されるビッグデータに高い価値を置くSociety 5.0（新たな価値創造、レイヤー構造、分野・業界を超えた連携、人材の流動化）への転換を基調としています。従来の日本型学校教育の強みでもあった特徴を、「同一性・均質性を備えた一律一様の教育・人材育成」と総括し、それが、特に子どもたちの多様化を背景に、「同調圧力」「正解主義」としてマイナスに機能し、子どもたちの生きづらさ、および価値創造やイノベーションの妨げとなっていると指摘します。そして、図2のように、脱一斉一律を基調として、子どもたちの多様性に応じそれを生かす学校の姿のイメージとそのポイントが示されています。

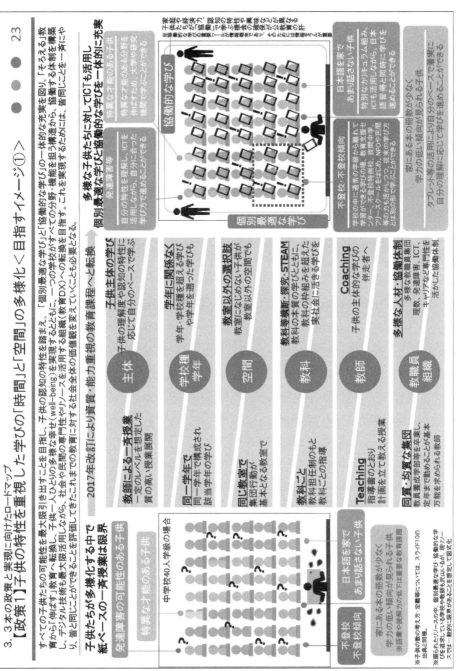

図２【政策１】子供の特性を重視した学びの「時間」と「空間」の多様化〈目指すイメージ①〉

(https://www.8.cao.go.jp/cstp/tyousakai/kyouikujinzai/saishu_print.pdf)

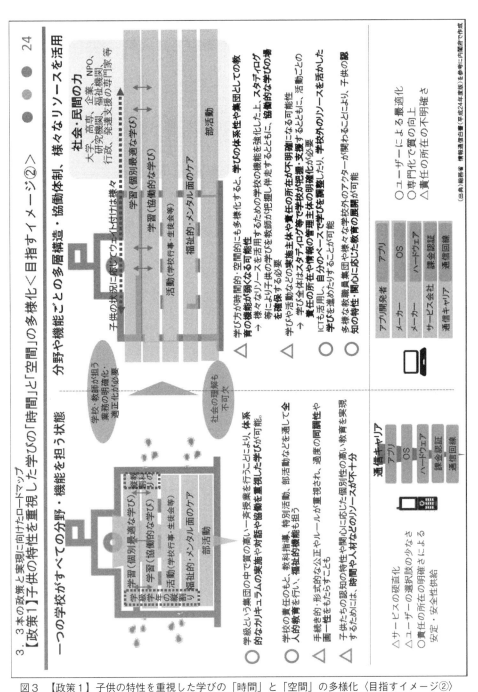

図3 【政策1】子供の特性を重視した学びの「時間」と「空間」の多様化〈目指すイメージ②〉

(https://www8.cao.go.jp/cstp/tyousakai/kyoikujinzai/saishu_print.pdf)

こうして、子どもの認知特性をふまえた個別最適な学びと協働的な学び
の一体的充実を図ることで、「そろえる」教育から「伸ばす」教育へと転換し、
「子供一人ひとりの多様な幸せ」を実現するとともに、学校がすべての分
野・機能を担う構造から、協働する体制を構築し、社会や民間の専門性や
リソースを活用する組織への転換を目指すとされています（図3）。個性
尊重、「新しい学力観」（知識よりも主体性）、教育の自由化、「合校」論といっ
た、1990年代の議論（p.35 **コラム②参照**）を想起させる構想ですが、一人
ひとりに応じる個別最適な学びを実現したり、外注するのみならず学校内
外のアクター間の連携を可能にしたりするものとして、AIによるマッチ
ングシステムやスタディ・ログといったデジタル技術の活用に期待が寄せ
られている点が特徴的です。そして、図3にあるように、スマートフォン・
エコノミーなど、プラットフォームビジネスのレイヤー構造を抽象化して、
それ（分野と関係なく一気に解けるアプローチ）を他分野にヨコ展開する
「DXの思考法」（西山2021）が生かされています。

（2）「Society 5.0」への教育「変革」構想をめぐる論点

　このように、一人ひとりの探究力や主体性を伸ばすために、教育の供給
主体と子どもの学びの多様化を推進する施策としては、学校で、教師が、
同時に、同一学年の児童生徒に、同じ速さで、同じ内容を、教えるという
枠組み自体を問い直すべく、教育内容の重点化や教育課程編成の弾力化が
挙げられています。「政策パッケージ」では、「教科の学びが自分の設定し
た課題の解決に活きているという実感」や学びの自己調整に力点が置かれ
ており、実生活・実社会での知識・技能の活用やコミュニケーション能力
の育成を基調としていた、2017年版学習指導要領改訂期の議論と比べて、
より個人主義的・心理主義的な色彩が強まっています（石井2022a）。「個別
最適な学び」が推進される中、子どもたち一人ひとりに応じたオーダー
メードのカリキュラムが可能になるかのような論調と、「子ども主語」や

「学びの責任」といったキーワードの延長線上に、全国一律の「学習指導要領」はそもそも必要なのかという議論も現実性を帯びてくるかもしれません。また、国や地方や学校や教師といった大人たちではなく、子どもたちの学びの枠組みとして教育課程基準を構成することも考えられます。

　ただし、塾や習い事で分数のかけ算は解けるようになっているので、学校では学ばなくてよいといった具合に、個別最適な学び、修得主義、ICTと教育データ利活用、働き方改革、カリキュラム・オーバーロードの解決が、機械的・行動主義的学習観と結びつき、スマート化、効率化の文脈で実装されると、教科学習は、目標項目の系列をクリアしていく検定試験的でスタンプラリーのようなカリキュラムに矮小化されかねません。そして、何をもってその教科を修得したと言えるのかという学力観や目標論が空洞化すると、教科学習は、AI型ドリルやデジタルコンテンツで代替可能なものとされ、時間短縮の対象とされるかもしれません。

　加えて、教師や他の大人が手をかけなくても自分で、自分たちだけで学びを進めているように見えて、大人たちが設定した一定の枠内で、あるいは、自分の世界観の枠内に閉じた形での主体性になっている可能性があります。それは、「学びの責任」という名の、大人にとって都合の良い従属的な主体性であり、学び手自身にとっても、自分の嗜好や信念に閉じていく自己強化であり、既存の選択肢から選ぶ、あるいは選ばされる学びとなっているかもしれません。「政策パッケージ」の策定過程では、10代の子どもたち自身からの声も多数寄せられました。自分事としての意見表明と教育政策を創る過程への参画など、社会と対峙し現実を動かし、自分たちが生きる世界や共同体のあり方をも他者とともに創り変えていく「自治的な学び」が重要です。

　また、教員免許制度改革等を通して、特定分野に強みのある教員の養成、理数やICT・プログラミングの専門家など、多様な人材・社会人が学校教育に参画し協働できる流動性の高い教員組織への転換も施策として挙げ

られています。図３のレイヤー構造の提案は、タテ社会日本の共同体構造を反映した学校組織の閉鎖性、および保護者や社会の学校依存状況に対する問題提起として具体性があり、部活動の外部委託など、論争を伴いつつも、教員の労働環境の改善につながる動きや機運も起こっています。

　しかし、「政策パッケージ」は、外注・連携による業務のスリム化を基調としており、教職の専門性・専門職性や定数改善・待遇改善への視点は希薄です。教育政策がデマンドサイドからの「こども政策」に解消され、選択肢を拡大すべく多様なアクターの参入による教育サービス市場の拡大に公費が投入される一方で、サプライサイドの質の充実を直接的な対象とした条件整備、特に、依然としてその規模においてボリュームゾーンを構成するであろう、学校や教員への支援や投資がおろそかにならないよう注意が必要です。子どもの幸せと現場の教職員の幸せの両面をセットで考え、現場に時間的・精神的な余裕をもたらすための施策は急務です。コロナ禍を経て、学校の福祉的機能や社会的機能が注目される一方で、日本では教育機能の一部が実質的に学習塾等でも担われている現状もあって、教職の専門性の拡散とともに学習権保障の内実が空洞化することも危惧されます。

　さらに、「政策パッケージ」では、NPOなどとも連携した多様な学びの場の創出、テクノロジーを駆使した地方での教育機会の提供、理数系の学びに関するジェンダー・ギャップの解消など、公正な教育機会の提供や格差是正が大事にされるとともに、「特異な才能」の伸長も強調されています。それは、「浮きこぼれ」問題という、学校での生きづらさや困難への対応であると同時に、イノベーションにつながる尖った人材の育成を志向するものでもあります。社会的基本材を均一に分配することや同じように処遇することをもって平等とする日本の横並び平等観を是正し、「平等（equality）」から「公正（equity）」へと平等観を転換することは重要でしょう。

　しかし、コロナ禍での臨時休校期間中にしばしば耳にした「救える子から救う」という発想を恒常的な原理として拡大解釈し、自由に進めるだけ

進めて開いた差はあとで是正するという発想を呼び込むのは、格差と分断につながる危惧があります。それぞれのニーズに応じて自由を尊重することは、公共的価値の観点から調整されるべきものであり、そもそも「公正」の問題において重要なのは、「その社会の成員（市民）であれば誰もが実現しえてしかるべき（と判断される）基本的な機能」（齋藤 2017, p.142）の保障という社会の責任の範囲であり、自由の際限なき追求を許容する議論ではありません。主観的幸福感の観点のみならず、客観的な生き方の幅（ケイパビリティ）の観点も含めて、公的保障の対象として「ウェルビーイング」や「公正」といった概念の内実を議論し、社会的に実装していくことが重要でしょう。

４．教育「変革」政策が提起する「脱学校」論と学校像の分岐点

（1）「Society 5.0」と「『学び』の時代」の学校像の論争的性格

　「令和の日本型学校教育」「政策パッケージ」等に示されているような、一斉一律からの脱却、「個別最適な学び」の重視、EdTech の活用などの方向性は、Society 5.0 に向けた人材育成に係る大臣懇談会「Society 5.0 に向けた人材育成～社会が変わる、学びが変わる～」（2018 年 6 月 5 日）（以下、「Society 5.0 に向けた人材育成」）に見いだすことができます。そして、「Society 5.0 に向けた人材育成」では、Society 3.0（工業社会）、Society 4.0（情報社会）、Society 5.0（超スマート社会）という社会の変化と対応させて、学校 ver.1.0（「勉強」の時代）、学校 ver.2.0（「学習」の時代）、学校 ver.3.0（「学び」の時代）という学校像の変化が図式化されています（**図４**）。

　そこにおいて、2017 年版学習指導要領が掲げる「主体的・対話的で深い学び」は、日本の学校教育の蓄積を生かしつつ、能動的な学び手（アクティブ・ラーナー）を育成するものとされています。そして、工業社会に対応する「勉強」の時代を超えて、情報社会、さらには超スマート社会へと導いていく「学習」の時代に位置づけられています（脱「勉強」）。さらに、

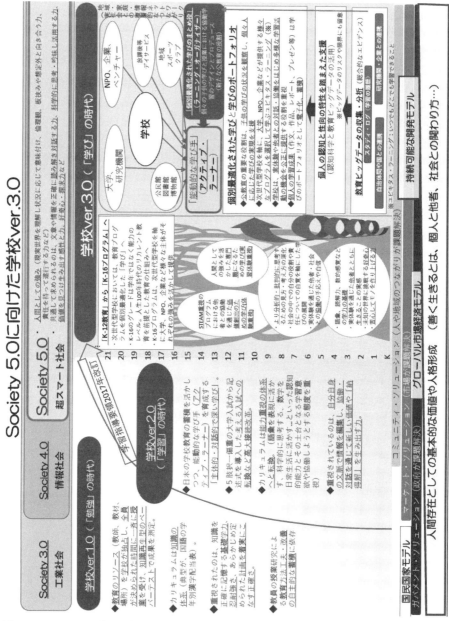

図4　Society 5.0 に向けた学校 ver.3.0

（文部科学省　Society 5.0 に向けた人材育成に係る大臣懇談会 新たな時代を豊かに生きる力の育成に関する省内タスクフォース「Society 5.0 に向けた人材育成 ～ 社会が変わる、学びが変わる ～」（平成 30 年 6 月 5 日））

（https://www.mext.go.jp/component/a_menu/other/detail/__icsFiles/afieldfile/2018/06/06/1405844_002.pdf）

超スマート社会に対応する「学び」の時代では、「教育用 AI が発達し普及していくことにより、AI が個人のスタディ・ログ（学習履歴、学習評価・学習到達度など）や健康状況等の情報を把握・分析し、一人ひとりに対応した学習計画や学習コンテンツを提示することや、スタディ・ログを蓄積していくことで、個人の特性や発達段階に応じた支援や、学習者と学習の場のマッチングをより高い精度で行うことなどが可能となる」（p.8）とされます。そして、大学、NPO、企業、地域などが提供する学校外のさまざまなプログラムを選んで学ぶことを支援し、個人の進度や能力、関心に応じた学びを提供する、「個別最適化された学びのまとめ役」（ラーニング・オーガナイザー）が、新たな公教育の役割だとされています。まさに学校を「学びのプラットフォーム」として位置づけるわけです。

　こうした社会像や学校像の見通しについては図式的であるし論争的です。しかし、第 4 次産業革命の進展は、学校のガバナンス改革を伴って、公教育の構造変容を主題化します（大桃 2016；石井 2021b）。低成長・成熟化の時代、国家財政や政策リソースに拡大を望めず、他方で、社会や市民のニーズが多様化する中、行政や専門職による一律統治ではなく、規制緩和や分権化を進め、ローカルに最適な施策や実践を探っていくこと、地域や現場の裁量を高めつつ質を保証していくことが公共政策の課題となっています。先述のように、教育政策においても、多様なアクターの参画による、子どもの学びや生活の総合的な支援とそれを実現する分散型のガバナンス構造への移行が進行し、教師や学校の仕事の相対化が生じています。

　学校のガバナンス改革には、公教育の開放性・包摂性を高め、多様なアクターの対話と協働による市民社会的な公共性の再構築に向かう可能性も見いだせます。その一方で、グローバル資本主義の肥大化を背景に、商業主義的な市場化のパワーや経済的価値が勝り、教育の商品化と標準化、教育格差と社会的排除の拡大、教育的価値や公共性の空洞化が進行することも危惧されます（藤田 2016；佐藤 2021）。この分岐点を探る上で、後藤武俊（2020）

は、「『選好充足（よりよいものを選びたい）欲求』への応答と『切実な（求めざるを得ない）要求』への応答を区別し、後者を公的責任の範疇に含める…これは、教育機会確保法の基本理念である『安心して教育を受けられる』機会の保障に相当するものである」(p.92) と述べており、示唆的です。

（2）「脱学校」と卒「学校」の分岐点

　こうしたガバナンス改革の両義性をふまえると、「学び」の時代の学校像をめぐっては、「脱学校」（学校のスリム化と教育の市場化・商品化）と卒「学校」（学びの脱構築と公共性の再構築）といった競合する複数の方向性が見いだせます。「学び」の時代とされる学校像は、1970 年代にイリッチ (Illich, I.) が提起した 'deschooling' 論を思い起こさせます。イリッチは、制度化された学校がもたらす根源的な問題状況、すなわち、学びを維持するために制度化された学校教育であったのが、学校という制度自体に人々が価値を見いだすようになり、教えられなければ学べなくなることの問題を指摘します。そして、こうした「価値の制度化」によって自ら学ぶ力が疎外されていることに対して、学校制度を解体して、人々が自主的にそして平等に資源（事物、模範、仲間、年長者）と出会える自立共生の学習ネットワークを形成することを提唱しました（イリッチ 1977）。

　このイリッチの 'deschooling' 論は、「脱学校」という名の学校スリム化論として理解されがちです。しかし、学校をスリム化すれば子どもが自由に主体的に学ぶようになるというわけではありません。イリッチの 'deschooling' 論は、「学校化された社会」（教えられなければ学べないという疎外された特殊な学びの形態が学校の外側にも広がり自生的な学びを萎えさせていくこと）への問題提起でした。実際、近年の日本においては、学校の外側の子どもたちの生活空間は合理化・効率化・システム化されて、そのシステムの中で思考力や想像力を働かせなくても便利に生活できます。また、学校以外の学びの場も学校以上に「学校化」して、スキルは訓練し

ても人間的な成長を促せなくなっています。安易な「脱学校」論は、保護者をはじめとする大人たちがよほど気をつけていなければ、今や学校以上にむき出しの能力主義や競争主義に子どもをさらしかねないし、ペアレントクラシー[2]を伴って、教育の商業主義的な市場化を進めかねません。さらに、ICT活用も技術的な目新しさに眼が行くと、学びの質の追求よりもスマート化や効率化が勝りがちとなります。その結果、「学習」の時代から「学び」の時代へのバージョンアップと逆行し、「勉強」の時代への退行をもたらしかねません。先述のように、「令和の日本型学校教育」で「個別最適化された学び」が「個別最適な学び」とされたのは、そこへの危惧もあります。

　「学び」の時代が目指しているような、真に子どもたちが主体的に学ぶ上では、「学校化された学び」「学校化された社会」を乗り越え、いわば「学校らしくない学校」に向けた学びの脱構築としての「非学校化」が目指される必要があります。学校外の学びの場の拡大については、既存の学校的な学びの枠内での、よりきめ細やかで効率的な教育サービスの拡充に止まらず、学ぶことの本質の見つめ直しを伴って、既存の学校的な学びとは「別様」な学びと、真にオルタナティブな教育が生まれることが重要です（吉田 2023）。また、学校での学びにおいては、卒「学校」と卒「教育」という発想で考えていくとよいでしょう。すなわち、学校で教え学ぶ先に、授業外や学校外の生活において立ち止まりや引っかかりや問いが生起することで、無自覚に社会に動かされている状況から、生活や学びの主体として学習者が自立し、学校や教師や教育を学び超え、巣立っていくわけです。そこでは、「問題提起、課題提起の場としての学校」「学びへの導入としての授業」の役割が重要となるのです。

---

[2] ペアレントクラシーとは、「親ガチャ」という言葉に象徴されるように、親の富と願望が子どもの教育を規定する傾向が強まり、生まれた家庭によって、その後の人生に大きな格差が生じる社会を指す（志水 2022）。

第2章　教育「変革」政策を
公教育のバージョンアップにつなぐための論点整理

　第1章で示したように、教育「変革」政策が目指す学校像は論争的であり、複数の展開可能性を見いだすことができます。そしてそれを、公教育の解体ではなく公教育の再構築の方向に導いていく上では、社会実験的な性格を持ったコロナ禍での経験をどう捉え、変化へとつなげるかが問われています。表1にまとめたように、コロナ禍は、ミクロな教室での学び、学校のカリキュラムと経営、マクロな教育制度のあり方など、公教育のあり方を包括的に問い直す契機でもありました。前例のない非常事態の中で、学校の当たり前が問われ、学校が抱えていた構造的な諸問題が顕在化したのです。

表1　with コロナの経験を公教育のバージョンアップにつなげる視点と論点（筆者作成）

視点	変化の契機	実態・課題	方向性	論点
授業と学び	オンライン対応、一人一台端末	子ども目線の弱さ、活動主義と網羅主義（授業をこなす）	子ども主語で世界に問いかける深い学び	学びの孤立化・自習化・システム化（スマート化）？協働的授業空間と複線的学習空間の往還・越境的な真正の学び（フラット化）？
カリキュラム	長期休校対応、活動制限	カリキュラム・オーバーロード	本質に重点化されたカリキュラム	小さな修得主義？大きな修得主義？スリム化？質と深さの追求？
学級づくり	ソーシャル・ディスタンス	多様化したニーズと生きづらさの拡大	多様性尊重と共生の共同体	棲み分け・共同体の解体？異質性の発見・共同体の再構築？
学校マネジメント	先例なき非常事態への対応	横並び、指示待ち、元に戻ろうとする	現場主語の学校マネジメント	主体的従属？自治・自律？軸のない柔軟化・流動化？両利きの経営？
構造改革	クラウド上の学習・生活空間、教育ベンチャー	閉鎖性、学校依存、学校外の学校化、ペアレントクラシー	学びと生活の保障のネットワーク化とエコシステムの構築	脱学校？連携・連帯の再構築？市場化？下からの公共性？子ども福祉政策への解消？みんなで担う大きな教育（学習権・成長保障）？
条件整備	GIGA、教師のバトン以降のブラック化言説	教員の過重労働、人手不足と魅力低下	現場のリソースの拡充と余裕と働きがい	準市場の形成による外注とシステムへの投資（デマンドサイド）？少人数学級や教員の数と待遇の改善など、学校と教員への投資（サプライサイド）？

　たとえば、長期休校の遅れを取り戻すことや活動制限を余儀なくされる中で、内容や活動等の精選に向き合うことになった教育現場は、当たり前のように前例踏襲で実施してきた行事等の意味をあらためて問うことになり、カリキュラム・オーバーロードという問題状況も顕在化するに至りました。そこから学校教育のコアの見極めとカリキュラムの重点化というカリキュラム改革の方向性も見えてきています。しかし、コロナ禍も落ち着きを見せてきた現在、顕在化した問題状況は、コロナ前にただ戻ろうとする動きの中ではさらに深刻化しがちですし、コロナ禍で経験した変革の契機を生かしたカリキュラムの精選・構造化の取り組みについても、内容や活動の機械的なスリム化と学びの効率化に向かうのか、核となる少ない内容を時間をかけて深めることによる学びの質の追求に向かうのかは論争的です。

　本章では、教育「変革」政策やコロナ禍での経験を公教育のバージョンアップとして展開する上での論点、特に学びの貧困化ではなく、学びの質の追求につないでいくための論点について整理します。具体的には、「未来の教室」「令和の日本型学校教育」「政策パッケージ」といった教育「変革」政策が前提としがちな学習論や組織論について検討します。公教育を機能主義的に個人主義的に再編していくことについては、教育の商業主義的市場化や私事化を進める新自由主義改革だと批判することもできますが（中西他 2023）、それ以上に、それは良心的な変革者や改革者たちが目指しているような、学びの質の追求や個性の尊重や開かれた学校づくりにもつながらない可能性が考えられます。以下、機能主義的、個人主義的再編がもたらしうる帰結を検討しつつ、そこで見落とされがちな、コミュニティとしての学校の意味、およびそこでの教師の役割について、これまでの研究や実践の蓄積を紹介しながら考察したいと思います。

1．教育「変革」政策の学習論と組織論をめぐる論点

(1) 段階論的学習観の危うさ

アクティブ・ラーニングをするにも、基礎的な知識・技能が必要だから、まずそれを講義形式で手際よく教えて、グループワークなどで思考力・判断力・表現力等を育てればよいといった、いわば「習得」してから「活用」に向かう段階論はいまだ根強く、オンライン授業で注目を集める反転授業はそうした段階論と親和性が高いと言えます。さらに、「令和の日本型学校教育」などでは極端な主張にはなっていないものの、経産省の「未来の教室」の構想では、そもそも教科の学びは知識・技能の習得以上のものではなく、個別最適化の学習アプリに基本的に任せ、他方、考える力や創造性や社会性は、PBL の学習プログラムとデジタルコンテンツで学ぶといったように分担してしまえばいいし、PBL に参加する子どもたちに必要な、他者と協働するためのコミュニケーションスキルや、システム思考やデザイン思考などの要素を個別に特定し、それらを直接的に指導していけばいいといった具合に、知識とそれを処理するスキルとを機械的に切り分ける発想が見て取れます。

そもそも、1990 年代から 2000 年代にかけて、「新しい学力観」「総合的な学習の時間」「活用する力」「資質・能力」といった具合に、主体性や考える力を重視する方向で、教育改革は続けられてきました。それにもかかわらず、日本の子どもたちは学習意欲が低く、自由記述の白紙答案も多いといった課題が、国際学力調査でも指摘され続け、人々の実感としても指示待ち傾向や物事を深く考えることの弱さが叫ばれ続けています。それは、学校教育だけではない学校外の人を育てる場と機能の低下も大きく関係していると思われますが、「改革」圧力の中で、暗黙的に適度にうまく機能していたことまで合理化・効率化の対象になった結果、改革のための新たな挑戦とされるものが、一見表面的には効率的に見えて、実は効果的ではない方向で展開される傾向が強まっていることも一因だと考えられま

す（石井 2021a）。

　「未来の教室」構想にも顕著にみられる、段階論的な学習観は、実践的にも認知についての科学的研究の面でも問い直されてきたものです（p.27コラム①参照）。こうした段階論は、機械的に詰め込まれうるものとして知識を情報化し、個別に取り出して直接的に訓練可能なものとして思考をスキル化するものといえます。知識を習得することは、コンピュータのように、断片化された情報をただ入力しておけばよいというものではありません。学習者自身が、自らの生活経験や背景知識と新しく学ぶ内容とを関連づけ、意味を構成し、情動をも伴いながら納得（理解）してこそ、忘れない（記憶の保持：retention）し、応用もきく（転移：transfer）とされます（稲垣・波多野 1989；波多野 1996；米国学術研究推進会議 2002）。

　また、人が力を発揮できるかどうかは、文脈（context）に大きく規定されています。学校での学習の文脈はあまりに生活の文脈とかけ離れすぎていて、学校の外では生きて働かない学校知学力を形成することになっている点が問題視されており、知識・技能やスキルを学ぶにしても、それらを生かす必然性や学びの有意味性を重視する必要があります。汎用的スキルも、文脈のないところでそれ自体を直接的に指導しても効果は望めません。思考スキルは、内容に応じて選ばれるものであって逆ではないのです（石井 2020a）。思考力を育てるには、深く思考することを繰り返すしかなく、そのためには、思考するに値する対象と思考する必然性の有無や工夫が重要です。対象なくして思考も学びも起こりません。

　主体性や考える力など、人間としての成長の根っこにかかわる部分こそ手間暇が必要ですが、それが合理的な介入の対象とされ、一見便利にパッケージ化されることで、合理化・システム化されていない余白がなくなり、子どもたちは自分で学んだり考えたりするチャンスを失いがちです。その結果、皮肉なことに、生きて働かない思考力になってしまったり、正解やレールのないところで思考する経験の不足により、規格化された主体性に

つながったりしていると考えられます。

　習得的な学びといっても、機械的な習得と理解を伴う習得とは異なります。計算技能のような要素的で比較的単純な技能ならドリル学習で学べますが、それは、数の量感や概念の意味理解を保障するものではありません。特に、計算が苦手な子どもの背後には、操作のイメージや量感や位取りの原理などに関わる意味理解のつまずきが隠れていることが多いのです。その点への配慮もなく、基礎はAI型ドリルでもよいとしてしまえば、学習に困難を抱える子どもたちを切り捨ててしまうことになりかねません。他方、知識・技能を使うことも含んだ有意味な活動に取り組む中で、知識のわかり直しや学び直しや定着が促されたりするという点にも目を向ける必要があります。

　日本の教師たちの実践の中には、漢字の字源を推理し、その成り立ちに見られる人間の感性や想いにも触れるような、基礎こそ豊かに学んでいく実践（今泉 2002）、および、倍々に増えていく変化を指数関数として可視化し、生活のリスクを読み解く実践等を通して、数学が苦手な生徒たちが数学と出会い直し、有意味性をもってそれを学び直し、数学によって傷つけられた自尊心を回復していくような実践（仲本 2005）も見つけることができます。生成系AIの登場は、人間だからこそできることの意味を鋭く問うていますが、情報処理に解消されない身体性を伴った人間らしい学びの意味、特に、生活経験に裏付けられた感性的知性、および、生活世界を読み解く眼鏡として知識を深く学び生かす、知性的感性を育てるヒントがそこには詰まっています。日本の教師たちが現場で蓄積し、研究会等での学び合いや磨き合いを伴って実践的に検証してきた良質の知や技は、近年の認知科学や学習科学の知見に照らしてその合理性が説明される部分が多い点を意識する必要がありますし、分析的な科学知では説明しきれない全体性や豊かさを含んでいる点も軽視してはならないでしょう。

コラム① 心理学研究における学習観の変化

　心理学の学習研究には大きな二つの流れがあります。一つは 20 世紀初頭からの行動主義の学習理論であり、もう一つは認知主義の学習理論です（**表2**）。

表2　知的行動を研究する立場 (市川 1995、p.37)

	行動主義	認知主義	状況主義
学習とは	刺激・反応の連合	知識構造の構築	文化的実践への参加
キーワード	条件づけ 反復・強化	表象 情報処理	正統的周辺参加（LPP）
特徴的な方法論	統制された実験	情報処理モデル	民族誌的観察・記述
背景となる学問	神経生理学 進化論	情報科学 人工知能	文化人類学 社会学

　行動主義心理学では、知識等の学習は、刺激（stimulus）と反応（response）の結びつきの集合として捉えられます（S-R 理論）。動物を調教するように、合図（刺激）を与えて特定の反応が生じたらご褒美をあげる、逆に違った反応が生じたら罰を与えるなどして、刺激と反応の連合を強化する経験を与え、正しい学習行動へと制御すること（条件づけによる反復・強化）が重視されます。

　古来より「形式陶冶」と「実質陶冶」という考え方があります。形式陶冶とは、19 世紀までのヨーロッパの学校教育のように、ラテン語やユークリッド幾何学など、直接的に仕事や生活に役立つものではないが、その学習を通じて頭が鍛えられ、考える力がつくという考え方であり、実質陶冶とは、直接使える知識・技能を教えるべきとする考え方です。行動主義心理学は後者であり、学習の「転移」、すなわち「一般化」や「応用」といった言葉で語られるような、特定の学習が異なる状況でも他の学習に影響を与えることについても否定的です。行動主義心理学は、基礎を反復練習するドリル学習（ソーンダイク（Thorndike, E. L.））や、細分化された学習項目をスモールステップで順に学習していくプログラム学習（スキナー（Skinner, B. F.））を生み出しました。ドリル学習などは現在でも取り入れられている学習法です。

　人間の心理を観察可能な行動からのみ説明しようとする行動主義に対し

ては、それで人間の心理過程を捉えたことになるのかが問われてきました。そして、1950年代後半から、コンピュータの発達と呼応しながら、心理学研究における行動主義から認知主義へのパラダイム転換が進展していきます（「認知革命（the Cognitive Revolution）」）。認知革命以降の心理学は、認知心理学や認知科学と呼ばれ、人間の内的な情報処理過程を解明するものです。この認知心理学において、学習は外界からの情報を能動的に解釈し、自分なりの意味を構成する動的な過程として捉えられます（「構成主義（constructivism）」の学習観）。また、認知心理学において、学習者は、そうした自己の認知過程を認知し（メタ認知）、自己調整的に学習することで、生得的な学習能力や学習環境などの固定的な条件をも、自らの手で主体的に改善していける有能な存在として捉えられています。

　認知主義の学習理論においては、学習は知識構造（スキーマ（schema））の構築として捉えられ、知識構造の質が学習の転移や問題解決能力を規定するとされます。学習された知識は、個々ばらばらに蓄積されているのではなく、相互に関係付けられて一貫性を持った連想構造（意味ネットワーク）をなしているのです。学習者が新たに学ぶ知識は、そうした知識構造に適合する形で解釈され位置づけられます。学校で学ぶ前の子どもたちの頭の中は「白紙」ではく、生活経験等をとおして構築した子どもなりの理屈（素朴概念）があって、そこと関連付けたり、素朴概念を組み替えたりすることで、新たな内容は理解を伴って習得されていきます。知識は詰め込みたくても詰め込めないのです（西林 1994）。

　さらに、問題解決における有能性は、形式的で一般的な知的能力よりも、解決すべき問題の属する領域における知識の有無やその質に規定されます。ある領域の熟達者の問題解決はその領域の知識に依存しており、ゆえにある領域での熟達者が他の領域でもそうであるとは限りません（領域固有性）。例えば、チェスの熟達者は、チェスに関して構造化された知識を持っており、ゆえに駒の配置を瞬時に把握して再現したり、状況に応じて活用したりすることができます。しかし、その有能性は、あくまでチェスという領域において発揮されるものであって、チェスの熟達者が将棋や戦術の

熟達者であるとは限りません。洋書を読むときに、背景知識があれば読みこなしやすいのも領域固有性ゆえです。

　さらに、1980年代半ば以降は、学習を個人の頭の中で生じる営みではなく、社会・文化的な状況に埋め込まれた営み（特定の共同体や文化の中での道具や他者との相互作用）として捉える見方（「社会的構成主義（social constructivism）」の学習観）が主張されるようになり、認知心理学に状況論的アプローチが生まれました（佐伯1995）。知識や認知は、個人の頭の中にあるだけでなく、道具、本、コミュニティなどに分散的に分かち持たれているのであって、学習において状況や文脈、あるいは他者との協働を重視するわけです。そして、学習過程に関する科学的研究においては、理解（understanding）に焦点化した真正（authentic）で協働的（collaborative）な学びの有効性が実証されてきました（ダーリング-ハモンド2017）。

（2）分業論的学校観の落とし穴と教師の役割

　「未来の教室」において顕著な、オールインワンであった学校の諸機能の分業論は、上述の段階論的な学習観によって支えられています。すなわち、知識を情報化することでICTや教育アプリや塾による代替を、そして、思考力や探究プロセスや社会性をスキル化することで民間等が提供する教育プログラムによる代替を促すわけです。そして最終的に、個人主義の行き過ぎを警戒し集団生活を経験することの意味を再確認する保守的な問題意識も相まって、社会的活動の支援（社会化）が、そして、情報化やスキル化という形で合理化が難しい福祉的労働（保護とケア）が、学校や教師の仕事として残され、そこにおいて教育専門職としての教職の専門性が拡散し空洞化することが危惧されます。

　こうした傾向は「令和の日本型学校教育」、そして「政策パッケージ」にも見られます。たとえば、「政策パッケージ」においても、前掲の図2のように、「学習」（個別最適な学び／協働的な学び）、「活動」（学校行事・

生徒会等）、「福祉的・メンタル面のケア」、「部活動」というカテゴリーで現状の学校の機能を捉え、それぞれについて学校内外での協力体制を構築することが示されています。そこでは、社会化に関わる「活動」は学校内で担うものとされ、コロナ禍を経ることでその重要性が自覚された学校の福祉的機能も明確に位置付けられています。他方、「学習」については、個別最適な学びと協働的な学びに切り分けられ、前者については、学校内よりも学校外の民間・社会寄りで担うものと捉えられています。

教育言説における学力とケアの分裂

　上記の傾向は、この間の教育格差を伴いながらの学校の知育からの撤退の進行、および、それとパラレルに展開し、学力とケアを対立的に捉えるに至った教育言説とも関係しています。戦後日本の教育改革論議は学力論争の歴史であったともいえるくらい、詰め込み教育かゆとり教育か、知識重視か主体性重視かといった形で単純化されながら、学力をめぐる議論は歴史的に繰り返されてきました（石井 2010）（p.35 **コラム②**参照）。しかし、1990 年代、「学力」から「学び」へと教育言説の重点は転回し、「学力」概念や知識習得は否定的に扱われ、表向きにはそれらは学校教育や教育研究の外部に置かれることになりました。

　知識より主体性を重視する「新しい学力観」や「学び」論の下で、週休二日制や「ゆとり教育」といった 1990 年代の個性尊重・学力軽視の「小さな学校」路線は、習い事や塾や教育産業の拡大につながりました。そして、学校における「ゆとり教育」の掛け声とは裏腹に、むしろ学校外を含めた子どもたちの学びと生活の環境全体を見れば、余白やゆとりは失われていきました。正確に言えば、階層間格差を反映しながら、学力低位層の学習時間は少なくなる一方で、上位層は競争の早期化を伴ってゆとりのない生活となりました（苅谷 2001）。また、こうして学校外で肥大化した、競争主義的で受験準備に特化した学力観や授業観、教育をサービスとして捉える消費者的なまなざしが、学校に流れ込んできて、子どもたちの学びの

環境を貧しくしてはいないでしょうか。先述の「学校化された社会」という考え方をふまえるなら、学校のスリム化は、学校の外側において子どもたちの前に広がる、むき出しの消費社会や学校化された学びを脱構築する試みとセットで追求される必要があります。

　2000年代になって、学力低下論争以降に、いわゆる「ゆとり教育」からの揺り戻しの中で、「学力」概念が学校教育や教育研究に再導入されることになりますが、その時、市井が想定する測定学力（テストで測られる成績）としての学力概念と、教育政策や教育の規範的言説における理念学力（目指す学力像）としての学力概念の分裂は深まっていました。かつては「新しい学力」や「生きて働く学力」といった具合に、「○○な学力」という言葉で、知識習得以上の考える力や主体性も含んで、学校教育で育てたいもの（目的・目標）が語られる傾向がありました。しかし、「学力」から「学び」への論調の変化の下で、教育政策や教育研究において「○○な学び」がその位置を占めるようになります。他方で、学校外の教育産業の拡大の中で、保護者や子どもたちの消費者的でリアルな私的欲求に正直な、学校外の教育サービスが提供するテスト学力として、「学力」概念の矮小化や割り切りが進行していたのです。

　現代社会が求める、知識・技能を活用する新しい学力像がPISAという目に見える調査問題の形で示されて、世界的にインパクトを与え、しかも日本ではそれへの対応の弱さがPISA型読解力の結果として明らかになりました。これを契機に、「PISA型学力」や「確かな学力」といった具合に、理念学力としての「学力」概念の中身が議論されましたが、それはコンピテンシー・ベースという改革の文脈で際限なく拡張され、「○○な学力」では語り切れないものとなり、「資質・能力」概念（「○○力」という語り）へと拡散していくことになりました。拡散した「能力」概念は、上位層のメリット獲得競争を過熱させつつ格差を広める形で、垂直的序列化を、「資質」概念は、態度主義や教育の保守化と結びついて、水平的画一

化をもたらしているとの指摘もあります（本田 2020）。他方、低学力や子ど
もの貧困の問題が拡大する中、ありのままの子どもの存在を承認しケアす
る、居場所としての学校の制度的意味が高まり、能力を個人の所有物とみ
る個体能力主義という「能力」論一般への批判とも結びついて、「学び」
概念は、関係論的な概念として、知育や社会化のみならずケア的な意味も
内包しながら拡張されていきました（岩川・伊田 2007）。

　こうして「学力」と「学び」の分裂の先に生まれた、「資質・能力」と「ケア」
に分裂しがちな教育言説は、教育格差の拡大とも深く関連しています。た
とえば、2008 年改訂の学習指導要領で示された、「習得」（知識習得）と「活
用」（知識を使う力の育成）とを車の両輪とする「確かな学力」観においても、
低学力の子どもに「習得」、高学力の子どもに「活用」を、そして、SSH
指定校などの重点校で「探究」的な学びを対応させる傾向がみられたよう
に、学力の質の違いを介して教育格差が拡大する動きを指摘できます。さ
らには、貧困問題とも関係が深い低学力の子どもたちに関わる語りは、ケ
ア論や社会学的な言説によって、他方、上位層の教育に関わる語りは、心
理学や情報学などを基盤とした、コンピテンシーや学びのイノベーション
を追求する科学的言説によって語られるといった具合に、教育言説の基盤
となる学問分野や語り方の違いを介する形での格差と分断の拡大も危惧さ
れます。

学習権保障の意味の再確認

　かつて「学力」概念は、「学力向上」という文脈以上に、「学力保障」と
いう文脈で議論されていましたが、「学力保障」という言葉に含まれていた、
認識形成という、人間性の発現や福祉的機能につながる知育の含意は、「学
力」概念においても「学び」概念においても後退しています。そして、進
路実現や学校の実績アピールのための「学力向上」「学力保証」に矮小化
される形で、「学力の保障」は、生存権の保障や幸福追求への志向性を持
つ「ケアや承認の保障」と対立的なものとして捉えられるようになりまし

表3　学校像の現代的構図（石井 2020b、p.112）

人材養成機関としての学校 （訓練的社会化）	学習権保障の場としての学校 （教育的人間形成）	居場所としての学校 （福祉的ケア）
平等に保障されるべき権利事項ではなくサービスとしての知識・技能の提供の個別最適化。	人権事項としての学力・学習（ケイパビリティ）の保障。教科学習を通した人間的成長（訓育的教授）への志向性。	最低限度の生活と存在の承認と生存権に関わるセーフティーネット。
市場化された学校。	知性と公共性の砦としての学校。	多様性を包摂する学校。
学校の共同性は、社会的スキル育成の手段としてより即自化・機能化される。	文化的実践を軸にした学びと暮らしの共同体を志向し、知的学習における共同性や認識の深さを追求する。	学校の共同性は、学習との結びつきを解除されて居場所化される。

た[3]。コロナ禍においても「学びの保障」というとき、文脈の違いによって、テスト学力（進路実現）、資質・能力（人材養成）、ケア（居場所の保障）のいずれかの意味で使われる一方で、学習権保障の理念は、学問や文化の伝承という内実を空洞化させています。

　上記のような教育言説の展開も背景に、現在、「人材養成機関（訓練的社会化）としての学校」と「居場所（福祉）としての学校」の両極に学校像が分断されつつあります（表3）。市場化と多様性の包摂との間で、一見対立しているように見えて、両者ともに、自由化志向（共通目標の最低限の保障という平等意識の緩和と目標・成果の個別化・多様化）、および学級制の柔軟化と親和的です。また、両者ともに、学校の機能として、知的学習における共同性や認識の深さの追求や、成長保障、発達保障につながるような学習権保障への志向性を弱めがちです。

　学校と社会との連携・分業体制の構築が重要であるにしても、学校の機能を機械的に切り分けることには注意が必要です。いわゆる「民間」で提供されるコンテンツやプログラムやサービスは、それぞれに特化した問題意識と強みを持っているのであって、それらをうまく組み合わせても、そ

---

[3] 学力とケアの分裂に対し、髙田（2018）では、福祉との関係で学力保障の理念を捉え直す試みが、また山田（2016）、神代（2016）では、承認論からケアの保障と学習権保障とを串刺しする論理の構築が模索されている。

こからこぼれてしまうものが出てきます。デマンドサイドからの改革で選択肢を増やすことは大切ですが、小学生くらいまでの時期の教育機会の選択の拡大については、子ども本人というより事実上親の意向や資源の影響が大きいため、マッチング等のサポートのないところではペアレントクラシーを強めることが危惧されますし、一部の NPO 等による細やかな活動を除けば、特に複合的なニーズを抱える本当にしんどい子どもたちには届きにくいように思います。暮らしを送るコミュニティや場としての日本の学校が持つ、あるいはある程度持たざるを得ない「まるごと性」のもつキャパシティも大事にしながら、そこだけではない居場所を提示したりすることで息苦しさに程よく風穴を空けたり、同調主義的なつながりを編み直したりする点において、「民間」の力を活用する意味があるようにも思います。

　たとえば、個別最適化アプリも、タブレットの中の「AI 先生」が子どもたちの学びを救っているという側面以上に、一斉授業という形態の中で集団の中に埋没してきた個々人を切り出し、切り出された個々人が自ずとつながるところに、ゆるやかに学び合いと個性化・協働化された学びが生じる点が重要です。そうして生まれた子ども同士の支え合い、学び合いに補われながら、ゆるやかな教室の空気感と教育効果が生み出されうるのです。

　学びと結びついているからこそ、つながりとケアは承認欲求に閉じず他者性や公共的関係性にも開かれうるし、つながりとケアと結びついているからこそ、学びは人間的成長に迫る質を持ちえます。たとえば、日本の特に小学校の教師たちは、学級をつくりながら、子どものつまずきに寄り添いつつ、みんなで思考や認識を深めていく授業を目指してきました。それは、先に紹介したような、知識習得と思考力の育成とを統一的に実現しようとする実践が生まれてくる土壌でもありました。子どもたちの深層にある複合的なニーズに寄り添い、学習権の保障を軸にしながら、学びとつながりとケアとのベストミックスを探っていく。学校や教職の本業を見極めそこに時間をかけられるための業務の棚卸や働き方改革を進めつつ、そう

した、学校という場で子どもたちと暮らしをともにするからこそ可能になる、学校と教師が担ってきた、あるいは担いうる仕事の意味を再確認する必要があります。

コラム②　戦後日本の教育実践の歴史

　戦後日本の教育の歴史は、学習指導要領改訂の影響を大きく受けながら、ざっくり言えば、経験主義（子どもの生活経験から出発することを志向する立場）と系統主義（科学的概念を系統的に教えることを志向する立場）の間を振り子のように揺れ動いてきました。

　1947年版学習指導要領に導かれた戦後新教育の時代、全国の教室ではカリキュラムづくりを伴った経験主義の教育が実践されました。和光小学校の実践をはじめ、現在の総合学習につながる問題解決学習が社会科を中心に展開され、コア・カリキュラム連盟（1948年発足、1953年に日本生活教育連盟（日生連）に改名）は、その全国的な展開を支えました。大村はまは、国語科で単元学習を展開し、『新編 教えるということ』（筑摩書房、1996年）からは、教育者としての姿勢を学ぶことができます。また、戦前の生活綴方教育を継承し「生活と教育の結合」を目指す実践も広がりを見せました。東井義雄『村を育てる学力』（明治図書、1957年）は、生活綴方実践をもとに、子どもの生活に根ざした素朴な考え方や「つまずき」を大切にすることの意味を教えてくれます。さらに、1950年代になって、教育への国家統制が強化される中、斎藤喜博『未来につながる学力』（麦書房、1958年）は、教室の事実のリアルな記述を通して、「授業」という営みの創造的な性格と教師の仕事の可能性を示しました。

　戦後新教育への活動主義批判、および、1958年改訂の学習指導要領が「試案」ではなく「告示」とされたことを背景に、1960年代には、数学教育協議会（数教協）、仮説実験授業研究会（仮実研）、歴史教育者協議会（歴教協）などの民間教育研究団体が、「科学と教育の結合」を目指して、系統主義の立場から独自のカリキュラムや教材の開発を進めました（教科内容の現代化）。庄司和晃『仮説実験授業と認識の理論(増補版)』（季節社、2000年）では、

仮説実験授業を軸に庄司独自の理科教育が示されています。鈴木正気『川口港から外港へ』（草土文化、1978 年）では、目に見える事物を手掛かりに、目に見えない科学的な概念・法則の獲得につなげていく社会科の授業が提示されています。

　1968 年改訂の学習指導要領も教科内容の現代化をうたって内容を高度化し、能力主義的な教育政策が展開する中、1970 年代、「落ちこぼれ」問題が顕在化します。これに対して、岸本裕史『見える学力・見えない学力』（大月書店、1981 年）は、「落ちこぼれ」を出さない実践を目指して、「百マス計算」などの基礎学力定着の方法を提起するとともに、子どもたちの家庭での生活・文化環境に着目する必要性を説きました。この時期、相対評価への批判意識から、すべての子どもたちに確かな学力を保障すべく到達度評価運動も展開されました（全国到達度評価研究会編『だれでもできる到達度評価入門』あゆみ出版、1989 年）。仲本正夫『学力への挑戦』（労働旬報社、1979 年）は、科学と生活を結び付けた教材・教具の工夫により、底辺校の高校生たちに「微分・積分」をも楽しく教えられることを事実で示しました。

　また、1970 年代から 1980 年代にかけて、高度で過密な内容が批判される中で、1977 年版学習指導要領で子どもたちのゆとりある学校生活が強調されるようになり、数教協や仮実研も「楽しい授業」を追求するなど、教材・教科内容の価値を子どもや生活の側から問い直す動きが生まれました。安井俊夫『子どもが動く社会科』（地歴社、1982 年）では、歴史の当事者、特に民衆の視点に立って共感的に理解することで、生徒が歴史的事実を自分の問題として考える実践が紹介されています。

　教育の歴史は、「教え」と「学び」との間でも揺れ動いてきました。1980 年半ばには、授業不成立など明日の授業づくりに悩む教師たちの求めから、発問、指示、板書といった授業技術への関心が高まりました。向山洋一『跳び箱は誰でも跳ばせられる』（明治図書、1982 年）は、「教育技術の法則化運動」の出発点となりました。また、有田和正『子どもの生きる社会科授業の創造』（明治図書、1982 年）は、子どもが本気になって追究する「ネタ」を中心に置いた社会科授業づくりを提起しました。

　右肩上がりの成長社会から成熟社会への移行も背景に、学校という場そのものへの根源的な批判もなされるようになり、個性尊重や教育の自由化という改革動向の下で、1989 年版学習指導要領では、知識・技能よりも主体性を重視する「新しい学力観」が提起されました。そして、1990 年代になると、「学びからの逃走」が進行する中で、子どもを真に学びの主人公とすべく、学校での学びの意味を問い直す授業も生まれました。築地久子『生きる力を育てる授業（新装版）』（黎明書房、1999 年）は、カルテや座席表で個を育てることを目指してきた、社会科の初志をつらぬく会（1958 年発足）の典型的な実践の一つです。大津和子『社会科＝１本のバナナから』（国土社、1987 年）は、バナナという身近な素材を出発点に開発教育・グローバル教育を展開する「現代社会」の授業の記録です。

　歴教協や数教協などにおいても、子どもの学びの主体性をより重視する実践が生まれてきました。たとえば、加藤公明『わくわく論争！　考える日本史授業』（地歴社、1991 年）では、生徒自身が仮説を立てて日本史の謎を追究し討論する授業が展開されていますし、小寺隆幸『地球を救え！数学探偵団』（国土社、1996 年）は、「関数」という眼鏡を使って、フロンガスによるオゾン層破壊、ゴミ問題といった環境問題に挑戦する数学の授業を提起しています。さらに、吉田和子『フェミニズム教育実践の創造』（青木書店、1997 年）では、現代社会の課題にリンクする生徒たちの生活現実から、生徒たち自身が学習課題を設定し探究する家庭科の授業が、鈴木和夫『子どもとつくる対話の教育』（山吹書店、2005 年）では、時事問題への関心を日々耕したうえで、カンコーヒーから学べることについて生徒が自由に学習課題を設定して探究し、南北問題を自分の足元の生活と結び付けて認識し行動につなげていく実践が示されています。

　日生連の生活教育を背景に持つ、金森俊朗『性の授業　死の授業』（教育史料出版会、1996 年）には、生と死のリアリティの回復を目指す「いのちの学習」の記録が収められています。今泉博『学びの発見　よみがえる学校』（新日本出版、2001 年）では、子どもの間違いをポジティブに捉え、何でも自由に発言できる雰囲気づくりを大切にする授業実践が示されています。さら

に、「教え」から「学び」への転換を主導した佐藤学は、教室における子ども同士の学び合い、授業研究による教師の同僚性の構築、親や地域住民の参加などにより、学校を「学びの共同体」として変革する実践を進めました。その出発点となった、茅ケ崎市立浜之郷小学校の学校改革については、大瀬敏昭（佐藤学監修）『学校を創る』（小学館、2000 年）に、また、「学びの共同体」のこれまでの歩みと現在については、佐藤学『学びの共同体の挑戦』（小学館、2018 年）にまとめられています。

　こうして、1990 年代以降、「教え」や「学力」から「学び」への転換が進み、1998 年版学習指導要領における「総合的な学習の時間」の創設により、総合学習の実践が進展しました。総合学習のあり方を考える上で、現代社会の問題に取り組む総合学習を展開する、和光小学校『和光小学校の総合学習（全三巻）』（民衆社、2000 年）、大瀧三雄・行田稔彦・両角憲二『育てたいね、こんな学力―和光学園の一貫教育―』（大月書店、2009 年）、子どもの追究したいことを尊重する、小幡肇『そこが知りたい「子どもがつながる」学習指導―なぜ「奈良女子大学附属小学校の子」の学習は深まるのか』（大阪書籍、2007 年）、地域生活に根差した教育を展開する、伊那市立伊那小学校『共に学び共に生きる 1・2』（信州教育出版社、2012 年）、子ども中心のプロジェクト活動を軸にした、堀真一郎『きのくに子どもの村』（ブロンズ新社、1994 年）といった、先進校の事例を読み比べてみるとよいでしょう。小笠原和彦『学校はパラダイス』（現代書館、2000 年）は、1970 年代以降、個別化・個性化教育を先進的に進めてきた東浦町立緒川小学校の実践と歩みを生き生きと描写しています。鳥山敏子『賢治の学校』（サンマーク出版、1996 年）では、宮沢賢治の思想とシュタイナー教育を実践する、現在の東京賢治シュタイナー学校の理念が語られています。

　しかし、1998 年版学習指導要領が示されてすぐ、2000 年前後には、学力問題がクローズアップされるようになりました。「百マス計算」がメソッド化される一方で、久保齋『学力づくりで学校を変える』（子どもの未来社、2002 年）や「力のある学校」の取り組み（志水宏吉『公立学校の底力』ちくま新書、2008 年）など、不平等や格差に挑戦する実践も展開されました。また、

基礎学力の徹底のみならず、2004 年の PISA ショックを契機に、PISA 型学力が意識されるようになりました。2007 年から始まった「全国学力・学習状況調査」は、「知識」問題（Ａ問題）と「活用」問題（Ｂ問題）で構成されました。そして、2008 年改訂の学習指導要領では、「習得」「活用」「探究」をキーワードとする「確かな学力」観（「総合的な学習の時間」等において教科横断的で問題解決的な「探究」活動を組織するとともに、教科学習においては、基礎的・基本的な知識・技能の「習得」と、知識・技能の「活用」を通した思考力・判断力・表現力等の育成を「車の両輪」として重視する）が示されました。

　また、若い教師が増え指導技術への要請が高まる中で山田洋一の企画により刊行された、『エピソードで語る教師力の極意』シリーズ（明治図書、2013 年）では、教育技術がその教師の生きざまや来歴と結び付けてまとめられており、石川晋、堀裕嗣など、「法則化運動」や「授業づくりネットワーク」などの教育サークルで授業力を磨いた世代が名前を連ねています。さらに、現在、学習者主体の授業で活用する力や資質・能力を育成する取り組みも進められています。

　田中耕治編著『時代を拓いた教師たち I・II』（日本標準、2005 年、2009 年）には、戦後日本を代表する教師たちの実践と研究の歩みがコンパクトにまとめられています。

２．個性尊重に向けた実践と制度の論争点
（1）一人ひとりに応じた教育のさまざまな形

　コロナ禍を経て高まる公教育の個人主義的再編は、個別化・個性化教育、および、履修主義と修得主義の問題に議論が集約されています。しかし、これらの主題について、歴史的経緯や概念規定をあいまいにしたまま議論がなされているようにも思います。そこで、議論の基盤として、順に論点を整理しておきたいと思います。

　まず、教育の個別化・個性化については、個か集団かの単純な二項対立

に陥らないために、以下のような論点を念頭において考えていく必要があります。

- 個別化・個性化と協働性との関係（個別化すれば個性化したことになるのか？ 逆に協働の中でこそ個性が生きるのではないか？）
- 集団での学ぶことの多様な形（画一的な一斉授業？ 学びをみんなで練り上げる創造的な一斉授業？ プロジェクトやグループでの協働的な学び？ 場を共有しながらの個別作業の協同化？）
- 個に応じた指導の多様な形（能力や興味・関心に応じて個別に分けること？ 同じ場でともに学べるようインクルーシブな場や足場を作ること？）
- 制度レベルと実践レベルとの区別（進級原理としては既存の年齢主義をベースに、履修原理として修得主義を強めることに止めるのか？ 無学年制や飛び級等の進級基準にまで踏み込むのか？）

　個別化・個性化というと、自由進度学習が想起されますが、それが際限なき目標の個別化・個性化に向かうなら、格差の拡大が懸念されるところです。しかし、目標は共通にして、そこにいたる方法を一人ひとりの子どもに合わせたものにすることも考えられます（方法の個別化・個性化）。

表4　学びの個別化と個性化（出典：石井 2020b、p.113）

	個別化	個性化
基本的な方向性	教育内容や学習進度や進級水準の能力に応じた多様化 「指導の個別化」（子どもの個性（適性）に応じて学習方法の最適化を図ることで、教科の学習内容の中で習得させたい知識・技能の確実な定着を目指す）	一人ひとり（individual）の内的なニーズや自発性に応じた多様化 「学習の個性化」（子どもの興味・関心を生かしながら、教科の目標に迫るような思考・判断や認識を深めたり、社会の中で自己を活かせるような「生きる力」を高め、個性を育てたりしようとする）
個人差の捉え方	学習にかかる時間の差（量的差異）	興味・関心や学習スタイルなどの差（質的差異）
教育形態・システムレベル	既存の内容パッケージの量や水準の違い 能力別学級編成（同一性）、自由進度学習	その子に応じた内容自体の組み換え 同年齢集団、異年齢集団等の多様な集団編成（複数性）、自由テーマ学習
指導法レベル	学習進度や学習到達度に応じて個別指導を行う	その子に応じて教授法や学習活動や表現方法を工夫する
評価とカリキュラムのあり方	知能や学業成績等の一元的尺度 （量的に進める直線的）プログラム学習と目標準拠評価	多重知能や個性（持ち味や強み）等の多元的尺度 （質的に深める多面的な）プロジェクト学習と個人内評価
発展学習の形態	早修（acceleration）（より早く進む）	拡充（enrichment）（より広く深く学ぶ）

一人ひとりに応じた教育という場合、実際にはどのレベルでの個別化・個性化を求めているのかを腑分けして議論することも肝要です。

　また、「個別化」と「個性化」という概念についても、志向性の違いを指摘できます（**表4**）⁴。すなわち、できる・できない、早い・遅いという一元的で垂直的な量的差異に着目する「個別化（individualization）」と、それぞれの子どもの興味・関心や持ち味を尊重するという多元的で水平的な質的差異に注目する「個性化（personalization）」では、実践の方向性は異なってきます。

　教育の「個別化」とは、教育内容や学習進度や進級水準の能力に応じた多様化を指します。それは学習にかかる時間の差（量的差異）で個人差を捉え、能力別学級編制（同質性）や自由進度学習（複線性）等と結びつきがちです。また、知能や学業成績等の一元的尺度に基づいて量的に学習を進める、直線的なプログラム学習として具体化されます。そして、発展的学習は、先取り学習としての「早修（acceleration）」として実施されがちです。

　一方、教育の「個性化」とは、統一体としての個人の内的なニーズや自発性に応じた多様化を指します。それは、興味・関心や学習スタイルなどの差（質的差異）として個人差を捉え、異年齢集団等も含む多様な集団編制（異質性）や自由テーマ学習（複数性）等と結びつきがちです。また、「多重知能（multiple intelligence）」等の多元的尺度に基づいて質的に深める、多面的・総合的なプロジェクト学習として具体化されます。そして、発展的学習は、習得した内容をより深く広く学び直す「拡充（enrichment）」として実施されがちです（p.42 **コラム③**参照）。

　こうした個別化と個性化の区別は、同じく「個別化・個性化」という言葉で推進される取り組みの中に存在する方向性の違いを見極めるためのも

---

⁴ 個別化と個性化については、宮本（2005）、岩永・松村（2010）、加藤（2004）、佐藤（2004）などを参照。

のであって、実際には、個別化と個性化の理念と方法は密接に絡み合って展開します。たとえば、個性化の理念の下で、能力別指導ではなく異年齢学級編制に強調点が置かれるなら、自由進度学習は、飛び級などの課程主義を徹底しすぎないところで、単元内、あるいは教科等も横断的に学期などのスパンである程度限定的に、寺子屋的に運用され、フレックスな時間と空間の創出による学び合いを促す可能性があります。逆に、個別化の理念の下では、拡充も、他者に教えることで、わかっていたつもりがゆさぶられ、理解を深めるといった方向性（水平的価値の追求）よりも、同じ内容に関するさらに高度な発展問題を解く方向性（垂直的価値の追求）で運用され、格差や教室内の分断を広げるかもしれません。

表5　才能教育とエリート教育の対照表（出典：岩永・松村 2010、p.83）

	早修（アクセラレーション）	拡充（エンリッチメント）	エリート教育
目的	・専門的能力の早期発見と早期開発 ・学校不適応者救済 ・有力大学経営戦略	・教育水準の全社会的向上 ・マイノリティの支援 ・教育地域格差解消	・社会的指導層の育成 ・上層階層文化の維持伝達
主体	・有力大学、非営利団体 ・個人、親、スポンサー企業	・州、郡、市、連邦 ・知事学校、マグネット校等	・プレップスクール ・有名カレッジ
選抜基準	・年齢集団の1％以下 ・非常に高いIQが基準だがあまり重視しない ・数学中心（含英語） ・ＳＡＴ、ＡＣＴ等早期受験	・年齢集団の10〜30％ ・IQ120〜程度だが重視する ・全分野（含芸術等） ・教師、親、級友の推薦	・独自の試験や面接等による、時として主観的な選抜 ・家庭背景を重視
形態と方法	・サマー・スクール、課外クラス、大学の才能児プログラム ・既存の上級教材の早期提供、短期間習得	・プル・アウト、特別学級 ・深化した総合的カリキュラム、独自の教材	・全寮制による伝統的全人教育 ・外国語を重視した古典的教養カリキュラム
	アドバンスト・プレースメント		
特徴	・飛び級や早期大学入学 ・個人負担大きい ・大都市郡に偏在 ・才能教育全体の1割程度	・飛び級や早期入学しない ・公的に補助される ・地域指向、マイノリティ指向が強い。 ・才能教育全体の9割程度	・原則的には飛び級や早期入学はない ・経済的あるいは伝統的文化的な参入障壁高い ・マイノリティは少ない

> **コラム③　個別化・個性化教育としての「才能教育」研究の展開**

　個別化・個性化教育としての「才能教育（gifted and talented education）」の展開を見てみると、インクルーシブ教育との接近や、早

修に止まらず拡充を重視する傾向を読み取ることができます（岩永・松村 2010；関内 2020）[5]。

　第一に、**表5**のように、才能教育の提唱者は、教育の自由化・多様化（個性に応じた教育内容・方法の組み換え）と新自由主義（市場化による脱学校）との違いを明確にしようとしています[6]。第二に、近年の個別化・個性化教育では、英才学級の設置や飛び級といった、システムレベルの処遇もさることながら、指導レベルの方法論の定式化に取り組みの重点がシフトしてきています。たとえば、一人ひとりのレディネスや学習プロフィールに合わせて内容、学び方、成果の表現方法等を質的にカスタマイズする「学びの差違化（differentiation）」（「個別化（individualization）」とは概念的に区別されている）は、そうした動向を代表するものです（トムリンソン 2017）。第三に、近年の才能教育においては、**図1**のようなイメージで、「早修」以上に「拡充」が重視されています。

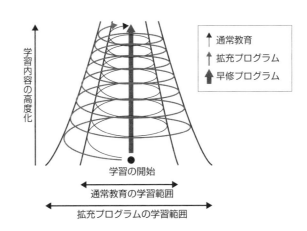

凡例：
↑ 通常教育
↑ 拡充プログラム
↑ 早修プログラム

学習内容の高度化

学習の開始

通常教育の学習範囲

拡充プログラムの学習範囲

図1　才能教育と通常教育の螺旋イメージ（同上、p.84）

　子どもたちの学びは、多かれ少なかれ回り道しながら螺旋的に高まっていきます。同じことを繰り返しているように見えても、その過程で小さな納得や思考を積み重ねながら子どもたちは学んでおり、少しずつ、あるいは時には飛躍的に高まったりもするのです。早修は、その回り道を最小化

して、最短距離で山を登っていくようなイメージです。これに対して、拡充というのは、より大きな回り道を通して、内容を深く豊かに学び、その分、底面の広い、知識の幅と思考力を伴った学びを志向していくものです。

そうした拡充の学びは、多重知能理論、プロジェクト学習、ポートフォリオに基づく真正の評価という形で具体化されています（松村 2003）。認知科学研究をリードしてきたガードナー（H. Gardner）が1983年に提起した、「多重知能（Multiple Intelligences：MI）」理論は、人間の知能（文化的に価値のある問題解決や創造の能力）を、①言語的知能、②論理数学的知能、③音楽的知能、④身体運動的知能、⑤空間的知能、⑥対人的知能、⑦内省的知能、⑧博物的知能の8つ（霊的知能や実存的知能も追加しうる候補）で構成されると捉えました（ガードナー 2001）。MI理論は、言語的、論理数学的能力に傾斜したIQでは測れない、美的、身体的、社会的なものの価値にも光を当てるもので、芸術家やスポーツ選手も、科学者とは別の形で高い「知能」を持つということになり、子どもの多様な特性や持ち味や可能性を評価する基盤となりました。人は誰でも8つの知能を持っていますが、その組み合わせ方、得意な分野と苦手な分野が異なり、8つの知能それぞれの発達の程度とそれらの組み合わせによって、一人ひとりの学び手の個性的なプロフィールが生まれます。

こうして、各教科において8つの知能を意識した活動が取り入れられたり、「熱帯雨林」や「川の生命」などの主題を軸に、それぞれの子どもたち

---

5 「特定の才能のある少数の子どもを選抜して特別教育プログラムに入れるという、狭義の才能教育だけでなく、障害児まで含めたすべての子どもの比較的得意な面を通常学級で学習に活かすという、広義の才能教育が存在する」（岩永・松村 2010、p.21）のであって、一部の子どもたちだけ（早修）でなく、すべての子どもたちの特性や強みを生かすこと（拡充）が、近年の才能教育では重視されている。また、赤木（2017）では、アメリカの貧困地区の学校の実際、そこでのインクルーシブ教育の姿がリアルに記述されている。

6 教育の自由化・多様化と新自由主義に関わって、「脱学校（＝市場化）と、多様な能力（＝個性）に応じた多様な教育プログラムを用意することとは本来全く逆の方向性をもったムーブメントである。『教育改革』の中で現実に起こったのは、前者のみ、つまり多様な教育的配慮から撤退して『学校が画一的に手を引く』ということだったのである」（同上、p.3）と、教育の内容・方法に関わる配慮や組み換えが試金石となることが示されている。

の強みを発揮できる形で、役割を分担しながら学びやすい、プロジェクト型の学習が採用されたりします。枠付けがゆるやかなプロジェクトに長期的に取り組んだりしながら、各人で異なる活動ができるテーブルや仕切りのあるコーナー（学習センター）に学習材料を準備し、教科に関するそれぞれの興味・関心や能力に応じた、あるいは、MI を意識した活動が適宜提供されたりします。そうした個々人において多様性のある学びの履歴（言語的に書き記したものに限らず、音声の形で、ビジュアルに、あるいは身体表現の動画なども含めた、学びの記録や作品など）を、ポートフォリオとして蓄積し、学びの成果の発表の機会も設定しながら、それぞれの子どもの強みを発見しつつ、その育ちを、教師と子ども、あるいは保護者との間で共有していくわけです。

　さらに、一部の子どもたちのための特別な教育プログラムの提供に止まらず、教師の専門チームを中心にした、保護者も含めた、学校ぐるみの指導体制を確立したり、通常学級以外に、子どもの興味や学習ニーズに応じた多様な学びの場所や集団を設定したり、カリキュラムをより柔軟化したりして、拡充を軸にした才能教育をどの学校でも展開していくことがめざされています（レンズーリ 2001）。このように、学校ぐるみの拡充により全体が高まりつつ一人ひとりも生かされ高められていく、いわば学びの質の追求によるインクルーシブな学校づくりへの志向性が見て取れます。

（2）個別化・個性化教育は格差拡大につながるか？　社会的包摂につながるか？

個別化・個性化教育と教育格差の拡大

　個別化・個性化教育に対しては、個人差（差異）の尊重が、結果として、個性の伸長ではなく、格差の拡大につながりがちな点が、教育社会学の研究において繰り返し指摘されてきました（苅谷 2002）。特に、日本においては、偏差値や学歴はもちろん、所属する企業や出身校の名前や肩書などで

序列化されてきた社会状況（タテ社会とメンバーシップ社会が生み出す組織内の階層性と序列の固定化）をセットで問題にしない限り、子どもの個性や学校の特色は、結局のところある序列の中での位置取りに回収され、教育の多様化は、ソフトな社会的な振り分けと序列化に容易につながります。

　そうした危惧をふまえるなら、昨今の垂直的序列化と水平的画一化の過剰に対して、水平的多様化が対抗軸になるとしても（本田 2020）、共通の目標の保障は容易に緩めないで、他方で、そこに至る方法は子ども一人ひとりに応じて個別化・個性化されることが重視されるべきでしょう。また、第5章で詳しく述べるように、目標を共通化することは、目標の個別化とは容易には両立しませんが、目標の個性化とは統合可能で、一定水準の目標（垂直的価値）の保障で見落とされがちな、一人ひとりの子どもたちのその子なりのこだわりやわかり方など、目標実現の個性的様態（水平的価値）を質的に見取ることが重要です。

個別化・個性化教育による社会的包摂の可能性

　さらに、やりたいことができない窮屈さを打開することや早く進めたいという垂直的価値が先行する、私的欲求（ウォンツ）に根差した自由化の文脈での個別化・個性化は、格差拡大の危険性を伴いますが、多文化共生の学校づくりの文脈で、子どもに学校に来てほしい、その中で学習に値する営みをわずかでも保障していきたいという、社会的包摂と学習権保障をモチーフにした個別化・個性化教育の実践も存在します。

　最近の個別化・個性化教育の実践というと、イエナプランやダルトンプランなど、欧米の新教育の取り組みにも注目が集まっています（リヒテルズ 2019）。幼稚園の緩やかな時間と空間と温かな関係性をほうふつとさせる、身体的・情緒的な関わりの上に、一人ひとりの個の意志を尊重する人権感覚を土台にしながら、異年齢でリビングルームのような生活空間を構成し、それぞれのペースで進める学び、テーマを軸にしたプロジェクト型の学びを展開し、顔の見えるサークル対話等で人間的自立と共生の作法を

学ぶ点など、水平的な個性化につながるインクルーシブな学校づくりのヒントをそこから見いだすこともできます。

　他方、日本においても、たとえば、緒川小学校をはじめとして、日本の教育文化に即した個別化・個性化教育も生み出されてきました（p.48 コラム④参照）。そして、緒川小学校に始まる愛知県東浦町の個別化・個性化教育の蓄積は、1クラスの3分の1が在日外国人子女という、多文化・多言語的状況の愛知県東浦町立石浜西小学校において、多文化共生の教育として生かされていくことになります（加藤・石浜西小学校 2009）。同校は、美しい言葉、正しい言葉に触れさせるべく、詩の朗読・暗唱・群読などに取り組んだり、この子たちが映える活動としてキッズソーランを始めたりと、「学校に行ったら楽しいことがありそうだ」と思えるよう、高い欠席率を改善する取り組みを進めていきました。さらに、学校に来たからには、できる、わかる喜びを保障したいという想いをもって、クラス内での学力差が大きく、低学力の子どもたちも多い状況下で、学力差に応じる習熟度別学習、あるいは、国語で読み取ったことを表現するのに、自分の興味・関心に応じて、劇・ペープサート、紙芝居、作家（話の続きを考えるなど）の3つのコースから選んだりする、国語のコース別学習が実践されました。

　一方で、教師の授業の「やりやすさ」が子どもたちの力を伸ばすことにつながっているのかという思いから、教師に学習の流れをコントロールされて学ぶことを超えていくべく、緒川小学校の「週プロ」に学び、2教科同時進行単元内自由進度学習である「○○学習」も実践されるようになりました。「○○学習」では、むしろ一斉授業で手を焼く子が望ましい姿に見えてきたりするといいます。2教科同時進行ゆえに生じる時間差が、逆転やゆとりを生み出すのもその一因なのでしょう。先行した友達の真似をしながら後追いの形で学習を進める子どもがいるし、先に進めた子が教えたりもします。通常の一斉授業では学習をリードすることが難しい子どもが、自信をもって教える立場になるチャンスを生み出すこともあります。

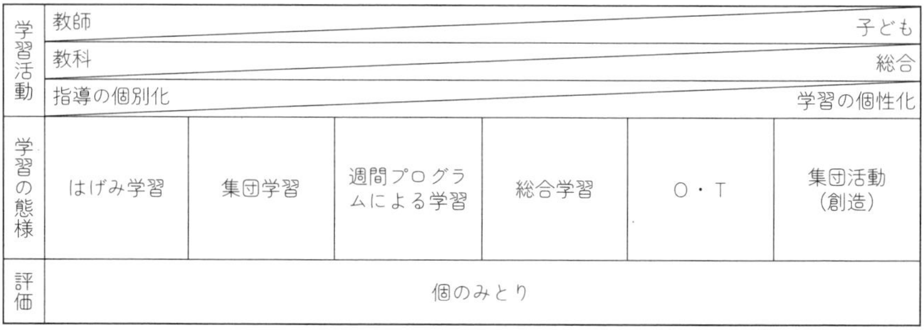

学習活動	教師					子ども
	教科					総合
	指導の個別化					学習の個性化
学習の態様	はげみ学習	集団学習	週間プログラムによる学習	総合学習	Ｏ・Ｔ	集団活動（創造）
評価	個のみとり					

図2　緒川小学校のカリキュラム（久野・緒川小学校 2008、p.4）

　また、失敗をやり直したり、納得いくまでこだわったり、たまにサボったりする余裕もあるし、一度やり遂げた課題を、他の友達の作品を見て、やり直したり発展させたりすることもあります。

　子どもの生活にまで目配りして、子どものまるごとを捉えて成長を保障していこうとする日本の教師文化の土壌の上に、子ども一人ひとりに応じるということが、格差・貧困への挑戦や多文化共生という脈絡において展開されるなら、時間枠や課題設定の柔軟化は、逸脱行動や多様な文化を許容しつつ学校文化のノーマルを問い直すことにつながる可能性があります。そうすると、学校はよりインクルーシブなものになり、学習権保障にもつながりうるでしょう（森 2011：澤田 2013）。

コラム④　緒川小学校の個別化・個性化教育の展開

　個別化・個性化教育の先駆的な存在である緒川小学校では、図2のように、「指導の個別化」（学習内容・学習方法を原則的に教師が決定し、子どもの学力差に対応しながら、どの子にも基礎・基本の力の定着を図る）と「学習の個性化」（学習内容も学習方法もできる限り子どもに返し、子どもの興味・関心を生かしながら、子どもの持ち味を伸ばしていく）のバランスの上に、カリキュラムが構想されています[7]。

　たとえば、「指導の個別化」を代表する「はげみ学習」は、全校体制で、

国語と算数の基礎・基本の定着を図るもので、自分の進度に応じて検定（小テスト）に取り組み、学年にとらわれずに6年間を通じてステップを積み上げていきます。その際、下の学年の学習内容からなかなか次に進めない子どもたちのために、教師全員によるティーム・ティーチングで、個別指導なども行っています。また、3年生以上が対象の、「週間プログラムによる学習」（「週プロ」）は、学習内容が明確で自己チェックしやすい単元について、学習計画を子どもたちが立案し、それに沿って個別学習を進めるものです。得意な算数は短時間で済ませて、苦手な国語に時間をかけるといった具合に、柔軟な計画が立てられるよう、原則として複数教科を組み合わせます。完全に子ども任せというわけではなく、モデルとなるコースを教師の方でいくつか設定したり、コースごとに「学習のてびき」（学習目標、標準時間数、学習の流れ、参考資料などをまとめたもの）を子どもたちに渡して支援したりしながら、適宜アドバイスや個別指導も行います。そして、「学習の個性化」を代表する「オープン・タイム（O・T）」は、季節の果物を使っておやつをつくるなど、学習テーマ自体も自由に設定し、自ら学習計画表を作成して活動を進めていきます。その際、保護者や地域の人たちがボランティアでサポートしてくれたりします。こうして、一人ひとりの学びが尊重される一方で、集団での学び合いも重視されており、個別学習と集団学習の相乗効果もめざされてきました。一人ひとりが楽しく過ごせるような、豊かな生活を自分たちで協力して創造する学級活動や行事等の主体的・自治的な活動も大切にされています。

　なお、緒川小学校をはじめ、日本の個別化・個性化教育に伴走してきた加藤幸次（2001）は、一斉授業に代わる授業のあり方を10の類型で捉えています。（1）完全習得学習（一斉授業を補足する個別指導）、（2）到達度別学習（「学力」差に応じたグループ別指導）、（3）自由進度学習（単元ごとに自分のペースで学習する）、（4）無学年制学習（どこまでも自分のペー

---

7 緒川小学校の実践の歩みについては、小笠原（2000）、宮島（2007）、久野・愛知県東浦町立緒川小学校（2013）などを参照。さらにその現代的継承については、奈須（2021）などを参照。

スで学習する）、（5）適性処遇学習（その子の「持ち味」を生かした授業）、
（6）順序選択学習（自分の決めた順序に従って学習する）、（7）発展課
題学習（共通課題の後に発展課題に挑戦する）、（8）課題選択学習（1つ
の課題を集中的に追求する）、（9）課題設定学習（自己決定した課題につ
いて探究する）、（10）自由研究学習（自由なテーマで製作し、探究する）。

異年齢集団の取り組みがもたらすもの

　学級のつながりをより個性化したり、異年齢集団を形成するなど、（学
年）学級以外の柔軟なつながりを形成したりする、日本における実験的で
挑戦的な取り組みもさまざまに存在しますし、増えてきています。たとえ
ば、香川大学教育学部附属高松小学校は、教科学習と創造活動の二領域カ
リキュラムに取り組みました。教科外の諸領域を統合した「創造活動」は、
各学級で行われる「学級創造活動」と、1年生から6年生までの「縦割り
創造活動」から成ります[8]。毎日の「学級創造」で、子どもたちは、自分
で決めた好きなことを好きなやり方で、1年間自由に個人課題を探究しま
す。たとえば、ねり消しをノート何冊にもわたって1年間ずっと探究する
子がいたり、野菜を作って教室で急にカレーを作り始めるようなことが
あったり、子どもが自己選択、自己決定のもとで活動するのが特徴です。
こうして子ども一人ひとりのこだわりや持ち味や凄さにふれることで、学
習の得意・不得意や優劣とは別のところで、お互いを見直し、その子らし
さを尊重するようになったりもします。

　他方、「縦割り創造活動」も、ほぼ毎日1時間設定されており、異学年
によるプロジェクト活動に取り組みます。たとえば、自分たちの手で何か
を商品化して、大人が本気で求めるものを売ってみたい、最近話題になっ

---

[8] 橘・前場（2019）や香川大学教育学部附属高松小学校（2017）を参照。

ている農業の６次産業化に挑戦してみようということで、子どもたちは生産・加工・販売に取り組んだりもしました。いろいろと困難に直面しながらも作った野菜をジャムにして、販売する際には、イメージキャラクターを作りたいという１年生の声からキャラづくりの話し合いが起こり、１年生から６年生による激論の末、最終的に１年生がラフスケッチしたものがキャラクターになっていったりもしました。このように、「縦割り創造活動」は、地域の子ども会活動のようなナナメの関係を保障するものとなっています。また、掃除や運動会の応援合戦も縦割りで行い、定期的に給食もともにするなど、子どもたちにとっては、各学年の自分のクラス以外のもう一つのホームとなっています。学級以外にも異学年クラスという別のホームがあり、学級自体も一人ひとりのよさを認め合う個性化された空間となっている点などは、個性と協働性の統一を考える上で示唆的です。

　個別化・個性化教育の実践が学びの質につながる条件として、個別化・個性化や異年齢集団への取り組みを通じて、チーム・ティーチングなどをきっかけに教師同士がつながり、通常の授業とは異なる子どもたちの姿を目の当たりにするなどして、自らの実践の当たり前が問い直され、教師集団の同僚性と教師個々人の成長が生み出される点が重要です。自由度の高い実践は、教師や学校に対してより高次の指導性を求めるものです。ゆえにそれは、教師や学校による実践の差を生み出しがちであるし、当初のリーダーが抜けたりすると容易に形骸化してしまったりします。学校や学級の閉鎖性や息苦しさは、教師の個業化や風通しの悪さとも関係しています。学校ぐるみの挑戦を通して教師間の学び合いや同僚性が生み出され、一人ひとりの子どもたちをチームで見守る学校の共同性があってこそ、教師の力量も高まり、子どもたちの個を生かす取り組みも学習の孤立化に陥らず、個がゆるやかにつながる、豊かな学びの空間を生み出します。

　先述のように個別最適化の AI アプリは、教室でのつながりに補われる形で、また、子どもたちの学びの個別化・個性化の取り組みは、教師の側

の同僚性の創出を介して、いわば学校の社会関係資本の活性化や拡張を介して成果を生み出すという点に目を向ける必要があります。成果（パフォーマンス）を直接的に求めるのではなく、建設的な協働性（リレーション）の構築を通して結果としてより大きく持続的な成果がもたらされるのです。

表6　教育課程の履修原理―履修主義・年齢主義と修得主義・課程主義（出典：石井 2020b、p.107）

		履修主義・年齢主義	修得主義・課程主義
履修原理		履修主義： 所定の教育課程を、その能力（または心身の状況）に応じて、一定年限の間、履修すればよい。	修得主義： 所定の課程を履修して、目標に関して一定の成果を上げることが求められる。
進級（卒業）原理		年数（年齢）主義（social promotion）： 卒業要件として一定年限の在学を要求し、grade は、「在学年数（学年）」を意味する。	課程主義（merit promotion）： 卒業要件として一定の課程の修了を要求し、grade は、「教材習得の段階（等級）」を意味する。原級留置（留年）もありうる。
学校の中心的な役割		社会性・人格の育成、全面発達（多元的価値）、保護（ケア）・社会的包摂機能 共同体としての生活集団を軸とした機関	知識・技能の獲得、知的発達（一元的価値）、能力向上・水準保障機能 機能的で学習集団を軸とした機関
カリキュラム論上の立場	成立期の義務教育制度	経験主義（子どものニーズに準拠）との親和性 方向目標と相対評価や個人内評価（構造化されていないカリキュラム） 同じ年齢集団で（個々の子どものニーズに合わせて異なる内容や進級基準もありうる）	系統主義（目標・内容に準拠）との親和性 到達目標と目標準拠評価（構造化されたカリキュラム） 同じ内容を（内容の習熟度に合わせて異なる年齢の子どもたちが集まることもありうる）
	現代	系統主義の学力保障と平等化の側面との親和性	経験主義の個性尊重と自由化の側面との親和性

（3）履修主義・年齢主義と修得主義・課程主義の歴史的展開

履修主義・年齢主義と修得主義・課程主義の基本的な考え方

　一斉・画一の教育から自由で個別最適な教育への転換が主張される中で、履修主義から修得主義への転換が説かれています。しかし、もともと個別化・個性化教育と結びつきの強い進歩主義教育と親和性があるとされていたのは、年齢主義や履修主義の方でした[9]。

　履修主義と修得主義は、何をもって当該の教育課程を履修したと判断す

---

[9] 履修主義・年齢主義と修得主義・課程主義の思想史的脈絡については、梅根（1956）、高倉（1977）、宮本（2005）などを参照。日本におけるその展開の歴史については、佐藤（2005）を参照。

るかという履修原理に関わる概念であり、他方、年齢主義と課程主義は、進級や卒業の要件といった進級原理に関わる概念です（**表6**）。履修主義や年齢主義は、所定の教育課程を一定年限の間履修することを求めはしますが、履修の結果や成果は厳格には求められません。他方、修得主義や課程主義は、所定の課程を履修するだけでなく、目標に関して一定の成果を上げることが求められ、原級留置（留年）もあり得ます。

　年齢主義は、学級など、共同体としての学校で生活し学ぶことを通した社会性・人格等の形成に着目するものであり、児童労働から子どもを保護した工場法を契機とするイギリスの義務教育制度に起源をもつとされます。そして、同じ年齢集団で、という縛りがあるだけで、目標・内容の縛りがゆるいので、子どものニーズや自発性に沿って目標やカリキュラムに柔軟性を持たせる余地があり、もともとは経験主義の教育と親和性がありました。

　他方、課程主義は、知識・技能の確実な習得を重視するものであり、国家にとって有為な人材の育成や国民形成を目的としたドイツの義務教育制度に起源をもつとされます。そして、目標・内容の違いによって集団も編成され、構造化・系統化されたカリキュラムを必要とするために、もともとは系統主義の教育と親和性がありました。

　義務教育制度の草創期、日本の学校は等級制で、進級における徹底した課程主義がとられていました。その後、1891年11月に「学級編制等ニ関スル規則」が出されるなど、教育勅語が交付される1890年前後、就学率の上昇とともに多くの子どもたちが学校に包摂されるようになり、一人の教員が同一の教室で異なる等級の子どもたちに授業を行う複式授業（合級）を経て、「学級」が成立し始めます。そして、それが学年制と結びついて、20世紀初頭には学年別学級が日本において一般的になりました。

　学年学級制の成立は、学校の機能の拡大とパラレルに展開しました。教育が大衆化し学校制度が整えられる中で、カリキュラムの内容も拡張・体系化され、特に、日本においては、国家主義的な徳育重視の教育政策の展

開が、等級制から学級制への転換を後押ししました。また、日本では、ム
ラ社会に組み入れられていた子どもを学校に就学させるべく、村落共同
体の習俗の延長線上に集団活動や行事や儀式などの学校生活が形作られ
ていったこともあり、日本の学校の共同体としての性格は強く（木村 2015）、
学級はその中軸を担ってきました。欧米の進歩主義教育の影響を受けつつ、
日本において自由教育や生活教育が展開した大正新教育期には、国家主義
的教化（indoctrination）や教育の効率化の手段として導入された学級を、
協働自治の社会関係づくりを学んだりする、教育的な人間形成の場として
生かしていく発想も生まれることになります[10]。第二次世界大戦後におい
ても、そうした学級でともに生活し学び合うことの意味は追究され、コラ
ム②で示したように、生活綴方[11]の復興、教科外活動における生活指導
実践の展開、教科指導において認識形成と学習集団づくりの統一的実現を
目指す授業研究運動の展開といった形で、戦後日本の教育実践研究の中軸
を形成していきました。

　こうして、学年学級制と年齢主義が一般化していくと、「学年」は在学
年数や年齢という意味を超えて、その年齢に相応の内容水準という課程主
義的な意味も持つようになります。その結果、同じ年齢集団で、同じ内容
を一斉に学んでいくことをめぐって、画一的一斉授業に個別化・個性化教
育を対置し批判する構図が生まれてくることになります。それと同時に、
もともと能力主義的・選別主義的な意味合いの強い課程主義を、すべての
子どもたちに一定水準の学力を確実に身につけさせていくという、平等主
義と学力保障の理念の文脈に位置付けて解釈する考え方も生まれてくるこ

---

[10] たとえば、池袋児童の村小学校の野村芳兵衛の生活訓練論、生活綴方運動など、子どもの生活から、
　　学校、および生活集団としての学級を問い直す実践も生まれた（中内 2008）。
[11] 子どもたちが自らのありのままの生活現実を作文に綴り、それを共感的に読み合うことで、文章表
　　現力、および、生活への認識を育てるとともに、仲間意識・つながりや集団を形成していく、日本土
　　着の自生的な教育実践。

とになりました。もともと「修得主義」という概念は、課程主義に学力保障の理念が加味される形で誕生してきたのであって、自由に学習を進めていくことよりも、どの子も落ちこぼさず一定の学力を共通に保障していくことを大切にするために提起されました（続 1973）[12]。

　教育の機会や水準もある程度均等に実現されてくることで、1980 年代頃から、質の追求へと教育課題がシフトし、学校システムの画一性や硬直性に対して、教育を個性化・自由化すべきとの主張がなされるようになりました。こうした動きに伴って、課程主義や修得主義は、学校の知識習得機能を効率化・スリム化し、その分、学校内外で体験的な学びを実現することに時間を割いたり、個性尊重の名の下に学級の枠を柔軟化したりすることを目指す、経験主義的な主張と結びつくようになりました。

修得主義への転換を議論する際に考えておくべきこと

　コロナ禍での長期臨時休校等の経験を経て、第 1 章でも述べたように、履修主義から修得主義への転換論に注目が集まっています。しかし、履修主義が担ってきた教育的意味を顧みることなく、修得主義という言葉に込められた学力保障論的含意を欠落させながら、もともと能力主義と親和性の高い課程主義を、自由化という一点において理想化する傾向には注意が必要です。

　授業を進められてないのが「学習の遅れ」であって、文科省や教育委員会が長期休校対応の年間指導計画を示せば、それを遂行して学習権を保障したことになるというのでは、形骸化した履修主義と言わざるをえません。授業を通して実現したい学習成果に注目しそれを確かに保障していく修得主義の発想を生かしていくことは必要です。他方、修得主義が、結局はテストの問題が解ければよいと、問題を解いて進めることに終始する事態に

---

[12] 中内（1983）でも、フランスにおける留年と学力補充学級の制度や、内容を習得しないままに進級させられることを問題視する発想などに、学習権保障の思想が見いだされている。

は注意を要します。また、どの子も落ちこぼさないという大人たちの覚悟なしに、進められる子は自由に先に進めたらよいという点のみが素朴に強調されると、学力格差や学びの分断につながりかねません。

コロナ禍での長期の臨時休校期間中に、生活が乱れたり、ケアされない状況が深刻化したりした子どもたちも存在します。教科等横断的にカリキュラム全体を見直す際には、子どもたちが学校という場をどう経験し生きているか（生きられたカリキュラム（curriculum-as-lived））も考慮しながら、パブリックなつながりの中で、安心感のある空間の中で、知的で文化的な生活を保障していく視点も必要です。生活集団としての学校の意味に注目し、つながりと生活の中で長いスパンで学びと成長を保障していく、履修主義のエッセンスを生かしていくわけです。そしてそれは、先述の学びとつながりとケアの重なりにおいて生まれる、徳育や人間的成長につながる知育という、日本の教師たちの教育文化を生かすことにもつながるでしょう。

さらに、ICT の活用、オンライン授業、GIGA スクール構想などが進行していくにつれ、学校にみんなで集って学ぶことの意味が問われています。ネットを生かした通信制高校等も拡大する中、特に高校は、多かれ少なかれ修得主義の方向に進んでいくでしょう。学校に通って出席していたら卒業できるというのではなく、高校 3 年間で何を学んだのかが問われるようになるわけです。「学歴社会」から「学習歴社会」への転換という企業社会の流れを念頭に置いておく必要があります。

ただし、修得主義が直ちに学びの個別化を意味するものでない点には注意が必要です。寺子屋的な自由進度学習のようなものをイメージすると、修得主義と学びの個別化との結びつきは強くなります。しかし、たとえば大学も基本的に修得主義ですが、それは「自主ゼミ」の発想であり、学年は比較的ゆるやかであるものの、最後にゼミなどに所属して、多くの場合、大学での学びの集大成として卒業論文・研究等に取り組む、いわば「大き

な修得主義」になっています。卒業論文・研究等を進める際には、必要に応じて自主的に集まったりもしながら、ともに議論したり何かを制作したりといった具合に、協働性も求められます。一方、各自で自主勉強を進め、検定試験のようなものをクリアしたら単位認定や卒業認定を行うのは「小さな修得主義」と呼ぶことができます。

　日本の学校の集団性はしばしば抑圧的であるにしても、スタンプラリーのように単位をゲットするだけの割り切った学校生活ではなく、探究的な学びや特別活動等での社会的な経験を通して、生活の場としての学校の意味を生かすことや、人間的成長につながる学びの機会が必要ではないか。そもそも教科の学びについても、検定試験的にテストで測りやすい断片的な内容の習得状況を確認するだけで、その教科の本質的な学びの価値や生きて働く学力を保障したといえるのか。「物知り」や「問題が解ける」こととは異なる、物事を知ることや理解することの意味、教科を通してこそ育てられる物事の捉え方や考え方、あるいは思考の癖（習慣）や態度も含めて、「何をもってその教科を修得したと言えるのか？」「それで一人前の主権者に必要な教養や知性を保障したと言えるのか？」、たとえば観点別評価は、まさにこれらの問いに向き合い、教科の学びを貧困化させないための学力観の歯止めと捉えることもできます。

　コロナ禍を経て、子どもを預かってくれる学校の意味、生活の基盤や居場所としての意味、そして、個人化・孤立化に向かいがちな傾向に対して、社会的な経験としての学校の意味も確認されているように思います。他方、学習面については、オンラインで動画やアプリを利用しながら自分で勉強を進められる、そもそも学習面は学習塾等で面倒を見てもらっているといった感覚も広がっているように思います。しかし、そこではやり方主義が支配的で、学ぶことのイメージが貧困化してはいないでしょうか。学校依存をあらため、部活動をはじめ、学校をスリム化する方向性が加速していますが、学びの保障を実質的に手放すことにならないよう注意が必要です。

第3章　コンピテンシー・ベースの改革を
「日本型学校教育」の再構築へとつなぐ

　第1章で述べたように、供給主体の多様化を含む教育「変革」政策は、カリキュラムの内容や履修システムの再編を要請するものです。それが公教育としての学びの質の充実に真に寄与するものとなるか、「日本型学校教育」を真に再構築するものになるかどうかを考える上で、カリキュラムや学びの中身に関わる、近年の資質・能力ベースの改革の展開とその特徴を確認しておきたいと思います。その際、「日本型学校教育」の社会・文化的背景なども明確にしながら、世界的に展開するコンピテンシー・ベースの改革が日本においてどのようなものとして展開しているのかを確認することで、「日本型教育改革論議」の癖や落とし穴も明らかにしたいと思います。まず、コンピテンシー・ベースの改革とはそもそも何を目指すことであって、日本において資質・能力ベースという形でどのようなものとして展開しているのかを概説します。

１．コンピテンシー・ベースの教育改革の国際的展開
（1）コンピテンシー・ベースの改革の背景とその基本的な性格
　第1章で触れたように、日本のカリキュラム改革の背景にある、コンピテンシー・ベースの改革は、1990年代に顕在化する産業構造と労働市場の変化を受けたカリキュラム改造運動と見ることができます。たとえば、1990年代に米国では、各教科でスタンダード（各学区や学校のカリキュラムに盛り込むべき共通の教育目標・内容を提起するもの）が開発されましたが、それは、情報、言語、映像、画像などのシンボルを操作して

問題の発見、解決、媒介、知的生産を行う「シンボリック・アナリスト（symbolic analyst）」を重視する労働力需要の変化への対応、および、職業教育（特定職種の技能訓練）からキャリア教育（「大学や仕事へのレディネス（college and career readiness）」の育成）への転回など、知識経済下で汎用的能力を志向するコンピテンシー・ベースの改革への芽を内包していました（現代アメリカ教育研究会 1998；松尾 2010；石井 2020a）。労働省長官の諮問委員会である SCANS（Secretary's Commission on Achieving Necessary Skills）は、1991 年、雇用される上で職種を越えて必要とされる一般的なエンプロイヤビリティ・スキルのスタンダードを開発しました。そして、SCANS プロジェクトなどの知識経済に対応するコンピテンシー研究の延長線上に、2000 年代以降、OECD は、DeSeCo（Definition and Selection of Competencies）プロジェクトを展開し、「キー・コンピテンシー（key competency）」の枠組みを提起しました（ライチェン＆サルガニク 2006）。また、さまざまな国や機関により、21 世紀型スキルについての枠組みも次々と提示されました（松尾 2015）。なお、OECD は、キー・コンピテンシーの一部である、現実世界で知識・技能を活用する力を測るべく、PISA を実施し、その結果を生かした「教育インディケーター事業」を通して、各国の教育政策を先導していくことになります。

　さらに、OECD は、OECD Future of Education and Skills 2030 プロジェクト（Education 2030 プロジェクト）で、新しい枠組みを提示しています（白井 2020）[13]。そこでは個人と集団のウェルビーイングを実現する活動主体である「エージェンシー（agency）」という価値的な人間像を掲げた上で、非認知的能力も含めた包括的な能力が強調されています。2018

---

[13] 文部科学省初等中等教育局教育課程課教育課程企画室（2018）、および、OECD のホームページに掲載されている最終報告書のコンセプトノートの邦訳を参照（https://www.oecd.org/education/2030-project/teaching-and-learning/learning/learning-compass-2030/OECD_LEARNING_COMPASS_2030_Concept_note_Japanese.pdf）。

図1 OECD ラーニング・コンパス（学びの羅針盤）2030
(http://www.oecd.org/education/2030-project/teaching-and-learning/learning/
learning-compass-2030/OECD_Learning_Compass_2030_concept_note.pdf)

年に発表された「学びの羅針盤（OECD Learning Compass 2030)」では、知識（knowledge）、スキル（skills）、態度・価値観（attitudes and values）の三つが一体のものとなって絡み合い、よりよい未来の創造に向けた変革を起こすコンピテンシー（「新たな価値を創造する力（creating new value)」「対立やジレンマに対処する力（reconciling tensions & dilemmas)」「責任ある行動をとる力（taking responsibility)」）が育成されることを示しています（図1）。知識、スキル、態度・価値観の具体的要素としては、読み書き能力やニューメラシーに限らず、データ・リテラシーやデジタル・リテラシー、心身の健康管理、社会情動的スキルも含まれています。そして、見通し（Anticipation）・行動（Action）・振り返り（Reflection）の「AARサイクル」を回しながら、個人のみならず社会のウェルビーイングを目指して学んでいくとされています。自分のためだけでなく、よりよい社会に向けて、社会に働きかけそれを創り変えていく、そのような、必ずしもビジネス的な関心に閉じていない、社会派な活動主体が想定されている点は重要です。

　キー・コンピテンシーでも主体の「反省性（reflectivity)」は中軸に据えられていたものの、知識、スキル、態度を文脈に応じて統合的に結集で

きる対象志向的な有能性に力点がありましたし、内容知識や認知的能力か
らコミュニケーション能力への拡張が議論の的となっていました。これに
対して、「学びの羅針盤」においては、エージェンシーという形で、社会
環境との関係で再帰的・反省的に自己を形成する行為主体の位置づけが拡
大しています。またそこでは、変化する社会に対応して、知識・技能を「活
用」し正解のない問題への納得解を探ることに止まらず、より積極的に社
会自体を「創造」していくこと、いわば変化の創り手への志向性も見て取
れます。そして、個人に閉じるのではなく他者とともに社会的な意思決定
に関与し、社会自体を創り変えていこうという志向性は、「共同エージェ
ンシー（co-agency）」という形で概念化されています。

　VUCA の時代と言われ再帰的で流動的な後期近代社会においては、学
校から仕事への「移行（transition）」が、不安定化・長期化・複雑化・多
様化し、キャリアの編成が「個人化（individualization）」されます（ベッ
ク 1998；ギデンズ 2005）。そこでは、人的資本や社会関係資本などの有形の
社会学的資源、そして自我の強さや自尊感情や視点取得スキルなどの無
形の心理学的資源をもとに、自己やアイデンティティを再帰的に構築し
ていけるアクティブさが、「アイデンティティ資本（identity capital）」と
して重要性を帯びてきます（コテ & レヴィン 2020；溝上 2020）。社会への移
行過程を語る言葉は、「適材適所（niches）」、「経路（pathways）」、「軌跡
（trajectories）」、さらには「ナビゲーション（navigation）」と非直線的・
非単線的になり、個人による主体的選択の位置づけが高まる形で推移して
きました（Evans & Furlong 1997）。Education 2030 プロジェクトにおいて、
個人の能動性・主体性を強調するエージェンシー概念がキーワードとなり、
「学びの羅針盤」は、大人主語でカリキュラムや評価等を設計する枠組み
というよりも、学習者主語で自分の学びや人生のかじ取りをしていくため
の枠組みとして概念化されています。このように、学校から仕事への移行
をめぐる問題は、技能論的職業訓練から能力論的キャリア教育へと転回し、

さらにアイデンティティ論的な志向性を強めているわけです[14]。

(2) コンピテンシー・ベースの改革の危うさへの自覚

　以上のように、コンピテンシー・ベースという発想は、カリキュラムの内容面において、学問性・文化性と知識内容以上に、実用性・有能性と行為能力（スキル）を重視するものです。それは、内容項目を列挙する形での教育課程の枠組み、および、各学問分野・文化領域の論理が過度に重視され、生きることとの関連性（レリバンス（relevance））や総合性を欠いて分立している各教科の内容や形式を、社会の要請から、すなわち、現代社会をよりよく生きていく上で何を学ぶ必要があるのか（社会的自立へのレディネスや市民的教養）という観点から問い直していく機会とも捉えられます。他方で、企業社会の論理に適応する職業訓練やキャリア教育へと教育の営みを矮小化することが危惧されます。

　「変化の激しい VUCA の時代（社会の特徴）には、他者と協働して粘り強く正解のない問題を解決する力（一般的な心理特性）が求められる」といった説明をよく見かけます。しかし、一般的な心理特性（抽象的な資質・能力のカテゴリー）のみに着目していても、そこからカリキュラム（どのような内容・テーマや学習経験を順序立てて組織すればよいのか）は明らかになりません。なぜなら、キー・コンピテンシーなどの資質・能力のカテゴリーは、目指す経済人や市民の具体的な姿から、大まかな骨格だけを抽象したレントゲン写真のようなものだからです。そこでは、社会像や人間像に関わる立場の違いが捨象され、最大公約数的な特徴が中性的で心理的な言葉で整理されています。

　経済至上主義を是正すべく、経済界の人材育成要求を市民形成という観

---

[14] 「学びの羅針盤」を含め、近年の OECD の諸施策の鍵概念である「ウェルビーイング」について、溝上（2023）は、「主観的に良しと評価する自身のライフを過ごしている状態である」（p.3）と定義し、それが自己形成を核とする、主観的満足に関わるものである点を強調している。

点で相対化しようとする議論は、OECD のキー・コンピテンシーの策定段階にも見られました。知識経済を勝ち抜く「グローバル人材」を目指すのか、経済成長がもたらす社会問題や環境問題などに自分事として取り組む「地球市民」を目指すのかによって、資質・能力やコンピテンシーの中身が大きく異なってくるわけです。コンピテンシー・ベースのカリキュラムを構想する際には、こうした矛盾する社会像や人間像の間で、どのような方向性を目指すのか、そうした価値的な問いと向き合うことが重要です。

　また、大人社会でたとえば ICT の活用や異質な他者との対話による創造等が求められるからといって、学校教育のすべての場面すべての段階でそれらを強調するという短絡的な思考に陥らないことも必要です。大人社会の「実力」要求がそのまま学校教育で育むべき「学力」像となるわけではないのです。

　安定した関係性の下で、継続的に系統的に認識（文化との内的対話）を深め、自分らしさ（認識枠組みや思想の根っこ）をゆっくりと構築していく、そうした静かな学びの意味（深い思考がもたらす沈黙や間）にも目を向けねばなりません。確かに、中等教育や高等教育の段階において、社会で求められることを意識して学校での学びのあり方を問い直すことは、学校での学びをより豊かで学びがいのあるものにしていく可能性もあるでしょう。一方で、特に初等教育段階は、基本的な身体的・精神的機能や内面世界の成立する場自体が形作られ社会関係の素地も形成されていく時期です。そうした発達段階をふまえず、大人社会でボーダレスな思考や流動的な関係性が求められるからといって、それをそのまま学校に持ち込んで、幼稚園、小学校からデジタル機器を無批判に与えたり、グループワークやプレゼンの仕方のうまさにこだわりすぎたりすることで、小さなビジネスマンのような表面的なスキルの形成に終始するなどして、概念形成や自己意識の形成を阻害することにならないよう注意が必要です。子ども期においては、たとえば、タブレット端末の活用などについても、大人に対して

以上に、健康上・発達上のリスクや、脳の感受性期に照らした適切性を吟味する必要がありますし（明和 2019）、いまの時代に役に立つ（逆に言えば、すぐに役立たなくなる）スキルよりも、人間性の基盤となる言葉の力や認識の力や情緒面の発達などにこそ注目し、それを体験的に、ときには静かに手間をかけながら育てていくことをまずは大切にすべきです。諸外国においては、現在の実用性・専門性志向のコンピテンシー・ベースの改革への対抗軸として、知識や文化・教養（調和の取れた全面発達や鳥瞰的視野や知の普遍性）の意味を再評価する動向も見られます[15]。

　経済界や市民社会の要求を意識しつつも、そうしたライフスタイルに早くから馴らしていく（個人を社会化する）というよりも、将来出会う社会の荒波の中で消費されつくさないための人間性の核、いわば「人間らしさを守るための鎧」を形成していく（社会をよりよく生きる個人を育てる）。こうして、社会への参加につながる学びと、人間としての個を育てる文化的な学びの両面が統合的に保障されることで、社会に適応し生き抜くだけでなく、その中で自分らしさを守り、生き方の幅を広げ、社会をより善く生きていく力が育まれていくのです。

　そもそも目の前の子どもたちは、諸改革が問題にするところの「現代社会」をすでに生きているのであり、そのさまざまな課題や矛盾を背負って学校にやってきています。現代社会で求められるコンピテンシーについて考えることは、現場にとって遠い課題ではなく、むしろ目の前の子どもたちの生活背景や彼・彼女らの足元の課題をともに理解し掘り下げつつ、どうその生活や生き方の幅を広げるか、そのために何を学ぶことが必要なのかを考えることと捉えるべきでしょう。社会的存在としての子どもたちの具体的な事実から出発しながら、将来こうあってほしいという姿や生活を

---

[15] 久田（2013）、中野（2016）、田中（2016）の第 2 章（フランスについては第 3 節の細尾萌子論文、ドイツについては第 4 節の伊藤実歩子論文）などを参照。イギリスについてはヤング（2017）を参照。

ねがいとして思い描き、たとえば、「15 歳の段階でどの地平に立っていて
ほしいか」（一人前像としての成長目標）を考えるわけです。

2．コンピテンシー・ベースの改革の日本における展開

（1）日本における「資質・能力」ベースの改革の特徴

　日本では、OECD の PISA の能力観、およびキー・コンピテンシーなど
に触発されながら、初等・中等教育、そして高等教育に至るまで、「資質・
能力」や「汎用的スキル」や学習者主体の横断的学習・能動的学習が強調
され、内容ベースからコンピテンシー（資質・能力）ベースに向かうカリ
キュラム改革が進められていきました。初等・中等教育段階において、そ
の出発点となったのは、文科省の資質・能力に関する検討委員会での議論
であり、2014 年に出された論点整理では、学習指導要領等の目標・内容
について、「教科等の本質に関わるもの（教科等ならではの見方・考え方
など）」、「教科等に固有の知識や個別スキルに関するもの」に加えて、「教
科等を横断する汎用的なスキル（コンピテンシー）等に関わるもの」として、
①問題解決、論理的思考、コミュニケーション、意欲などの汎用的スキル
や、②メタ認知（自己調整や内省、批判的思考等を可能にするもの）をも
カリキュラム上に明示することが示唆されました。そして、2017 年改訂
の学習指導要領は、学力観（「コンピテンシー」「資質・能力」）、授業観（「ア
クティブ・ラーニング」「主体的・対話的で深い学び」）、評価観（「多面的
な評価」）、学校経営（「カリキュラム・マネジメント」）を一体的に改革し
ていくものであり、内容ベース（「何を教えるか」）からコンピテンシー・
ベース（「何ができるようになるか」）のカリキュラムへの転換を打ち出し
ました。

　こうして提起された、「コンピテンシー・ベース」と「アクティブ・ラー
ニング」といったキーワードに対して、まず表明されたのは、汎用的スキ
ルの一人歩きによる形式主義と、アクティブ・ラーニングの手法化による

活動主義・技術主義への危惧でした。それを是正すべく、教科内容に即して学力の質を問う視点、および、深い学びの重要性も提起されました（松下 2015；石井 2017a）。そうした議論を経て、教科等横断的な「資質・能力」の構成要素となる汎用的スキルをカリキュラム上に実体的に明示するのではなく、「資質・能力」を「知識・技能」「思考・判断・表現」「学びに向かう力・人間性等」の三つの柱でとらえ、教科等に横串を通すことが試みられました。そして、活動主義に陥らないように、「主体的・対話的で深い学び」概念が示され、教科としての学びの質や深さを担保する視点として、また教科の特性を尊重しつつ能力の汎用性につなげるべく、「見方・考え方」概念が提起されるようになりました。

　コンピテンシー・ベースの改革の日本的特質を考える際に、「資質・能力」論が子ども中心の進歩主義教育の再来として展開されている点が重要です（石井 2022a）。第 2 章でも触れたように、1990 年代、日本においては教育の自由化や規制緩和に向けた新自由主義的な改革が展開し始め、一方で、個性尊重と自己教育力重視の「新しい学力観」も展開しました。さらに、1998 年改訂学習指導要領では、「生きる力」が強調され、教科の内容や時間数が削られて、「総合的な学習の時間」が創設されました。しかし、直後の 2000 年前後に学力低下批判が起こり、「ゆとり教育」から「学力向上」へと世論や政策はシフトし、基礎・基本の反復練習と習熟度別指導なども展開しました。その後、2004 年の PISA ショックを経て、PISA 型学力を強く意識した学力観の転換が叫ばれ、「確かな学力」観の下で、習得型の学びと活用型の学びを車の両輪とする改革が進められました。しばらくして PISA の結果も上昇し、学力向上、教科の授業に視野が狭まりがちな状況に対して、変化する社会ではキー・コンピテンシーにあるような全人的な能力が重要だという語りで、資質・能力ベースの教育改革が展開されるようになりました。このような流れからも、資質・能力ベースの教育改革は、「生きる力」への回帰とみることができます。

　上記の動きの中で、学ぶ内容（結果）よりも学ぶ力や主体性（プロセス）、教師主導よりも学習者主体といった進歩主義教育の語りは、知識を主体によって構成されるものと捉え、学習者の能動性を強調する、構成主義の学習観に基づく心理学の進展によって、科学的根拠を与えられて補強されました（国立教育政策研究所 2016）。そして、教育の語りにおいて、協働学習、知識構築、概念的知識、思考スキル、メタ認知、自己調整学習、非認知的能力など、心理学や認知・学習科学の言葉が拡大しました。他方で、「資質・能力」という中性的な用語が用いられたこともあり、コンピテンシー概念に内在していた、社会や個人にとっての意味や切実性（レリバンス）の観点から、教科内容を問い直す志向性は弱まりました。さらに、学習評価において「主体的に学習に取り組む態度」の観点で自己調整学習が強調されたり、コロナ禍を契機とした1人1台端末の全国的な整備を背景に「個別最適な学び」の重要性が提起されたりする中で、「資質・能力」ベースの改革は「主体性」重視という論調に回収され、具体的な社会・世界（外界）に向かう方向性よりも、対象性を欠いた抽象的な力や態度（内面）に向かう方向性が強まっています。

　こうして、経済界で有為な人材の育成を露骨に目標に掲げることは回避されましたし、「能力」のみならず「資質」概念（人格形成）をセットにすることで、持続可能な社会に向けて能力開発型教育から能力制御型教育への重点移行を積極的に目指す主張（安彦 2022）も見られます。しかし、心理的で中性的な語りにより人間像は抽象化され、どのような社会を目指すのかというパースペクティブや世界観の差異や価値対立は顕在化されることなく、批判性や市民形成への視点を欠いて、結果として既存の社会に適応的な人材育成に収斂していく状況も危惧されます（神代 2020）。また、資質・能力ベースの改革は、キー・コンピテンシー等に見られる全人志向を日本の学校の強みとつなげて理解しようとするものですが、多元的能力主義の磁場の中で、第2章で述べたように、「能力」概念は垂直的序列化（ハ

イパーメリトクラシー）による教育格差の拡大に、「資質」概念は水平的画一化（ハイパー教化）による息苦しさの拡大につながりがちな点にも注意が必要です。

（2）コンテンツ・フリー化と社会像・世界観の空洞化の危うさ

　上記のようないわば教育の心理主義化の傾向は、たとえば、STEM・STEAM 教育の日本的展開にもよく表れています。米国において STEM 教育が生まれてきた背景には、1990 年代の産業構造の変化と国際競争力の強化という文脈があり、それはコンピテンシー・ベースの改革と通底するものです。後期近代の具体的な社会変動への対応として、科学技術人材の育成や科学的リテラシーを備えた市民の育成が課題となったのです。そして、21 世紀型スキル等の育成につながることや、各教科を個別にではなく統合的に捉えることがうたわれつつも、そこで直接的に問われたのは、科学、技術、工学、数学等の中身に即した相互の関連性であり、各教科・分野の内容の社会的レリバンスの問題であって、歴史的に見れば、19 世紀後半の科学と教養をめぐる論争（当時実学的な位置にあった自然科学を教えるべきかが問われた）、20 世紀初頭の数学教育改造運動（グラフや関数等、より生活や工学や実用と関係する数学の内容を盛り込もうとした）、そして、1960 年代の教科内容の現代化運動（最新の科学技術の成果をカリキュラムに反映させようとした）等に続く、広義の科学教育カリキュラムの刷新運動として捉えうるものです（磯崎・磯崎 2021）。

　日本においても当初 STEM 教育は、科学教育分野を中心に、コンピテンシー・ベースの学習指導要領改訂の動きと結びつきながら、社会・世界と関わる「実践（practice）」を科学教育に組み入れ、教科横断的に知識・技能を統合的に使いこなす有意味な学習活動を志向するもので、工学等との関連において科学教育のあり方を問い直す志向性も含んで紹介されていました（熊野 2014；磯部・山崎 2015）。しかし、日本において、資質・能力ベー

スの改革が汎用的スキル重視として形式的に捉えられる傾向があり、また、カリキュラム上に「総合的な学習（探究）の時間」という横断的・総合的な学習を展開する領域が明示的に制度的に位置づけられていることもあって、STEM教育が持つ科学教育の内容刷新の側面よりも、教科横断的な学習としての性格がより強調される傾向にありました（松原・高阪 2017）。

　さらに、日本において「STEAM」というキーワードへの注目が広がった契機は、先述の経産省による「未来の教室」構想でした。「未来の教室」において、STEAM教育は、探究的な学びとのつながりを強め、各教科・領域の固有性よりも、「知る」と「創る」を循環する思考過程や探究プロセス自体に重点が置かれ、扱うテーマも、子どものワクワクや楽しさを重視する方向で、極端な場合は、ルールメイキングなども含めて、かなり広く捉えられるに至っています（浅野 2022）。このように、日本においてSTEM・STEAM教育は、学際的・横断的な学びや普通教育における教育内容刷新運動（「何を知るべきか」の議論の基盤である社会・世界認識の更新）としての側面が弱まり、コンテンツ・フリーで探究モードの学び（内面的態度の育成）として抽象化され、マインドセットや心構えの問題に収斂されていく傾向が見られます。

（3）「新しい学力観」への回帰に陥らないために

　このように「主体性」育成に収斂していく流れは、OECDのコンピテンシー論の展開と軌を一にするもののようにも見えます。しかし、OECD等の欧米の議論と日本の議論との違いは、STEM・STEAM教育の日本的展開にも見られるように、変化が激しいとされる社会や世界（世の中）そのものを具体的に客観的に認識しつかんだ上で、社会のシステムをどう創りかえていくのか、そのために何を学ぶ必要があるのかという、社会像の具体的な中身や風景をふまえたものであるかどうかという点にあります。たとえば、PISAは、数学においては、確率論的に考える不確実性の領域

にも力を入れ、現実世界にパターンを見いだしモデル化して推論すること
を、科学においては、遺伝子操作や環境問題などの論争的な社会問題につ
いて科学的に判断できることを重視するといった具合に、現代社会を読み
解く上でいかなる数学や科学が必要なのかという、教科の観や内容の提案
を伴っていました。徳育は家庭で行い学校では知育を行うことが基本的な
前提である欧米の学校において、知性の重しの上にコンピテンシーやエー
ジェンシー概念などが提起されている点を認識しておく必要があります。
また、欧米においては、カリキュラムの究極的なゴールとして、抽象的な
学習者像というより、具体的な市民像（成熟した人間像）が見据えられて
いる点も重要です。

　これに対して、日本における近年の「主体性」育成への収斂状況は、後
述するように、「学力か人物か」「知識か主体性か」といった日本的な教育
論議の癖が生み出している側面があり、1990年代の「新しい学力観」へ
の回帰、あるいは後退と見えなくもないのです。本書でもたびたび触れた
ように、「新しい学力観」は、知識と主体性とを対置して後者を重視する
点に特徴があり、それは、図2の右下の部分に示した「氷山モデル」で捉
えることができます。すなわち、目に見える学力よりも見えにくい学力の
ほうが重要で、さらには、思考・判断・表現よりも、その土台にある関心・
意欲・態度を重視する。関心・意欲・態度、特に主体性や自己教育力があ
れば、知識・技能は共通に身に付けなくてもいいという論理です。不透明
な社会の中でどんな社会にも対応できるような主体性や力を個人の内面に
育てようというわけです。

　「新しい学力観」は、現在の観点別評価の原型を作ったものでもあり、
学力観における主体性重視を反映して、関心・意欲・態度の観点がトップ
に位置づけられていました。しかし、内容を伴わない主体性重視は、考え
る力も育ち切らないし、それで学ぶ力や学習意欲が向上したわけでもなく、
その後もずっと「学びからの逃走」状態は問題視され（佐藤 2000）、2000

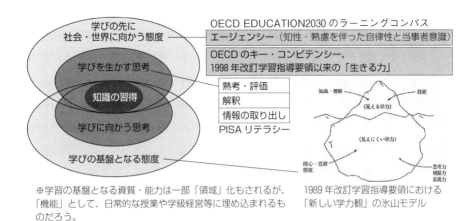

※学習の基盤となる資質・能力は一部「領域」化もされるが、「機能」として、日常的な授業や学級経営等に埋め込まれるものだろう。

1989 年改訂学習指導要領における「新しい学力観」の氷山モデル

図2　歴史の針を30年前に戻さず、発展的に進めるために
（出典：筆者作成。氷山モデルは、梶田 1994、p.86 より抜粋）

年前後の学力低下論争や PISA ショックをきっかけに問い直されたわけです。その後の PISA 型学力の追求は、各教科の本質を問い直す機運をもたらしはしましたが、2008 年版学習指導要領の基調は、PISA 型読解力の重視や言語活動の充実といった点にあり、「活用」という言葉で示された、現代社会の要請をふまえた教科の内容や教材の問い直しは、心理主義的傾向の強い資質・能力ベースの改革の中であいまいになりました。こうして、現代社会（世の中）の具体を捉える方向性は深め切れず、再び、自己の内面に向かう「新しい学力観」に回帰しているように思われます。

　PISA で問われたのは、知識を習得するだけではなく、知識をわかって使いこなしていく、習得の先に学びを生かす力であり、さらに、「当事者意識」という訳語も想定されるエージェンシー概念は、自己承認や自己肯定感や学び方のような学びの基盤となる、学びに向かう力や意欲に解消されるものではなく、むしろ学んだ先、思考する先に生まれてくる、社会・世界に向かう力や意欲であり、社会を創り変えていく力として捉えることができます（図2）。

　ちなみに、いわゆるしんどい教室や学校では、しばしば思考力の育成は

難しいからせめて基礎だけでも習得させようと考えがちですが、基礎はそれだけを直接的に指導しても定着しないものです。バスケットで言えば、試合（ゲーム）を全然経験せずに、ドリブルやシュートの練習（ドリル）だけをするのでは、モチベーションも上がらないし、技能の定着もおぼつかないという具合です。そこからさらに、基礎を指導する前提として学び方を育てようということになると、これまた学び方も中身が伴わないとうまく育っていかないという状況に直面し、それならせめて承認と自己肯定感だけでも……といった具合に、どんどん基盤のほうに降りていってはいないでしょうか。

　基礎の回復や習熟の機会も帯時間等に位置づけたりしつつ、他方で、試合的に知識を生かして協働的に取り組むような、後述する「真正な学び（authentic learning）」への取り組みを単元末や学期の節目等に適度に盛り込み学びを有意味化することで、むしろより多くの子どもたちに知識の習得を保障していく。他者との協働の中で、自分一人では難しくても他者とともに取り組んでやり遂げたり、学び合ったりする経験を通して、なるほどわかったという喜びや自己肯定感を育て、しんどい子たちも引き上げていく。しんどい子どもたちへの指導や支援においては、個別対応をベースにした「底上げ」とともにクラス集団の力を生かした「引き上げ」の発想も重要なのです。

　「新しい学力観」のように、学びの基盤となる心構えに降りていく方向性よりも、学びの先に知性と認識を伴って主体性を育てていく方向性で、「資質・能力」ベースの改革やエージェンシー概念の実装はなされる必要があります。それは、歴史の針を30年前に戻さないためにという意味に止まらず、同調圧力等の日本型学校教育の問題を克服し、真に自由な主体（個）を育てる上で重要です。結論を先取りすれば、「主体性」重視の論調は、日本型学校教育の再構築を目指しながら、実はきわめて「日本的」で、「自由」と「主体」の育成を目指したはずが、「自力」と「精神」の強調により、

意図したことと全く逆に作用し、不自由さの拡大とさらなる同調につながりかねないのです。そこでまず次節では、日本の社会・文化に根差した日本型学校教育の特質を明らかにしたいと思います。

3.「日本型学校教育」の正体をつかむ

（1）反転する「日本型学校教育」へのまなざし

　コロナ前夜から、学校の閉鎖性やそこでの生きづらさが問題視されてきましたが、コロナ禍を経て、あらためて、一斉一律や悪平等に対して疑問が投げかけられています。ここまでで述べてきたように、共同体としての日本の学校や学級のあり方を根本から問い直し、先端技術も活用しながら、学びにおける自由を拡大し、一人ひとりを生かす履修システムを構築していこうという動きが活発化しているわけです。しかし、急速に問題視されている日本の学校の共同体としての性格は、しばしば国際的に評価されてきましたし、「資質・能力」ベースの2017年版学習指導要領は、まさに日本の学校の全人教育の意味を国際的に先進的なものとして再発見するものでした。

　近年、教育もパッケージ化され、「輸出」事業（海外展開）の対象とされてきており、それが国策としても推進されてきました。日本の学校教育で当たり前とされている制度や慣習や実践も、「日本型学校教育」としてパッケージ化され、開発途上国などに輸出されています[16]。たとえば、日本の「授業研究（Jugyo-Kenkyu: lesson study）」（授業公開とその事前・事後の検討会を通して教師同士が学び合う校内研修の方法）は、1999年

---

[16] 官民協働のオールジャパンで取り組む「日本型教育の海外展開事業」（EDU-Port ニッポン）に関する文科省のホームページを参照（https://www.eduport.mext.go.jp/）。EDU-Port については、「日本型教育」というパッケージ化に伴う矮小化や形式化、そして、国際教育開発における文化帝国主義（自国文化の押し付け）や新自由主義（教育の商品化・市場化）なども危惧される（橋本 2019）。

のスティグラー（J. W. Stigler）らの *The Teaching Gap*（邦題は『日本の算数・数学教育に学べ―米国が注目する jugyou kenkyuu 』）の刊行により、米国をはじめ世界で注目されてきました。また、2000 年代以降、コンピテンシー・ベースのカリキュラム改革が国際的に展開されるようになり、日本の学校の全人教育、特に、学級会、掃除、日直など、教科外活動（「特別活動（特活：TOKKATSU）」）のノウハウも「日本型教育」や「日本式学校」として、諸外国に輸出されています。

　この「日本型学校教育」の中軸をなす授業研究と特別活動は密接に連関しています。第 2 章で述べたように、日本の学校は、学級という濃密な生活集団を単位に、知育のみならず、社会性の育成や徳育等も担う「共同体としての学校」として歴史的に成立してきました。授業研究とは、教師の集団的な学びのシステムであり、特別活動とは、子どもたちの協働的で自治的な活動の文化です。日本における授業研究の文化は、特別活動などによって育てられた学級（生活集団）の基盤の上に、子どもたちの間につながりを形成しながら知育を展開する、後述する日本型の創造的な一斉授業、そしてそれを可能にした教師の匠の技や職人気質といった教育文化と不可分の関係にあります。そして、特に初等教育を中心に、日本の学校教育の、「均質的な高学力の育成力」「人格形成力」「授業の研究力」等は国際的に評価されてきました（恒吉 2008）。

　しかし、日本の学校の全人教育への志向性については、教師に聖職者的献身と過重労働を求めがちな点、いじめの温床である集団主義的な閉鎖性等が問題視されてきました。そして、先述のように、日本の学校の負の側面は、コロナ禍を経てより顕在化しています。資質・能力ベースをうたう2017 年版学習指導要領が、共同体的性格や全人教育といった「日本型学校教育」の光の側面や可能性を評価する傾向が強かったのに対して、「令和の日本型学校教育」以降の展開は、同調圧力や学校丸抱え状態の克服といった具合に、むしろその影の部分や問題点に注目する傾向が強いと言え

ます。こうして、コロナ前後で、「日本型学校教育」へのまなざしは反転しているわけです。しかし、「日本型学校教育」は、日本の社会や文化に埋め込まれているのであって、その再構築のあり方や道筋については、光と影の両面を見据えながら、日本の教育文化や日本社会の磁場や考え方の癖のようなものを念頭に置いて議論される必要があります。

（2）全人教育機関としての「日本の学校」の特質

　先述のように、「日本の学校」は共同生活を送る場であり、その基礎集団である「学級」は学習集団である以前に生活集団であって、そこでの生活を通して、みんなで学び、みんなでクラスの問題を解決したりする中で社会性や人格をも育てることが期待されてきました。学級活動、児童・生徒会活動、学校行事といった教科外の活動が、「特別活動」としてカリキュラムの一部として公的に位置づけられていることは、「日本の学校」の全人教育としての性格をよく表しています。儀式的、文化的、奉仕的行事から旅行・集団宿泊的なものまで含む社会的体験が展開され、日直、班、係活動、クラブ活動、委員会活動、学校行事の計画・実施、児童・生徒会運営といった、学校組織の役割の遂行や自治的活動、さらには給食の配膳や教室等の清掃等も子どもたちが行うといった光景は、国際的には当たり前ではありません。

　表1は、英米の教育目標の分類学や教科横断的で汎用的なスキルに関する諸研究も参照しつつ、日本の学校のカリキュラムが育成しうる資質・能力の全体像を整理したものです。「タキソノミー（taxonomy）」（分類学）というタームを教育研究に導入したのは、シカゴ大学のブルーム（B. S. Bloom）らです。ブルームらは、教育目標、特に、「○○を理解している」といった動詞部分を分類し明確に叙述するための枠組みを開発し、それを「教育目標の分類学（taxonomy of educational objectives）」と名づけました。このブルームらによる目標分類学は、一般に「ブルーム・タキソノ

表1　学校で育成する資質・能力の要素の全体像（出典：石井 2015、p.23）

能力・学習活動の階層レベル（カリキュラムの構造）		知識	スキル		情意（関心・意欲・態度・人格特性）
			認知的スキル	社会的スキル	
教科学習／教科等の枠づけの中での学習	知識の獲得と定着（知っている・できる）	事実的知識、技能（個別的スキル）	記憶と再生、機械的実行と自動化	学び合い、知識の共同構築	達成による自己効力感
	知識の意味理解と洗練（わかる）	概念的知識、方略（複合的プロセス）	解釈、関連付け、構造化、比較・分類、帰納的・演繹的推論		内容の価値に即した内発的動機、教科への関心・意欲
	知識の有意味な使用と創造（使える）	見方・考え方（原理、方法論）を軸とした領域固有の知識の複合体	知的問題解決、意思決定、仮説的推論を含む証明・実験・調査、知やモノの創発、美的表現（批判的思考や創造的思考が関わる）	プロジェクトベースの対話（コミュニケーション）と協働	活動の社会的レリバンスに即した内発的動機、教科観・教科学習観（知的性向・態度・思考の習慣）
総合学習／学習者たちが決定・再構成する学習	自律的な課題設定と探究（メタ認知システム）	思想・見識、世界観と自己像	自律的な課題設定、持続的な探究、情報収集・処理、自己評価		自己の思い・生活意欲（切実性）に根差した内発的動機、志やキャリア意識の形成、
特別活動	社会関係の自治的組織化と再構成（行為システム）	人と人との関わりや所属する共同体・文化についての意識、共同体の運営や自治に関する方法論	生活問題の解決、イベント・企画の立案、社会問題の解決への関与・参画	人間関係と交わり（チームワーク）、ルールと分業、リーダーシップとマネジメント、争いの処理・合意形成、学びの場や共同体の自主的組織化と再構成	社会的責任や倫理意識に根差した社会的動機、道徳的価値観・立場性の確立

※社会的スキルと情意の欄でレベルの区分が点線になっているのは、知識や認知的スキルに比べてレベルごとの対応関係が緩やかであることを示している。
※網かけ部分は、それぞれの能力・学習活動のレベルにおいて、カリキュラムに明示され中心的に意識されるべき目標の要素。
※認知的・社会的スキルの中身については、学校ごとに具体化すべきであり、学習指導要領等で示す場合も参考資料とすべきだろう。情意領域については、評定の対象というより、形成的評価やカリキュラム評価の対象とすべきであろう。

ミー」と呼ばれます。ブルーム・タキソノミーは、認知目標だけでなく情意目標についても、目標や学習成果を語る共通言語を提供するもので、各カテゴリーごとに、教育目標の例とその目標に対応するテスト項目の例が紹介されています。たとえば、認知領域は、「知識」「理解」「適用」「分析」「総合」「評価」の６つの主要カテゴリーによって構成されています。しかし、

大きくは、「知識」(事実的知識の記憶)／「理解」(概念的知識の理解)、「適用」(手続的知識の適用)／「分析」「総合」「評価」(さまざまな知識を状況に応じて組み合わせる高次の問題解決)として捉えることができます。

　これをふまえて、教科内容に即した学力の質的レベルは、それに適した評価方法の違いを伴って、下記のようにまとめることができます。個別の知識・技能の習得状況を問う「知っている・できる」レベル(例:「母集団」「標本平均」等の用語を答える)であれば、穴埋め問題や選択式の問題など、客観テストで評価できます。しかし、概念の意味理解を問う「わかる」レベル(例:「ある食品会社で製造したお菓子の品質」等の調査場面が示され、全数調査と標本調査のどちらが適当かを判断し、その理由を答える)については、知識同士のつながりとイメージが大事であり、ある概念について例を挙げて説明することを求めたり、頭の中の構造やイメージを絵やマインドマップに表現させてみたり、適用問題を解かせたりするような機会がないと判断できません。さらに、実生活・実社会の文脈における知識・技能の総合的な活用力を問う「使える」レベル(例:広島市の軽自動車台数を推定する調査計画を立てる)は、実際に表現させたり創ったりやらせてみたりしないと評価できません。

　近年、コンピテンシー・ベースのカリキュラム改革の世界的な展開の中で、汎用的なスキル等の概念化もなされていますが、基本的に知育学校としての性格を持つ欧米の学校教育における目標分類学の研究は、主に教科学習を想定してなされてきました。これに対して、教科のみならず、総合学習、特別活動等が公式的なカリキュラムとして制度的にも位置づけられている日本の学校のカリキュラムが育てうる資質・能力(学習成果)の全体像を捉える上では、タキソノミーの拡張が必要となります。

　教科学習では、基本的には内容や学習課題の大枠を教師が設定しますが、「総合的な学習(探究)の時間」等においては、しばしば子どもたちに課

題の設定が委ねられます（メタ認知システム）。さらに特別活動等の教科外活動においては、学習する共同体の関係性やルール（文脈）自体を子どもたちが共同で再構成したり新たに構築したりします（行為システム）。なお、日々の学校生活や行事等における学習経験や社会的経験については、人格的価値に関連するものであるため、教師による知識やスキルの計画的指導というよりは、プログラム化できない全人格的な体験を通じて、自己の生き方・あり方に子どもたち自身が気づいていくという側面が強くなります。この**表1**を見ても、日本の学校が、全人教育機関としての役割を果たしてきたことがわかるでしょう。

　また、こうした全人教育への志向性は教科における知育も特徴的なものにしています。クラス全体での一斉授業というと、一方的な講義形式をイメージしがちです。しかし、日本の多くの教師たち、特に小学校の教師たちは、学級集団で学ぶ意味を生かして、一人ひとりの考えを出し合い練り上げていく授業、いわば「創造的な一斉授業」を理想として追求してきました（石井 2020c）。発問をクラス全体に投げかけ、出てきた多様な意見を交流させ、黒板にその場で巧みに考えを構造化しながら、意見をすり合わせ組織化する。そうした相互作用を通して一人では到達できない発見や考え方が生まれてくる。さらに、子どもの「つまずき」（間違った答えや正解からずれた意見）を否定的に扱うのではなく、そのつまずきの背景をみんなで掘り下げることで、つまずいている子がわかるように支援するのみならず、正解を知っているわかっていると思っている子どもたちをもより深い理解へと導く。そうした授業は、一部の子どもたちと教師の問答で進む授業になりがちではありますが、力量を持った教師の下では、クラス全体で考えているという意識をもって、発言のない子どもたちも少なからず議論に関与し各々の内面において思考が成立していました。

　こうした練り上げ型の「創造的な一斉授業」という教科の授業の形は、学級活動等を通して、学級内に強いつながりを構築し、自分の考えを表出

しやすい雰囲気づくりや、みんなでわかり学び合うことを目指す教室風土を重視してきた日本の教育文化を土台としています。また、「創造的な一斉授業」は、職人技やアートに依存する部分も大きく、発問、切り返し、板書等の技芸を極める「授業道」としての授業研究の展開（**第6章参照**）と密接不可分なものでした。

（3）「日本社会」と「日本の学校」のゆらぎの先に

「日本型学校教育」の柱を構成する「授業研究」や「特別活動」は、日本の学校の共同体としての性格と密接に関わって成立してきました。さらに言えば、共同体としての「日本の学校」には、日本社会の特質が集約的に表れています。

かつて中根千枝（1967；2019）は、日本社会の特質を「タテ社会」として概念化しました。タテ社会論によれば、日本における集団構成の特色は、個々人の属性である「資格」の共通性よりも、同じ職場といった「場」の共有を重視する点にあります。場に最初に着いたものを頂点とし、次に着いた者が下位となる順番がタテ関係を構成し、資格の違いを超えて、場を共有するタテの上下で、情緒的な依存関係を伴って人間関係が構築されるわけです。そして、場を共有する封鎖的な小集団が数珠つなぎになって大きな集団や組織が構成されると言います。これに対して、たとえば、イギリスやインドでは、階級やカーストといった同じ資格であることが組織結合において重視され、ヨコ層につながりがちです。たとえば、日本では官僚なら官僚というムラ（場を共有する集団）の中での先輩・後輩のタテ関係が強いわけですが、イギリスのような資格でつながる社会では、官僚、大学教授、実業家など、アッパーミドルという共通の階層のヨコのネットワークが強くなるという具合です。

また、濱口惠俊（1998）も、まず「場」ありきで、自立した個体存在としての「個人」ではなく、個体間の接合態としての「間柄」（それを体現

した「間人」）を組織構成の単位とする点において、日本社会（「日本型システム」）を特徴づけています。「社会関係（social relation）」という概念が、個体としての行為主体同士が取り結ぶ局所間連結を意味するのに対して、「間柄」は、非局所的な「場」（「縁」といった、最初から存在する無限大規模の人的連鎖でその全体像は不可視）それ自体の特定部分として理解される関係で、その拡大形態が「世間」だとされます。日本社会は、「個別体（individuum）」ではなく「関係体（relatum）」に拠ってシステム編成を行う傾向が強いとされます。さらに濱口は、「個別体」モデルを前提とする近代官僚制とは異なる、互恵的な「間柄」の集約体としての日本の「原組織」を、芸道の家元を範例とする「イエモト・システム」（権限の順次的委任を通して構築された構成員間の「間柄」の連結的上下関係）に見いだしています。

　さらに、山岸俊男（1999；2016）は、さまざまな社会問題を個々人の「心」のせいにしたがる「心でっかち」な態度を批判し、日本社会の特徴を考察しています。社会の作り方は、閉鎖的で集団主義的な社会と開放的で個人主義的な社会の二つに大別でき、メンバーが固定化しがちな日本においては、前者の性格が強く、そこでは多数派を選ぶ（「空気を読む」）方がリスク回避できるし、相互監視等により社会的不確実性が小さくなることで、「安心」は担保されてきました。また、相互協調性にもポジティブな協調性（何かの問題について協力して一緒に解決する）とネガティブな協調性（集団内で問題を起こさないよう「びくびく」している）があり、日本人には後者が多いと述べます。そして、「安心社会」の崩壊に対して「思いやり」という「心」を強調しがちなこともあって、若い世代に「びくびく」タイプが多くなっていることを指摘しています。これに対して、山岸は、自分の価値観や考えていること（行動原理）を明確にして、行動に一貫性を感じられるプレディクタブル（予測可能）な人間を育て、「信頼社会」の構築につなげていくことを提起します。「安心」に対して、「信頼」とは、

社会的不確実性が存在しているにも関わらず、相手の人間性のゆえに、相手が自分に対してひどい行動はとらないだろうと考えられることです。

　上記のような「タテ社会」「間柄」「安心社会」「心でっかち」といった日本社会の特徴は、共同体として全人教育を志向する「日本の学校」の特徴と符合するものですし、まさに「イエモト・システム」は、職人芸的に「授業道」として展開してきた「授業研究」に通じるものです。

　コロナ禍は、個々人の自粛による感染拡大の抑え込み、あるいは逆に、同調圧力による身動きの取れなさといった具合に、タテ社会日本の人間関係の光と影を浮き彫りにしたように思います。また、コロナ禍でICTやオンラインによる仕事や学びが社会全体に深く埋め込まれることで加速している、DXは、異業種間のネットワークやヨコ展開が新奇なアイデアや富を生み出す、新しい資本主義と深くつながっています。第1章で述べたように、タテ割りではなく、ミルフィーユのようなレイヤー構造のヨコ割りの行動様式（課題の特殊性に応じて具体化する前に、全てが一つのやり方で解けないか抽象化して考えるDXの思考法）を理解し身につけることが重要とされているのです。

　人と人との距離（ソーシャルディスタンス）を主題化したコロナ禍、そして、さまざまな人、モノ、コトのネットワーク化やボーダレス化を進めるDXは、「日本の学校」の共同体的性格を、そして、日本のタテ社会的構造の根本を問い直すラディカルさを持っています。ゆえに、現在直面している「日本型学校教育」のゆらぎは、新卒一括採用と終身雇用によって支えられたメンバーシップ型の日本型雇用システムの閉鎖性・保守性を問い直す動きといった、企業も含めた、日本社会の文化とシステムの構造変容とも連動して展開しているものです。しかし、一人ひとりの生きやすさの追求を、個々人の「主体性」を育むことで何とかしようとする傾向には注意が必要です。

　「個別最適な学び」をはじめ、望む教育や学ぶ場を自分で選べるために、

物事を認識する知性よりも、個人のマインドセットや主体性といった非認知的能力を重視しようとする動きも強まっています。他方で、協働性の重要性も指摘されますが、それは孤立化の行き過ぎへの歯止め程度の意味で、協働性の質を問い直す視点は弱いと言えます。コロナ禍での休校期間中のようすを思い起こせば、人々はもともと所属していた職場や学校から距離を取ることができ、個々人の間に新たなつながりが生まれたりもしましたが、社会の同調圧力は弱まったとは言えません。むしろ、孤立化して不安な個人は、空気を読みながら主体的にさまざまなことを自粛したように思います。

　人間は必ず何らかのつながりの中で生きているし、関係の中で自分らしさや個性を確認していきます。既存の集団から距離を取ったり、時には離脱したりすることも大事ですが、そもそもの共同体の質を問い直したり、創り変えたりする視点が重要です。山岸も指摘しているように、真に自律した「主体」とは、何事にも積極的（「主体性」がある）ということ以上に、その人なりの物事の捉え方や一貫した行動指針があるものです。それは非認知というよりもむしろ知性に関わります。子どもたちも、さらに言えば教師たちも、互いに「あなたは何をしたいのか」「あなたはどう考えるのか」と問いかけ合い、"I"を主語として自らのやりたいことや自分の考えを語り、自分を出すことで変に思われないかと気にし合うのではなく、むしろ異質な他者の意見や存在を承認・尊重し面白がり、理性的に対話していく。そうした「共生」の共同体づくりこそが重要です。

　以上のような日本の学校や日本社会の特徴をふまえつつ、次節では、「主体性」重視言説に回収されがちな教育論議の危うさを指摘するとともに、真に「日本型学校教育」をラディカルに問い直すための視点について述べたいと思います。

4．真に「日本型学校教育」の再構築へとつなげるための指針

（1）教育の心理主義化・「教育の学習化」の日本的特徴と迷走する教育改革

　先に述べた、日本の教育改革論議の特徴であり、「主体性」重視言説へと収斂しがちな教育の心理主義化の傾向は、日本以外でも見られ、それは「教育の学習化（learnification）」の問題として概念化されています。G. J. J. ビースタ（Biesta 2016）が指摘しているように、近年、教育の言語は学習の言語（個人主義的でプロセスに関わる言語）で置き換えられ、教育という営みの関係的な性格、および方向性や価値に関わる問いが消失してしまったかのように見えます。教育の学習化は、エビデンス・ベースの教育や「行為遂行性（performativity）」の文化（手段が目的になり、質の達成目標とその尺度が質それ自体と取り違えられる文化）を下支えし、よい教育への規範的な問いを空洞化させています。すなわち、「いかなる社会につながる、いかなる人間を育てたいのか」といった価値論・規範論を欠いて、目的や内容を問わないままに、「○○な学び」という学び方自体が目的であるかのように捉えられがちです。そのような状況下で、教育方法の効果に関わる手段的な議論のみならず、教育目的論レベルも学習科学の言語で語られるようになり、その中性的で自然科学的で技術主義的な言説は、経済界の手法や語りと親和的でそことの接点を形成する傾向にあります。それは、子どもの学びや発達にとっての適切性の観点から経済の論理を教育的に組み替える可能性はありつつも、結局のところ、経済の論理を教育の領域に流入させる形で機能することが危惧されています（Taubman 2009；今井 2022）。

　このような内容論や世界観や規範論の空洞化を伴った、教育の心理主義化や「教育の学習化」状況は、「心でっかち」という社会的・文化的特徴をもった日本において顕著であり、注意を要します。まず、日本では「何を教え学ぶのか」という教育目標・内容論レベルが学習指導要領で規定されてい

ることもあり、教育改革論議は、内容論を欠いたところで、「どう教える
か」や「どう学ぶか」といった方法論的なものに傾斜しがちで、その傾向
は近年強まっているように思います。また、日本は「○○力」という言い
回しがあって、思考力、コミュニケーション能力、課題設定力、さらには
地頭力、人間力等、抽象的で中身が必ずしも明確でない言葉で目標を語っ
たようにすることができてしまいます。そして、内容ベースからコンピテ
ンシー・ベースへの転換をコンテンツ・フリーのように捉えてしまうこと
で、たとえば、教科学習で、内容の学び深めとは必ずしも関連しなくても、
子どもが自分たちでめあてを立てる課題設定風の形式（プロセス）があれば、
課題設定力を育てる授業として価値づけられるといった具合に、何らかの
活動をしてそこにそれらしいプロセスを形式として見いだせれば、○○力
という言葉で実践を合理化・正当化できる状況も生まれているように思い
ます。それは、上述の、方法論に議論が閉じがちな状況を強め、学ぶ内容
や素材の深さを吟味することなく、探究サイクルのようなプロセスやアク
ティブ・ラーニングの手法などをパッチワーク的に組み込んで、学習過程
をいたずらに複雑化しがちな傾向を生み出しているように思いますし、目
標を明確化したつもりになって、目の前の子どもの実態と出口のゴールイ
メージを具体的に問うことを妨げたりしている側面もあるように思います。
　さらに、日本において、教育の心理主義化・「教育の学習化」は、「主体
（性）」育成言説に回収される傾向があり、苅谷剛彦（2019）によると、そ
れは、日本の「追いつき型近代」という歴史的経験と深く関係していると
言います。同時代的に自生的に「近代」を経験し続けている西洋の人々に
とって、英語の modernise が言い当てている現象は、現在進行中の社会変
動であって、「近代（化）」概念は、現在進行形の変化を記述・説明する理
論構築、および変化に対する反省・省察の契機を与えるものです。これに
対して、日本語の「近代化」概念は、外部にあって実現すべきものとして
実体的に捉えられ、しかも「後発型近代（化）」の経験は、市民社会の成

熟や民主化という文脈よりも、経済（成長）をメインとして、「追いつき型近代（化）」として理解されました。そして、1980年代以降、経済成長が達成され、それが「近代化」の達成と終焉として理解されることになりますが、「その後」のモデルなき時代において、「主体（性）」の育成を求め続ける動きが加速することになったと言います。

　もともと「主体（性）」は、日本の外に存在し追いつくべき西欧近代というパズルの図柄を眺めて、日本に欠如しているピースの一つとして認識されてきました。しかし、近代化が達成されたとみなされてしまった「その後」においては、西欧近代の個人主義ではなく、「自立自助」という日本的価値（伝統）に基づく独自のものとしてそれは捉えられるようになり、さらには、未知なる社会の変化への対応に主眼を置くようになった、1990年代末以降の改革論の中で空転し始めるようになります。「外来の近代（化）というテーマを解除した後では、内部の参照点もないままに、未来に志向して構築される『社会の変化に対応』できる資質としての主体（性）（＝欠如態）は、その内実の曖昧さだけでなく、その輪郭も溶解してしまう」（p.278）というわけです。終わらない近代化のある局面として具体的に足下の今を理解し未来を描いたりしようとせず、輪郭もはっきりしない虚像のようなものを改革の目標として追い求め続けている。そんな状況に陥っているのかもしれません。近代化の先の自由で主体的な学びが、寺子屋という前近代の自学をモデルに語られることもあるように、ポストモダンがプレモダンと表面的な類似性によって共鳴したりもするのですが、「主体性」という言葉でまとめられることで、それらが脱文脈化されて同居しているような状態にも注意が必要です。

　「日本型学校教育」からの脱却を図る取り組みは、「追いついた近代」の先に参照点を見失ったまま浮遊し、コンピテンシー・ベースの名の下に「〇〇力」を濫発し、さらにはwell-beingという概念を摂取して社会情動的スキルや福祉の強調へと進んでいます。家庭ではケアや徳育、地域で体験や

社会性の涵養、学校では知育といった近代公教育の基本的な役割関係は反転し、むしろ知育は学校外への外注が進みがちで、学校でしかできないことという言葉で、学校では体験と社会性と徳育とケアのウェイトが高まっているように思われます。丸抱えの全人教育を特徴とする「日本型学校教育」からの脱却が、知育、特に知性の涵養を空洞化させた社会化や福祉の場としての学校につながり、「日本型学校教育」は西洋的な近代学校の枠から自由に、「教育」機関ではないような新しい形の「日本型学校教育」を構成することになるかもしれないのです。

(2) 日本の学校の共同性を脱構築する視点

　伝統的な日本型学校教育からの脱却を打ち出し、自由や多様性や個性・主体性を重視する教育「変革」政策においては、「一斉一律な教育」に対して「一人ひとりに応じる教育」が理想化されがちです。しかし、実際の日本の教育は、学校生活面では集団主義（同調主義）的であり、同時に学習面では個人主義（自力主義）的であったりします（中内 2005；佐藤 2012；片桐 2004）。

　中内敏夫（2005）は、「日本の人づくりは、いかに教えるべきかではなく、いかに学ぶべきかの技の体系ででき上っている」（p.40）と述べています。たとえば、江戸時代にも『授業論』と題する書物がありましたが、その内容は、いかに業を受けるかの論、すなわち、学習論であり「受業」であったと言います。さらに中内は、近代学校成立期の、西洋由来のヘルバルト派の一斉授業とされているものも、その実態は、「受業」論とともに近世日本のもう一つの教育方法の系譜を形成していた「記誦注入の法」（藩校などで漢字や読みの指導法として定式化されていた素読、講釈の一斉教授法）に近いものであったと指摘します。そして、「受業」も教え込みの「記誦注入の法」も、子どもがわからないことを、教えている内容や教え方の順序ではなく、子どもの側の努力や心構えに責任を負わせる、一種の精神

主義的自力主義という点で通底していたと論じています。

　さらに言えば、従来の学校教育は、特に日本の教育は知識偏重だったと言われますが、日本においては、初代文部大臣の森有礼による「人物第一、学力第二」という言葉によく表れているように、むしろ、理屈よりも情を重視し、物事を合理的に認識して理性的に議論・判断することが軽視されがちでした。そうした、何事も個人の努力や心構えに還元する自力主義的で精神主義的な傾向は、学力論争で「態度主義」として批判されてきたのです（中内 1983）。

　集団主義的な一斉授業に見えているものも、それが画一的で一方向的な場合、実際には、教師と子ども一人ひとりの個別的な座学の束（「鵜飼（鵜匠が複数の鵜たちに個別に紐をつけて操っている）の構造」）であり、学ぶか学ばないかは子どもの努力次第という構図になっています。たとえば、特に中学校や高等学校の一斉授業において、子どもたち一人ひとりは教師の説明や行動に集中し、教師も子どもたち一人ひとりと一問一答でやり取りしたりするし、クラス全体の討論でも子どもたちは他のクラスメートではなく教師の方を向いて発言したりしがちであり、教師が出した指示を聴き取れなかったときに子どもたち同士でたずねる前に教師に直接質問したりと、子どもたち同士のヨコ糸関係よりも教師と子どもたちのタテ糸関係の方が強いと言えます。

　学級の閉鎖性や息苦しさに対して、自学自習を理想化するなど、学びの自由化や主体化が対置されがちですが、そうした自学自習の文化は、物事の原因をシステムや構造ではなく心構えに還元する、日本的精神主義や非合理的努力主義とつながりがちで、「心でっかち」な日本の同調主義とも根っこの部分で関連しています。すなわち、「一斉一律な教育」と、それに代わる新しい選択肢として語られる「一人ひとりに応じる教育」とはコインの表と裏かもしれないのです。それゆえに、ICT も活用しながら一人ひとりに応じた教育を行うことが、教師によるリモート管理や学びの孤

立化を進めないよう注意が必要です。

　閉鎖的な日本の社会と日本の学校における、個の確立の弱さと異質な他者との対話を促すことの弱さ、および、理性的合理主義と民主主義的公共性の未成熟をふまえると、「個性化（personalization）」を軸にした学校文化の編み直しが重要な課題であることは間違いないでしょう。公共的な議論を通して理性的な個の確立（立場の自己形成）を目指す学習集団や活動集団、および、ありのままの個の存在の承認（ケア）を含んだ心理的に安全な生活空間、これらの統一体として、学級や学校共同体を再構築することが必要です。分子的な個体として子ども一人ひとりをただ別々に扱う「個別化」ではなく、また、「個性的であれ」という徳目めいた抽象的な規範の押し付けでもなく、無理しなくても自ずとにじみ出る、具体的で固有名のその人らしさを尊重し豊かにしていくわけです[17]。タテ社会日本の、世間に準拠した行動に流れがちな同調主義、そして、めいめいの努力に依存する精神論に傾斜しがちな自力主義に対して、公共性と理性と多様性（他者性の認識）を重視しながら、空気を読んでも自分らしくいられるような力と関係性と場を構築していく視点が求められるでしょう。

　学級制については、学級の構造を個性化志向のよりインクルーシブなものへと柔軟化することが必要です。たとえば、恒吉僚子（2008）は、日本の教育の強みの中核は、「教育の射程を広くとり、対人関係によって支えようとする仕組み、協同して教師が授業を改善する相互学習の仕組み」にあるが、その同質化傾向・閉鎖的傾向を帯びがちな「共同性」を、異質なものとの共生と開かれた公平性を志向する「共生性」へと開いていくことが重要だと述べています（p.47）。学年学級のあり方を柔軟化し、同年齢学

---

[17] 佐藤（1995）は、個性化を規範化することではなく、分子的な個体を析出する個体化・個別化（individuation）でもなく、統一体としての固有名の個を析出する特異化（singularization）が重要だとしている。

級のほかに教科外活動等において縦割り異年齢集団を日常化したり、小学校においては、小・中・高学年というくくりで異年齢学級を編成したりすることも考えられてよいでしょう。学級集団（規律）から学習共同体（関係性）へ、そして知的生活空間（場の共有）へと、学校の共同性をソフト化する。そして、複数の集団や場にそれぞれゆるやかに所属し、主な居場所を選べるようにするわけです（学校共同体における複数性の重視）。

　他者との公共的な議論や自分事の学びを通して、判断の軸となる認識や知性や思想の自己形成に資する「知育の協働化」と、自分とは異なる他者として、互いの存在やその人らしさを認識し尊重し合う「徳育の個性化」を進めていくことが重要でしょう。

　人材訓練なら、知識を道具的に学んで、教科外や学校外で活動・体験プログラムに参加して自主性や社会性を訓練するというのでもよいかもしれません。しかし、自立した個（人間性の根っこ）を育てるのであれば、自分の考えの軸や立場を形成するよう、ものごとの見方・考え方として、骨太の知識を理解しながら学ぶこと（ものごとがわかるようになる教科学習）が重要です。さらに、体験プログラムなどの個別の経験をつなげながら、ある程度強いつながりの中で、ポジティブな成功体験一辺倒でなく、失敗やもやもや（ネガティブな経験や感情）も引き受けながら何かをやり遂げて一皮むけていくような、長期的な成長こそが重要です（人間的・市民的成熟につながる教科外・学校外活動）。

　人材育成に解消されない、「人間形成」や「人間教育」の仕事を学校が手放さないのであれば、学校や学習の「中断性」や「共同性」を手放すべきではありません。結果を急ぎ、走り続けることを一度中断して、回り道したり、立ち止まって考えたりすること。そして、より自由に自立するために多様なつながりや依存先をつくっていくこと。これらは、子どもが人間的に学び成長する権利を実質化する上での基本要件なのです。

（3）コンピテンシー・ベースの改革を社会的自立と人間教育へとつなぐ

　ここまで述べてきたことをふまえて、日本の学校や社会の負の側面を増幅させることなく、そのよさが生かされる形での日本型学校教育の再構築に向かう上で、コンピテンシー・ベースの改革をどう位置づけ生かしていけばよいのでしょうか。

非認知的能力を個人に育成しようとする発想の危うさ

　まず、「資質」概念による水平的画一化を是正し、徳育の個性化に向かう上で、「非認知的能力」や「社会情動的スキル」を強調する論調には注意が必要です。近年、「非認知的能力」の大切さをさまざまな場面で耳にするようになりました。しかし、非認知的能力の定義、およびそれをどのような構成要素で捉えるかは必ずしも自明ではありません（石井 2020b）。たとえば、OECD（2018）は、非認知的能力のうち、特に、社会経済的成功に関わり、測定可能性と成長可能性を持つものを、社会情動的スキルと規定し、目標の達成（忍耐力、自己抑制、目標への情熱）、他者との協働（社交性、敬意、思いやり）、情動の制御（自尊心、楽観性、自信）の三つのカテゴリーで捉えています。そもそも非認知的能力とは、文字通り、知識や思考やIQなどの認知的能力以外のものを意味します。それは、情意（情動と意思）や社会的能力（コミュニケーションや協働やリーダーシップなど）に関わり、第4章で詳述する学習活動の三軸構造をふまえれば、活動主体と対象世界（自然や社会や文化）との相互作用よりも、主体間の相互作用（他者との対話）や、主体の内部での自己内対話に関わるものに大きくは整理できます。たとえば、「自分をコントロールする力」は、自己内対話を軸にした意志的なものと言えます。そして、効率的に訓練可能なもの、正確に言えば訓練の効果を実証しやすいスキルに議論の視野が限定されがちな状況の下で、コミュニケーション能力や協働のように、社会関係に規定される側面が強い要素よりも、意志や情動といった、個人の努力や心の持ちようによって、あるいは、投薬等による生理的機能への介入によっ

て変化しやすい要素が注目される傾向も見られます。こうして、自制心、粘り強さ、協働する力など、どんな状況でも逞しく前向きに学び続けていくことへの期待、あるいは学習以前の姿勢や自己肯定感のゆらぎが、このあいまいな概念の位置づけを肥大化させ、それをより直接にトレーニングしようとする取り組みも拡大しています（森口 2019；中山 2023）。

　しかし、たとえばコミュニケーション能力などは、どういった雰囲気の集団で誰とコミュニケーションするかによって、表出されるものは異なるのであって、非認知的能力の欠如とされる状態の多くは、個人の能力や気質の問題というよりも、関係性の質に由来するという見方を忘れてはなりません。非認知的能力として挙げられる「目標の達成」については、学習計画を立てさせるような直接的訓練のみならず、人生のロールモデルや志を形成する地域等での社会的な活動や出会いの機会の保障を、「他者との協働」については、ロールプレイ等によるソーシャルスキルの訓練のみならず、互いを尊重する文化と社会関係（共同体）を学級や学校に構築し協働で何かをやり遂げる経験を日々積み上げていくことを、そして、「情動の制御」については、成功体験やほめ方の工夫のみならず、存在が承認され安心を感じられる基本的なつながりや場を、子どもの生活環境において保障していくことを、すなわち、子ども個人を変えること以上に、学校や家庭や地域の社会環境の側を変えたり整えたりすることの方を重視すべきでしょう。

　先述のように、そもそも日本の学校は、協働や自律に関わる非認知的能力の育成について、教科外活動での実践の蓄積があります。すでに十分「心でっかち」な学校の役割に新たに「非認知的能力」を付け加える前に、既存の学校カリキュラム全体のキャパシティを再評価することと、学校の組織や共同体のあり方を、いかなる企業組織や社会集団との接続において考えるのかという点から自覚的に再検討することが重要です。

　近年、「学校の当たり前」を棚卸しする学校マネジメントの改革や心理

的安全性を大切にするカラフルな学校づくりやルールメイキングの取り組みなども展開されています。そして、それらは、終身雇用の大企業への「就社」（その企業の一員としてのメンバーシップの獲得）に親和的であった従来の学校の集団性のあり方を、ベンチャー企業的な、機動性が高く個業や小集団ベースのフレキシブルでアジャイルな組織、あるいは、社会起業家的なボトムアップの新しい公共の取り組みなどと親和的なものへと再構築していく側面を持っているように思います。

　ただ、ソーシャルビジネス等、国家でも市場でもなく、民間かつ非営利という性格を持つサードセクター拡大の背景には、社会変革を志向しつつも経済政策・成長戦略的な側面を持つ新しい資本主義や社会的投資国家の存在があります。上記の学校の組織文化や共同性のあり方に風穴を開ける取り組みについても、新しい資本主義や国家への適応に回収されず、既存の社会変動のベクトル自体をより批判的に問い直す余地を内包した、公正と共生と民主主義（市民社会的公共性）、あるいは持続可能な社会の実現に真につながりうるものであるかを検討する作業は必要でしょう。

**　真に社会的自立へとつなげるために**

　また、どのような社会像との接続を考えるのかという点に関わって、世の中の中身を問わない「資質・能力」ベースではなく、コンピテンシー・ベースがもともと投げかけていた、現代社会の具体的な社会像や世界観のカリキュラムへの実装という問題提起を再確認することが必要です。その上で、先述のように、コンピテンシー・ベースの改革が内包しがちな人材育成志向を、市民形成や人間（人物）形成といった点から批判的に問い直し、変化する世の中に適応しつつも流されない自分なりの軸を育て自由になる人間教育として展開していくことが重要です。

　コンピテンシー・ベースの改革の背景には、「新しい能力」への社会的必要性が現在高まっていて、学校でそれを教育することが社会的にも必要であるという言説がありますが、その前提を少し疑ってみることも必要で

す。たとえば、サービス職の拡大などの職業構成の量的変化や、職業に求められる能力の変化ゆえに、いまコミュニケーション能力が必要だという前提に対して根拠を疑問視する議論もあり、学校で人的能力を開発することが経済発展にも有効だという知見についても論争的です（仁平2019）。そもそも、学校教育は、産業界の人材育成（社会の都合）のためのみにあるのではなく、社会の中で自分らしくよりよく生きていく自立した個人を育てるべく、子どもが人間らしく成長・発達していく権利を保障する場でもあって、ビジネス的価値観や職業への準備性（雇用可能性）が前面に出てくることに対しては、違和感を持つ人も少なからずいるでしょう。

　確かに、日本の学校は、働くことやお金を稼ぐこと、ひいては社会人として経済的に自立して生きることについて学び、考える機会が少なく、教育内容の職業的意義（職業的レリバンス）があまりにも考慮されてこなかったのも事実です（本田2009）。まさに社会的自立や一人前にしていくという観点から、高等教育や中等教育においては、自分たちの足元で生じている「変化する社会のリアル」に目を向けさせ、実際に社会の活動に参加したりもしながら、労働者として、さらには市民として、一人の個人として、幸福にどう生きるかを考えることがもっとなされてよいでしょう。

　変化が激しく予測不可能な社会と言われたりしますが、変化のベクトルを把握し、ある程度の見通しを持つことはできます。変化の激しい社会だからこそ必要なのは、社会への関心であり、その社会との関係で自分のあり方を考えていく経験なのです。いまやマスコミもワイドショー化して、社会問題の見方や議論の仕方を学ぶ機会が少なくなっている中で、成熟した大人（市民）に向けての教育を考えていくことがいま特に重要です。そのためには、これまで日本で十分に展開されてこなかった、学校での市民性教育はもちろん、それ以上に、若者を巻き込みつつ、学校外において、地域等で、職業体験や奉仕体験に止まらない、市民活動への参加や社会的な経験の機会を充実させていくことが必要でしょう。

そうして学校外の子どもの生活環境や発達環境全体を、より人間的で真に学びを促すものにしていく努力を進める一方で、学校教育については、あらためて学校の強みを確認していく作業が必要です。人材育成重視のコンピテンシーという発想や、学び方重視の汎用的スキルやアクティブ・ラーニングといった目新しいトレンドの追求は、教育の市場化や経済効率や便利さを追求する流れの中に置かれるとき、人材育成という当初の目的すら達せられないでしょう。日常生活の延長線上に学校があるなら学校はいらないし、いまの社会に適応する実用的な学びのみでは、即戦力やただ生き延びる力にはなっても、伸び代のある真に実践的な力や、変化する社会をしたたかに生き抜きながら、人間らしく自分らしく豊かに生きていく力、社会を創り変えていく可能性にはつながりません。実用や便利さや効率性の外部にある、手間や回り道の意味に注目してこそ、社会や世間に踊らされない、人間としての軸が形成されるのです。特に、社会の変化が、人間が育つ環境や条件を崩す方向で作用している現状においては、その社会の支配的な価値に対する逆価値を追求することも必要です。

　より合理的で自由な社会を目指した先に、個別化・流動化・フラット化・標準化などが進んでおり、そうした再帰性の高まった現在の後期近代的状況においては、合理化された既存の社会システム内に閉じた形で、自己調整や改善のループが加速度的に展開することで、そもそもの目的や価値を見失って効率性追求が自己目的化しがちです。そして、そうした再帰的な後期近代社会は、知の断片化や社会の分断を伴って、非人間的な社会や教育に向かう危険性をはらんでいます。他方、こうした価値観を根底から問い直し、文化性（回り道や遊びや美的なもの）、共同性（つながりや分かち合い）、公共性（対話や共生）等を大事にする、人間的な社会や教育につながる対抗的な動きも各方面において見いだすことができます。AIの進歩が「人間らしさ」をゆさぶる中、「人間的であるとはどういうことか」という問いが切実性を帯びており、陳腐にも映る「人間教育」という言葉

をいま用いる意味はそこにあります。

知識を習得する意味の再確認

　最後に、現代社会において知識を習得する価値は下がっているという語りもみられますが、実際には逆で、情報は得られても価値ある知識を学ぶ機会は希少化されていると見るべきでしょう。知識（データ）爆発の状況下で、しかも、必要な知識・情報はネット上で誰もがアクセスできるといった状況だからこそ、知識の習得を軽視するのではなく、むしろより普遍性をもった骨太の知識（文化・教養）や、物事を批判的に吟味したり判断したりするための抽象度の高い基本概念や論点を学ぶことの意味にも目を向けていく必要があります。大量の情報（その多くは自分の求める範囲や思考の枠内に収まるもの）に埋もれず価値ある情報を選び出し、自分の視野の範囲を超えた知や情報との出会いを生み出すために、また、活動的で協働的な学びを通して深める価値のある内容を絞り込むためにも、専門家コミュニティでの議論と検証を経た、あるいは論争過程の、世界認識の枠組みの核となりうる内容（「議論の厚みのある知識」）を軸に、カリキュラムを精選・構造化していくことが必要です。

　そうした良質の知識なくしては、ネット検索はトピック検索となり、アクセスできる情報は表層的・断片的なものに止まるでしょうし、その人の見えている世界も表面的で偏ったものとなってしまうでしょう。概念や論点や主要な著書や論者等を意識してこそ、情報の源にあるより確かな知見にアクセスすることや情報を鳥瞰的に見て構造化することも可能になるし、奥行きを持った成熟した世界観を構成することにもつながるでしょう。食べ物が身体を形成するように、精神世界は知や言葉や経験によって形成されます。「文は人なり」という言葉もあるように、知識や言葉は単なる道具ではなく、何を知っているか、何がどう見えているか、どのような言葉を使っているのかは、それ自体がその人の精神世界や人格のあり方そのものであるという点も忘れてはなりません。

第4章 「真正の学び」による授業づくりの不易と革新

　以上のように、コンピテンシー・ベースが提起する社会的要請への応答という契機を、現実世界への向き合いを促すものとして捉えて、「世間」（空気）への主体的適応ではなく、「世の中」（システム）への参画とその再創造へと向かう上で、そして、「世の中」を対話的に認識し、その中で自らの社会の中での位置づけを意識化し、知性の涵養の先に自分なりの軸をつくっていくような、能力の垂直的序列化に回収されない知育の協働化を実現する上で、「真正の学び」というヴィジョンを意識した授業づくりの方向性を提起したいと思います。まず、「変革」の時代において、授業づくりの軸足（不易）を確認しておきたいと思います。

1．授業づくりの軸足（不易）の再確認
（1）改革に踊り、ゆれる「授業」
　アクティブ・ラーニングや主体的・対話的で深い学びの重視のように、「教えること」から「学び」へ（教師主導から学習者主体へ）、「一斉授業」から「学び合い」へといったスローガンで授業の改革が繰り返し叫ばれてきました。さらに、「個別最適な学び」という言葉で、全員が同じ内容を同じペースで同じ場所で学ぶ必要もなく、教室や学校や授業を経由せずに子どもたち一人ひとりが自由に学ぶようになればよいのではないかという考え方も広がりつつあります。こうした二項対立図式の中で、授業観がゆれています。さらに言えば、一見もっともらしい改革のスローガンの裏で、授業観がゆさぶられるというよりも、授業観の軸がぶれて手法主義が進んでいるようにも思います。

　学習指導要領改訂を受けて「主体的・対話的で深い学び」をキーワードに授業改善に取り組んできて、いざ実施するときにコロナ禍になり、さらに、「個別最適な学び」という新しい「〇〇な学び」が出てきた。そして、書店に並ぶ本やネット上の記事などのタイトルを見ても、「主体的・対話的で深い学び」から「個別最適な学び」へとキーワードを乗り換えるような状況も見られます。すると、真面目に新学習指導要領に備えてきた教師ほど、そんなふうにキーワードがころころ変わるんなら、要は何をすればいいのか示してほしいとなるでしょう。「〇〇な学び」といった改革のキーワードは、ほどよく提示されることで、現場の新たな挑戦を励ます刺激となりえますが、それが次々と濫発されると現場は思考停止に陥るのです。そもそも、アクティブ・ラーニングがブームの様相を呈した頃には、さまざまな〇〇メソッドが流行し、ICT 活用による授業の工夫というとき、〇〇アプリを使いこなすことに視野が限定されてはいないでしょうか。その一方で、学ぶ「材」（教材、主題、学習材）の検討や内容論や子どもたちへの教師の願いが空洞化してはいないでしょうか。

　改革論議にありがちな二項対立図式の中で、「学び」の強調は「教えること」を照らし出し、個別化の強調は、集団での学びの意味を照らし出します。そこで、文字通り「AからBへ」と、否定的にAに光を当てるのではなく、Bに軸足を移したときにどうAが捉え直されるのかを問うことが重要です。どれだけ「学び」に光が当たっても、大人の責任を放棄しない限りは、「教えること」に限らず、教師、あるいは子どもの学びと成長を支援する他者の仕事はなくなりはしません。「授業から学びへ」という言葉も、教育関係者であれば、教えることや教師の仕事が完全になくなるという意味で使ってはいないでしょう。「学び」に光が当たることで、より縁の下の力持ちのような形で教師の指導性は見えにくくなっていきますが、しかし確かに存在はしています。そうした見えにくくなってしまう部分にもしっかり光を当てておかないと、特に教育論議が教育関係者の内

輪だけでなく社会全体に開かれたときに、言葉を文字通り受け取って、子どもに任せさえすれば学べるんだ、教師はいらないのではないかといった誤解を生み、それを文字通り実践するような取り組みや改革が生まれかねません。「子ども主語」の学びや授業を追求するからといって、それを支援・指導するための「教師主語」の授業研究をおろそかにしてはなりません。

(2)「授業」という営みの本質的特徴

　改革のための改革になりがちで、キーワードが過剰になりがちな昨今、学びを支援する仕事や授業づくりの軸足を確認しておくことが必要です。学習活動は何らかの形で対象世界・他者・自己の三つの軸での対話を含みます。主体的・対話的で深い学びは、この学習活動の三軸構造に対応するもの（対象世界とのより深い学び、他者とのより対話的・協働的な学び、自己を見つめるより主体的な学び）として捉えられます。主体的で対話的・協働的な学びの強調については、手法化による活動主義・技術主義が危惧されました。これに対して、教科の学びとして中身のある活動や話し合いになっているかを問うものとして、「深い学び」の必要性が提起されました。それは、子どもたちが対象世界（材）と向き合っているかどうかを問うものといえます。

　主体的・対話的で深い学びをめぐっては、学習者中心か教師中心か、教師が教えるか教えることを控えて学習者に任せるかといった二項対立図式で議論されがちです。しかし、グループで頭を突き合わせて前のめりに対話しているような、主体的・協働的な学びが成立しているとき、子どもたちの視線の先にあるのは、教師でも他のクラスメートでもなく、学ぶ対象である材でしょう。

　授業という営みは、教師と子ども、子どもと子どもの一般的なコミュニケーションではなく、材を介した教師と子どもや子どもたち同士のコミュニケーションです。学習者中心か教師中心か、教師が教えるか教えること

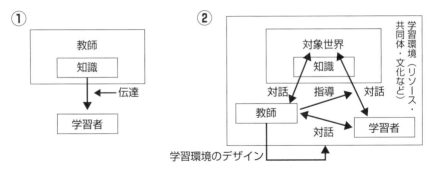

※図②において、教師と学習者は、同じ対象を共有し、協同して活動している点で対等な関係にある。一方で、図の位置関係が示すように、教師は、いわば先行研究者として、学習者の学習活動を見通し導きうる位置にある。ゆえに教師は、学習者の対象世界との対話を深めるべく直接的な指導を行ったり、時には、教師自身も埋め込まれている学習環境をデザインする間接的な指導性を発揮したりするのである。

図1　学習者、教材、教師の関係構造（出典：石井 2020c、p.174）

を控えて学習者に任せるかといった二項対立の議論は、この授業という営みの本質的特徴を見落としています。授業という営みの本質的特徴をふまえるなら、子どもたちがまなざしを共有しつつ材と深く対話し、教科の世界に没入していく学び（その瞬間自ずと教師は子どもたちの視野や意識から消えたような、教師や周りなど眼中にないような状態になっている）が実現できているかを第一に吟味すべきです。

　授業や学びは子どもと教師の二項で捉えるのではなく、材を介した三角形の構造で捉えることが重要です。どれだけ「○○な学び」が示されようが、授業においては、いかに子どもたちを材と出会わせて、没入させて、さらにその先にもっと欲しい、学びたいと思わせるかが勝負です。二項で考えるから、教師が手放すと子どもがどこに行くか不安で子どもに委ねられない。しかし、材の存在を想定すると、材に食いつかせれば、材（対象世界）が子どもをある程度導いてくれるので、子どもに委ねやすくなるでしょう。教材研究等、教科学習としての質を追求することとアクティブ・ラーニングは対立的に捉えられがちですが、教科本来の魅力の追求の先に結果としてアクティブになるのです。

子どもたちが材に向き合うことが授業づくりの基本なのですが、それが一番難しいものです。多くの場合、教師主導は教師を忖度する授業（図1の①）に、学習者主体は材に向き合わない授業になりがちです。教師主導でも学習者主体でも、子どもを引き込み、学びや成長を保障する授業は、材を介して教師と子ども、子ども同士が向かい合い、ともに材に挑む「共同注視」、いわばカウンター横並び関係になっているものです（図1の②）。

　教師の仕事は、その教科のうまみを得られる材を、できるだけ本物のナマのそれを考え抜き（教材研究）、材と子どもたちとのいい出会いを組織し（導入）、子どもとともに横並びで材と対話し、時にはタテやナナメの関係に立ちながら、子どもたちの思考の隙（例：「そんなことは考えたことがなかったけど、言われてみればどうなるんだろう、気になる……」と思ってしまうポイント）を突きながら、その材のうまみを感じられる入口をさりげなく指さし続けることです（発問とゆさぶりによる展開の組織化）。さらに、「もう45分？」「もう終わり？」「まだやめたくない」「じゃあ○○はどうなっているのかな」「大人たちがいろいろ言っていた○○ってそういうことだったのか」「これって授業で習ったことと関係あるんじゃないか」と、授業の先に子どもたちが、もっと学びたいと思い、授業外、学校外の生活で引っかかりを覚え、立ち止まり、学びや追究を始めたり、自分と同じ興味や問題を追究している学校外のホンモノを伴走者として学び始めたりして、生活場面や生きることを豊かにしていくような、そんな子どもたちの姿を願い目指し続けることが重要でしょう（学びへの導入としての授業）。「深く学ぶ」とは、「考え抜く」ことです。他者とともに深みのある材と向き合い、ともに対話し学び合うという条件があることで、思考は対象を失わず、関係の支えの下で、一人では至れない材の価値が発見されます。それがさらなる思考を触発し没入へと誘うことで、問いと答えの間は長くなっていくのです。

　一人一台端末が日常化した授業においてこそ、共同注視関係が重要とな

ります。ICT を文具として子どもたちに使い方を委ねるということは、必ずしも教師を介さずに、端末の先にある知や人や世界とつながれることを意味します。また、第 5 章で詳述するように、そうした子ども主語で考えてこそ、ICT 活用は学びの充実につながります。ただしそれは、ただ横にいるというだけでもない、同じものをともに見ている伴走者の存在（共同注視関係）があってこそです。同じ画面（画面の先にある対象世界）を共有しながら、子どもたち同士のみならず教師もともに学び合い、時に情報の信ぴょう性を問いかけ、調べ方や目の付け所を指差す。あるいは、子どもに委ねる一人学びの時間や自由度が拡大する分、すぐに個別指導に入るよりも、観察者的なテンションで子どもたちの学びを見守り、なるほどこう考えるのかと学びを味わったり、思考の隙を見つけたりしながら、個々人の課題設定や取り組み方へのコーチングや、折に触れて共通課題をめぐって考えをつなげ深めるファシリテーションを行ったりすることが重要となるのです。同じものをともに見るだけでなく、それをめぐって顔を見合わせながら対話する三角形の関係性が、人と人との間の情緒的なつながりや安心感を生み出していくのです。

（3）共同注視の三角形で「子ども主語」の学びを創る

　共同注視の三角形を意識することによって、材との対話に没入し教師など眼中にない学びの姿という形で、「主体的・対話的で深い学び」を具体的な教室の風景として理解することもできるでしょう。さらに、共同注視の三角形を意識することで、「子ども主語」のより主体的な学びが生まれるメカニズムも見通すことができます。

　ここで、「子ども主語」とはどういうことかを整理しておきましょう。多くの場合、「子ども主語」の授業という言葉でめざされているのは、学びの所有権が子どもたちにある授業であり（授業における参加と自治）、委ねられるべき部分（教科の本質的かつおいしいプロセス）が委ねられ、

授業の先により広く深く学び始める姿が見られる授業です。出発点として、たとえば、通常「教師主語」で考えられがちな、「説明する」「板書する」「学びを価値づける」「まとめる」といった、授業における動詞について、「子ども主語」に置き換えて考えてみるとよいでしょう。さらに、「子ども主語」で考えるとは、「それは（教師が頭を使うよりも）子ども本人に聞いてみたら？」という問いを常に意識することです（子どもの意見表明権と参加権の尊重）。そして、子どもの側が、「それは自分で、自分たちで考えることだ、決めることだ」という感覚をもつことが重要です。

　また、「主体性」と一言でいっても、そこにはレベルの違いがあり、表1のようなグラデーションで捉えておくとよいでしょう。学びの入り口において、対象への関心も薄く表面的に参加している段階から、「おもしろそう」と興味・関心をもって食いつきはじめ、そのうちに対象世界に没入し、自ずと試行錯誤や工夫をはじめる。こうして対象と深く対話し学習への関与が高まることで、授業や学校の外の生活における関心の幅が広がったり、学んだ内容が眼鏡となり、考え方が思考の習慣になっていったりと、学校で学んだ先に子どもたちは教科等の世界に参画し学び始めるわけです。「総合的な学習（探究）の時間」や課題研究においては、「自分は何を学びたいのか？　何をやりたいのか？」と、学び関与する対象、主題、問い、領域を自分で設定したりすることで、「なぜ自分はそれがしたいのか？　なぜそのテーマを探究するのか？」と、自己との対話を深め、学校外の世界のホンモノの問題や活動や人と出会ったりもします。そうして、視座が上がり自分の軸が形成され、学習者は自らの学びや人生を生きる主人公になっていきます。さらに、特に社会参画を伴う探究的で協働的な学びや、自分たちの学級や学校の集団を切り盛りしていく自治的な特別活動などを通して、目の前の現実を自分たちでつくり変えていける実感と力量を高めていくのです。このように、「主体性」は、学校カリキュラム全体で育まれていくものであり、教科学習についてはそこで主に担える範囲を明確にしつ

表1　「主体性」のタキソノミー（学びへの関与と所有権の拡大のグラデーション）
（出典：石井 2023、p.57）

自治（変革人：エージェンシー）	社会関係を創りかえる	出口の情意
	対象世界を創りかえる	
人間的成熟（なりたい自分：アイデンティティ）	軸（思想）の形成	
	視座の高まり	
自律（探究人：こだわり）	自分事の問いの深化	
	問いの生成	
学び超え（生涯学習者・独立的学習者）	思考の習慣（知的性向）	
	関心の広がり	
学習態度（自己調整学習者・知的な初心者）	方略的工夫	
	試行錯誤	
関心・意欲	積極性（内発的動機づけ）	
表面的参加	受身（外発的動機づけ）	入口の情意

左側の縦方向ラベル：特別活動／総合学習／教科学習

つ、そこにおいて、より「出口の情意」を意識していくことが重要なのです。

　材を介した共同注視関係は、以下のようなメカニズムで主体的な学びを深化させていきます（図2）。年度始まりや単元・授業の入り口において、教師は材の魅力に誘うべく手立てを講じるし、比較的垂直的なナナメ関係であることが多いものですが、子どもたちの学びが深まり、対象への関与が深まってくると、対象や問いに子どもたちと教師がともに向き合い教室での学びにともに責任を持つ、より水平的なナナメ関係（「共同責任」関係）に移行していきます。授業をしていて、子どもの意見や発言に、「おもしろいな」「なるほど、そう考えるか」と感心したりすることも時折あると思いますが、その瞬間、子どもたちは教師を静かに学び超えているのです。さらに、特に「総合的な学習（探究）の時間」等においては、共同注視関係は、教室内での材を介した教師と子ども、子ども同士の間の三角形の関係性を超えて、学校外にも展開していきます。すなわち、教師とともに問いや世界と向き合い未知を探究する教室内の共同責任関係を超えて、学校外のホンモノの当事者・実践者とともに問題を見つめ、彼・彼女らを伴走者とする共同責任関係に展開し、子どもが教師を恒常的に「学び超え」、

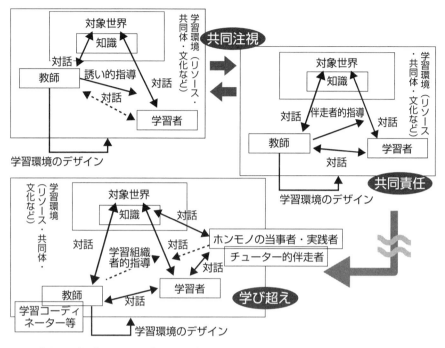

図２ 「真正の学び」における「共同注視」関係の展開と「学び超え」の構造（石井 2022c、p.22）

学校から社会へと飛び出していくわけです。

　教師や授業や学校を必ずしも経由することなく、子ども主語の主体的・自律的な学びを求める声が高まっていますが、それは集団や協働性を排して、子どもが一人で孤立して学ぶこととイコールではありません。孤独に自分と向き合う時間は重要ですが、そんな時でも、家族や友人や教師、これまで出会った人たち、憧れの人物、先哲など、「見えない伴走者」も交えた多声的な自己内対話によって学びは支えられているものです。自律的に学び続け、空気に流されず自立的で独創的な活動を展開しているように見える人たちにおいて重要なのは、個人としての自由で強い意志をもって、目標設定と振り返りといった効率的な自己管理が上手ということでは必ずしもありません。自立とは依存先を増やすことであるという見方もあるように、自分なりの社会的責任を引き受けていて、それゆえに次々と問いや課

題を投げかけてくる対象（放ってはおけないこと）があること、そして、多くの良質な「見えない伴走者」を心の中に棲まわせていることが重要なのです。

（4）学びの触発から材への没入に誘う「教師主語」の指導性

学校でともに学ぶことの意味や教師の役割が問われる中、子どもたちと学校生活を共にし、その学びや成長を目的として関わる大人である教師だからこそ果たせる、伴走者としての「足場かけ」や「課題提起」者的役割の中身、本気で材と向き合い没入し、授業や学校を学び超えていくような授業を創る指針についても概説しておきましょう[18]。

学びを触発し、思考する必然性を生み出す

まず、学びの入り口において、学習対象への興味・関心を触発したり、思考する必然性を生み出したりする材選びが重要です。その際、子どもにとって身近で考えたくなるもの（具体性）であるとともに、教師がつかませたい内容や育てたい能力が育てられるもの（典型性）であることが重要になります（例：バット回し対決でてこの原理をつかむ）。そうして、授業の導入に、「これは何だろう？」と注意を引くような具体物（例：クリスマスなのにしめ飾りを飾っている熊本県の天草地方のショッピングセンターの写真）で興味を喚起したり、「（そんなことは考えたことがなかったけど、言われてみれば）どうなるんだろう？」という気持ちを触発するような、理解や思考の隙を突く問い（例：「このボーリングの球を水に浮かべたら、浮く？　沈む？」）を投げかけたりするわけです。体育で「こんな凄い技できそうにない」と思うようなものも、ひょっとしたら自分でもできるかもという見通しが得られたり、逆に、算数・数学で、一見簡単に解けそうだけど、ちょっと手を付けてみると一筋縄ではいかないことがわかったりといった提示の一工夫

---

[18] 目的・目標の明確化、教材・学習課題づくり、授業展開・学習形態・教室空間の組織化、指導技術・テクノロジー活用、評価の方法といった、授業づくりのポイントの詳細については、石井（2020c）を参照。

も大事です。後述する真正の課題など、単元末に学んだことを総合して取り組む大きな課題（本番・舞台感のあるもの）を示して、やってみたいという気持ちや学びの目的意識をつくっていくことも有効でしょう。

　なお、毎時間ネタなどを工夫することは大変ですが、教材や展開をちょっと工夫しながら授業に臨んでいると、次第に子どもたちとの間に信頼関係が生まれ、関係性ができてくると、また、子どもたちの学ぶ力や学級が育ってくると、ラフな問いや課題でも楽しめたり深められたりするようになり、そうしているうちに自ずと目の前のこの子たちとやりたいことが新たに生まれたり増えたりするものです。

子どもとともに学び合い、本質を深める

　導入で触発した興味・関心や思考を持続させ、材への没入を深めるには、グループ学習を促したり、クラス全体で練り上げたりする協働的な学びを組織しつつ、子どもたちの理解の隙をさらに突き、わかったつもりをゆさぶる問いかけ（指さし）が重要になります。たとえば、酸の性質を理解するために塩酸にアルミニウムを入れた反応を観察させるおなじみの課題でも、溶けたことを確認して満足している子どもたちに対して、もう１枚アルミニウムを入れたらどうなるかと問い、予想を立てさせた上で再度実験させてみることで、予想通りになるか多少なりともわくわくしながら反応のようすを細かく観察するようになるでしょう。

　子どもと学び合いながら、学びを深める指さしができるためには、教材研究で教師自身がまず学び（テクスト・資料・現実の問題といった対象世界と対話する）、授業においては、学んだ結果を教えるのではなく、対象世界を学習者と共有しながら、先行研究者としてそれを学び直す姿勢が肝要です。たとえば、その地域の江戸時代の人口の変化に関する資料を見ていて、大きく人口が減った時期があることに気づき、天明の大飢饉と関係することを発見したなら、それを例示して歴史の説明をするのではなく、発見のもとになった資料を提示して、子どもたち自身が読み取ったり、特

徴に気づいたり、原因を推理したりすることを促す。あるいは、島崎藤村「初恋」という詩の教材研究において、教師同士で「われ」と「君」の関係をめぐる議論が起こったなら、議論の結果至った結論めいたものを子どもたちにつかませるよりも、まさに教師同士でも議論が分かれた問い（「『われ』と『君』は両思いなのだろうか」）をそのまま子どもたちに投げかけ、テクストに即した解釈を自由に交流し合う授業を構想するといった具合です。

　対象世界はいかに深く理解したとしても、完全に理解しきることはありません。たとえば、文学作品などのテクストの読み取りにおいて、根拠のあるより妥当な解釈はあっても、「唯一の正解の読み」などはありません。また、自然事象や社会事象についても完全な理解などはなく、科学的な真理と呼ばれるものも、新たな発見や解釈によって再構成されうるものです。そして、「既知（familiar）なもの」が「未知（strange）なもの」になる経験は、学習者の知的好奇心に火を付けます。教材研究をしすぎると授業が教師主導で固くなるなどと言われたりしますが、それは教材研究をしすぎるからではなく、教材研究のし方やそこでの教師の材への向かい方にもよります。教材研究の結果ではなく、教材研究のプロセスをこそ授業で子どもと共有し、たどりなおすこと、さらに言えば、この問いや材について子どもたちがどんなふうに考えるかを知りたい、聞いてみたいという、子どもとともに学び合う心持ちが肝要です。委ねてみて子どもの学びが面白い感じにならなければ、もっとこの子たちの面白さや凄さが出てくるように課題や問いを工夫してみるといった発想で考えてみてもよいでしょう。

　国語の作品の中には、登場人物と同年代の思春期の子どもたちだからこそリアルに深く読めるというものもあるでしょうし、地区のお祭りのよさなど、ローカルな題材は、子どもたちの方が生活者目線でリアルに社会を見つめ核心を理解していることもあります。そして、実際に授業をしてみて子どもが何に関心をもちどう考えるかを目の当たりにすることで、材の本質が見えてくることも多々あるでしょう。たとえば、小学校1年生の国

語科の授業で、くじら雲に乗っている子どもたちのやり取りを想像しよう
と促されて、ほとんどの子どもが「ふわふわだ」「気持ちいい」といった
言葉に終始しがちであった中、教室の一角で、隣の子と教科書を一緒に見
ながら、「見て見て！　町が見えてきたよ」「見て見て！　海が見えてきた
よ」と挿絵を指さしながらやり取りしている子どもの姿。それは授業者が
想定していなかった姿でしたが、本文に即した的確な課題への向き合い方
であったし、登場人物からは何が見えているかを考えることで、登場人物
の心情や行動等を想像するという、この教材で学ぶべき内容を指し示して
くれているように思います。

授業を学びへの導入につなぐために

　こうして対象と深く対話し学習への関与が高まることで、学校で学ん
だ先に子どもたちは、授業を超えてさらに関心の幅を広げて学び始めた
り、生活世界を豊かにしていったりします（学びへの導入としての授業）。
もっと学びたいといった気持ちが子どもたちに芽生えたなら、いろいろと
本や素材をお勧めしてもよいでしょうが、それ以上に、それを面白がるこ
と、あるいは、「また調べて、わかったことを教えてよ」といったくらいで、
その子が学びを見てほしいと思う理解者であることが大事です。この人と
ともに学びたい、この人に学んだことを伝えたい、話を聞いてもらいたい
と思える存在となれれば最高でしょう。

　また、授業で完結するのではなく、授業外や学校外への広がりをもった
学びを創る上で、後で詳述しますが、実際に生活や社会で直面するような
状況に即して問題場面（真正な課題）を考えることも有効です。真正な課
題については、たとえば、町が主催するセレモニーの企画案を町の職員に
実際にプレゼンするようなものもあれば、そうした架空の場面を設定し
て活動させるようなものもあります。作品を発表する相手を学校外に設定し、
学校外のプロの規準でフィードバックを得る機会を設定することは、学習の
真正性の程度を高め、学習者の責任感と本気の追究を生み出す有効な方法です。

　そうして学びの宛名を教室や学校の外に開くことは、学校外のホンモノの当事者・実践者とともにホンモノの課題や問いを追究する関係に展開するきっかけになるかもしれません。同じ対象や問題を誰とともに見ているかは学びにおいて重要で、外部のゲストスピーカーなどとの出会いを一過性のものとするのではなく、「○○さんならこんな時どう考えるかな？」と自問するよう促したり、こういうパンフレットを作成するときにプロはどう考えるのかを意識させたりといった具合に、教師との関係や教室内の関係に閉じずに、子どもたちが学ぶ上での見えない伴走者を意識化したり組織化したりするわけです。こうして、「with ホンモノ」（p.112 参照）でホンモノ目線を学ぶ機会があることで、子どもたちの対象への向かい方が変わるでしょうし、思考過程や学びの成果物も本質的で中身のあるものとなっていくでしょう。

　授業とは、目の前の子どもたちの素朴な生活を、より洗練された知的で文化的でパブリックな生活へと組み替えていく営みです。たとえば、互いにかみ合わないやりとりや身内でしか通じない私的なコミュニケーションに終始する、子どもたちの休み時間等での言語生活の現状が、国語等での学びを通して、筋道立てて伝えられるようになったり、パブリックな会話ができるようになったりしていくといった具合です。真正の課題は、授業において生活への窓を開け、知的で文化的でパブリックな生活へとつなげていくものなのです。授業や単元の目標を出口の子どもの姿でイメージする際には、「○○力」といった形で抽象的に考えるのではなく、学んだ先にどう子どもたちの生活が広がり豊かになるのかということを具体的に意識してみるとよいでしょう。

　真正の課題に取り組みつつ、それが教科の中核的な内容に迫っていくようにするために、「本質的な問い」を意識することも有効です。「文明はなぜ生まれたのか？」「明治維新によって日本社会はどのように変化したのか？」といった、単元ごとの本質的な問いを自ずと子どもたちが問うよう

に課題を設計する。さらに、各単元でそれらの問いを問うことは、「社会はどのような要因で変わっていくのか？」という、よりメタで包括的な本質的な問いを繰り返し問うことにつながります。

「本質的な問い」は、その分野の基本的な問いや論点であり、常に立ち返って問い続けるもので、カリキュラムをタテに見ると見えてくるものです。単元を超えて問いを意識することで、単元を超えたつながりを子どもたちは意識するようになり、たとえば、地理で学ぶことはどの地域も要は同じ視点と構造で整理されている（気候、人口、資源・エネルギーと産業、交通・通信等の特徴が、その地域の位置や自然環境との関係で説明されている）といった具合に、単元や題材は違っても要は一緒じゃないかという感覚を形成することは、知識を断片化させず構造化して、汎用性を持った形で確かに積み上げていくことにもつながるでしょう。さらに、先に挙げた社会科の包括的な問いを、「それはどのような要因で変わっていくのか？」と、よりメタに考えてみると、「因果」を問う問いとして、社会科のみならず、国語、理科など、教科を横断する問いと考えることもでき、教科横断的に子どもたちに「思考の習慣」として根付かせたい問いとして捉えることができます。

ただし、「本質的な問い」を軸に単元等を構想するにしても、それを子どもたちに押しつけるような展開にならないよう注意が必要です。「本質的な問い」（授業のゴールを示すもの）と「発問」（思考を触発する工夫）とは区別すべきです。「なぜこの人物（出来事）がこの時に？」といった「本質的な問い」を投げかけたからといって、子ども自身が問いたい問いになるとは限りません。むしろ、常にその問いを問うことが癖になるといった具合に、授業や単元のゴールとなるものが「本質的な問い」と言えます。これに対して、思考を触発するために問うのが「発問」です。刀狩等の政策を扱う授業で、「近世とは何か？」といった問いをいきなりぶつけるのではなく、「なぜ武器狩りと言わないのか？」という問いによって思考を

触発することで、教材への興味が生まれ、その先に、理解が深まっていくわけです。なお、先述のように、「発問」の本質は思考の隙をつくことであって、特に、やり方を求めがちな近年の風潮では、物事の本質をストレートに問う「本質的な問い」がそのまま思考を触発することもあります。

2.「真正の学び」による学校的な学びの問い直し

(1)「真正の学び」とは何か

　ここまで、授業づくりの不易を確認してきましたが、子どもとともにいかなる材（対象世界）をめぐって対話し、どのような学びや学力の中身を実現していくことが、今求められているのでしょうか。この問いに答えるものとして、「真正の学び」という学びのヴィジョンについて述べたいと思います。

　第4次産業革命期ともいわれる、変化の激しい現代社会において、学校と社会とのつながりを問うことが課題となっています。しかし、従来の学校の学びは、そもそも社会や生活とのつながりを十分に意識化してきたとはいえません。学校での学びの文脈があまりに不自然で、生活文脈とのつながりがみえないために、子どもたちの本来の可能性や有能性が発揮できていない状況もあります。そして、学校で学んでも生活や社会で生きて働かない学力になりがちです。

　たとえば、ドリブルやシュートの練習（ドリル）がうまいからといってバスケットの試合（ゲーム）で上手にプレイできるとは限りません。ゲームで活躍できるかどうかは、刻々と変化する試合の流れ（本物の状況）の中でチャンスをものにできるかどうかにかかっており、そうした感覚や能力は実際にゲームする中で可視化され、育てられていきます。ところが、従来の学校において、子どもたちはドリルばかりして、ゲーム（学校外や将来の生活で遭遇する本物の、あるいは本物のエッセンスを保持した活動）を知らずに学校を去ることになってはいないでしょうか。このゲー

ムに当たるものを学校で保障し、コンピテンシー（社会が求める「実力」）にもつながる生きて働く学力を形成していこうというのが、「真正の学び<ruby>真正<rt>ホンモノ</rt></ruby>（authentic learning）」の考え方なのです。

　教科外活動や総合的な学習（探究）の時間では、学校行事や自治活動や探究的な学びなど、学校外のホンモノの専門家から学んだり（from ホンモノ）、ホンモノのオーディエンスに向けて表現したり（to ホンモノ）、さらにはホンモノの当事者・実践者とともに（with ホンモノ）、自分たちも活動の責任を引き受けて協働で取り組むこともあるでしょう。できる限り真正な文脈で活動し学ぶことで、子どもたちは生活や社会の問題を自分事として認識し、背伸びする経験を通して視座を上げるとともに、自分たちの学校外の生活を豊かにしたり、未来社会を創る力につなげていったりするわけです。

　「本物」とは、教育的に（時に嘘くさく）加工される前の、現実のリアルや文化の厚みにふれることを意味します。わかっているつもりは、現実世界の複雑さから、また、できているつもりは、その文化や領域の追究の厚みからゆさぶられることで、知と学びは血が通ったものになっていくし、子どもたちの視野が広がり視座も上がっていきます。こうした「真正な学び」の核となる部分は、教科学習においても追求されるべきものです。

（2）教科学習の課題と「真正の学び」の必要性

　学校教育の強みは、現実から距離を取って「立ち止まること」、あるいは「回り道」（知識を系統的に学ぶことなどにより、日常生活を送るだけでは生じない認識の飛躍を実現する）にありますが、生活（生きること）への「もどり」がないために、学校の中でしか通用しない学びになってしまいがちです。それどころか、近年は、「立ち止まり」や「回り道」すらもできなくなっているようにも思います。そもそも文化は有能性よりも遊びに関わります。しかし、学校内外に広がる進学塾的なやり方主義の勉強

は、文化を遊ばず、味わわずに、それを筋トレや選別の道具として使ってはいないでしょうか。たとえば、美味しい料理を味わわずに、早食い大食いを強いられているうちに、それが自己目的化してしまい、味わえなくなるように。小学校の柔道の全国大会廃止が話題となりましたが、行き過ぎた勝利至上主義によって将来の伸び代をつぶしてしまう点が問題の核心です。思考の体力づくりは大事ですが、筋トレのための筋トレは、受験というゲームで勝ち抜くことに最適化された学力となり、成長の伸び代をつぶすことになりかねません。

　問題は解けても、なぜそうなるのかがわからない、難しい問題は解けても基本的な概念が理解できていない、さらには、立ち止まってなぜかということをじっくり考えることに価値を置かず、要は答えを覚えておけばよいという学習観が強まっていないでしょうか。理屈がわからなくても問題が解ければ内容を習得したと思い込み、そもそも「わかった」と感じるレベルが浅くなっていて、わからなさを引きずれず、すぐに答えややり方を求めたりと、一つひとつの内容についての学びも浅くなっている。そうして、内容がつみあがらない、応用が利かないという状況も生まれているように思います。それは受験勉強としても非効率的といえます。また、表面的にでもまずは一通りクリアして、そこからやりこむ中で深めていくような学び方をしている子どもたちもいるかもしれませんが、浅さ志向の学習観の下では、対象との出会い直しやわかり直しに向かわず、手際よくできるようになることに向かいがちです。

　大学入学までの受験勉強が「学びのピーク」になって、その後学ばなくなることは、転職が当たり前の、変化する社会においてリスクを負うことになります。社会への関心をもって学び続けることこそ、変化への一番の備えです。しかし、学ぶ意義も感じられず、教科の本質的な楽しさにも触れられないまま、多くの子どもたちが、教科やその背後にある世界や文化への興味を失い、学校学習に背を向けていっています。社会科嫌いが社会

嫌いや社会への無関心を、国語嫌いがことば嫌い、本嫌いを生み出していないでしょうか。「真正の学び」の追求は、目の前の子どもたちの有意義な学びへの要求に応えるものです。

　ただし、有意義な学びの重視は、教科における実用や応用の重視とイコールではありません。教科の知識・技能が日常生活で活きることを実感することのみならず、知的な発見や創造の面白さにふれることも、知が生み出される現場の人間臭い活動のリアルを経験するものであるなら、それは学び手の視野や世界観（生き方の幅）を広げゆさぶり豊かにするような「真正の学び」となります。よって、教科における「真正の学び」の追求は、「教科の内容を学ぶ（learn about a subject）」授業と対比される、「教科する（do a subject）」授業（知識・技能が実生活で生かされている場面での活動や、その領域の専門家が知を探究する過程を追体験し、「教科の本質」をともに「深め合う」授業）を創造することと理解すべきです。そして、「教科する」授業は、教科の本質的かつ一番おいしい部分を子どもたちにゆだね保障していくことを目指した、教科学習本来の魅力や可能性、特にこれまでの教科学習であまり光の当てられてこなかったそれ（教科内容の眼鏡としての意味、教科の本質的なプロセスの面白さ）の追求なのです。特に、まさに今変化している社会においては、世の中それ自体がワクワクする側面を持ち、子どもたちにとって意外性をもっていたり、学びへの切実感を高めたりする素材にあふれているのであって、それを教材化しない手はないでしょう。

（3）「教科する」授業とは何か

　教科学習としての質を追求するというと、この内容を押さえているか、このレベルまで到達させているかといった具合に、内容面からの議論に視野が限定されがちです。しかし、資質・能力ベースのカリキュラム改革においては、目の前の子どもたちが学校外での生活や未来社会をよりよく生

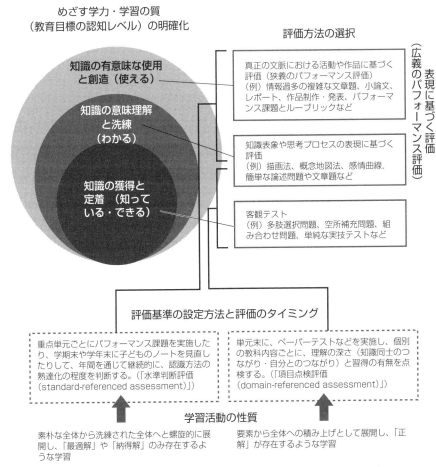

図3　学力の三層構造と評価方法との対応関係（出典：石井 2023、p.31）

きていくこととのつながりから、既存の各教科の内容や活動のあり方を見
直すことが、すなわち、「真正の学び」の保障が求められます。第3章で
も述べた学力の三層構造をふまえれば、個別の知識・技能を習得している
「知っている・できる」レベルの学力（例：三権分立の三権が何かを答え
られる）や、概念の意味を理解している「わかる」レベルの学力（例：三
権が分立している意味を図示しながら説明できる）のみならず、実生活・
実社会の文脈において知識・技能を総合的に活用できる「使える」レベル

の学力（例：提示された国の政治的課題を三権分立の観点から読み解き判断する）の育成が求められているわけです（図3）。

　教科学習の本来的意味は、それを学ぶことで身の回りの世界の見え方や世界に対する関わり方が変わることにあります。「指数関数」を学ぶことで、細菌の増殖や借金の複利計算のリスクに対して慎重になるといった具合に、「教科する」授業においては、教科内容の眼鏡としての意味を顕在化することを大事にします。また、教科の魅力は内容だけではなくプロセスにもあります。たとえば、歴史科の教師の多くは、子どもたちが、一つひとつの歴史的な出来事よりも、それらの関係や歴史の流れを理解することが大事だと考えているでしょう。しかし、授業で子どもたちは、板書されたキーワードをノートに写しても、教師が重要かつ面白いと思って説明しているキーワード間のつながりに注意を向けているとは限りません。まして、自分たちで出来事の間のつながりやストーリーを仮説的に考えたり検証したり、自分たちなりの歴史認識を構築したりしていく「歴史する（do history）」機会は保障されることはほとんどありません。

　「教科する」授業では、先述のように、教材研究の結果明らかになった知見でなく、教材研究のプロセスを子どもたちと共有することで、多くの授業で教師が奪ってしまっている各教科の一番本質的かつおいしいプロセスを、子どもたちにゆだねていくことをめざします。たとえば、教材研究の段階である数学の問題の解き方を3種類考えたとすれば、4種類目まで考えられるかどうかを子どもたちと競ってみる。教科書への掲載にあたって改作された作品について、原文との表現の違いを教材研究のときに検討したなら、子どもたちにも比較検討をさせてみるといった具合です。

　「深い学び」を実現する手がかりとして各教科の「見方・考え方」が示されていますが、それは子どもたちにゆだねている学びのプロセスが本質を外していないかどうかを判断する手がかり（教材研究の視点）と考えることができます。「見方・考え方」については、スキル化、リスト化して

教科書にちりばめ直接指導しようとする傾向もみられますが、正解（遵守すべき型）のように捉えるのではなく、一つの手がかりとして、それぞれの学校や教師がその教科を学ぶ意味について議論し、学びのプロセスに本質を見いだす目を磨いていくことが重要です。たとえば、各教科の「見方・考え方」に限らず、こう読むと確かに物語の読みや事象の見方が深まったといった具合に、学び方の類は、まず教師自身が自分の身体をくぐらせて経験してみることが重要で、自分自身にしっくりこないものを形だけ子どもに押し付けるようなことにならないよう注意が必要です。

3.「教科する」授業による学びのデザイン
（1）「教科する」授業における単元設計の方法論

「教科する」授業では、学力の三層構造を念頭に置きながら、思考する必然性を伴った「真正の学び」を軸に単元を設計し、知識、スキル、態度等の育ちを統一的に実現することを目指します。これまでの教科学習では、多くの場合、単元や授業の導入部分で具体例的に生活場面が用いられても、そこからひとたび科学的概念への抽象化（「わたり」）がなされたら、後は抽象的な教科の世界の中だけで学習が進みがちで、元の生活場面に「もどる」（知識を生活に埋め戻す）ことはまれです。さらに、単元や授業の終末部分では、問題演習など機械的で無味乾燥な学習が展開されがちです（「尻すぼみの構造」）。

これに対して、よりリアルで複合的な現実世界において科学的概念を総合する、「使える」レベルの課題を単元や学期の節目に盛りこむことは、「末広がりの構造」へと単元構成を組み替えることを意味します。単元の最初の方で単元を貫く問いや課題（例：「日本はどの国・地域と地域統合すればよいのだろうか」という問いを探究する（地理）、「自分のことでI have a dream that ____.を書いて発表する」（英語））を共有することで、学びの必然性を単元レベルで生み出すこともできるでしょう。そして、「も

どり」の機会があることによって、概念として学ばれた科学的知識は、現実を読み解く眼鏡（ものの見方・考え方）として学び直されるわけです。

　従来の日本の教科学習においては、知識を問題解決的に発見的に学ばせ、「できる」だけでなく「わかる」ことを保障する過程で、知識をつないだり構造化したりする「わかる」レベルの思考（比較・分類などの理解志向）を育てようとするものでした。これに対し、「使える」レベルの思考は、問題解決・意思決定などの応用志向です。その違いに関しては、ブルーム・タキソノミーにおいて、問題解決という場合に、「適用（application）」（特定の解法を当てはめればうまく解決できる課題）と「総合（synthesis）」（論文を書いたり、企画書をまとめたりと、これを使えばうまくいくという明確な解法のない課題に対して、手持ちの知識・技能を総動員して取り組まねばらない課題）の二つのレベルが分けられていることが示唆的です。「わかる」授業を大切にする従来の日本で、応用問題という場合は「適用」問題が主流でした。しかし、「使える」レベルの学力を育てるには、単元末や学期の節目に、「総合」問題に取り組むことが必要です。単元レベルでは「使える」レベルの「総合」問題に取り組む機会を保障しつつ、毎時間の実践では「わかる」授業を展開するわけです。

　さらに、認知的に「高次」であることは、「深い」学びであること、さらには、生き方に響くような切実性をもった「重い」学びであることを意味するわけではありません。たとえば、地元の強みを生かした新しい町おこしのアイデアを考えるような、社会参画を含んだ、一見真正で総合的な課題にただ取り組むだけでは、他人事の問題解決になりがちです。そこでは、「使える」レベルの高次の複合的な思考過程は試されるかもしれませんが、それが必ずしも子どもたちにとって真に自分事であり、世の中を見る目や生き方を肥やしていく学びになるとは限りません。自分たちの提示したアイデアに当事者目線のリアリティや説得力があるのかを吟味したりする中で、本音の部分で将来自分は地域とどのように関わるのかといった

表2 「真正の学び」を創る視点（石井 2022c、p.18）

①成長目標ベース（自立（人間的成長）への志向性）：
　本時や単元の「ねらい」の先に、目の前の子どもたちの人間的成長への「ねがい」をみすえているか？　長期的な成長の観点からプロセス寄りで教科の本質を捉え直しているか？　「ねがい」から教科の当たり前も問い直す。

②パースペクティブ変容（教養（鳥瞰的視野）への志向性）：
　子どもたちの生活世界に戻り自己のあり方を問う学びになっているか？　「知っている・できる」、「わかる」を超えた「本物」を経験する学習活動（問いや課題）を子どもたちに保障できているか？　学力を二層ではなく三層で捉えて、「使える」レベルの学力を意識して単元をデザインする。できるだけ加工する前のナマのホンモノを材とする。

③エージェンシーの育成（自治（民主的関係）への志向性）：
　子どもが教科書的な正答や教師を忖度する関係を超えて、まっすぐに教材や文化と向かい合えているか？　対象への眼差しを共有する共同注視の三角形の関係性になっているか？　教え込み（タテ関係）でも、学び合い（ヨコ関係）でもない、教師と子どもが競る関係（ナナメ関係）を構築する。

④力をつける工夫（学びの幅と密度）：
　知識の吸い上げ（一人一台端末や資料集などを並列で広げ、教科書をも資料の一つとして、それらをめくることを大事にする）、協働と個の往還（グループでみんなで充実した学びをしたのであれば、そこでの議論を整理・総合しつつ、その思考の道筋を個人で静かにたどり直して自分のものとすること）を重視する。

問いに直面し、現実の物事に対して無知や無関心であったことが自覚され、自らの立ち位置が問い直されていきます。こうした足下の具体的な現実世界（生活）と抽象的な学問世界（科学）との間のダイナミックな往復の中で、思考の深化が切実な関心事の広がりや自らの生活世界へのゆさぶりにつながることで、「使える」レベルの学習は、高次さと深さを統一し、言葉や認識に重さが伴うような「真正の学び」になっていくのです。

（2）「教科する」授業を追求することの革新性

　以上のように、「教科する」授業は、本物の活動のプロセス（その教科や分野の本質を経験する動詞）を味わう中で、活動のパーツや道具として求められる知識や能力を自ずと育てるものです（「習得→活用」の段階論にとらわれない）。そして、自己と自己をとりまく世界とのつながりを編み直し、世界への関心を広げるような、認知的に高次であるだけでなく、認識に深さや重さを伴う学びを目指すものです。またそれは、教師と子ど

もの垂直的な教え込み関係でも、子ども同士の水平的な学び合い関係でもない、教師と子どもがともに材と向かい合い、共同注視関係の下で、学び手として時には競り合うナナメの関係を構築するものです。「教科する」授業を創る視点は、表2のようにまとめることができます。①〜③の三つの視点を念頭に置いて実践を構想したり、検討したりすることで、「真正の学び」の実現を図るのが「教科する」授業という授業づくりのヴィジョンなのです。また、④の「学びの幅と密度」に関する視点を意識することで、内容の習得・定着や受験学力にも一定程度つながるでしょう。

　ここまでで述べてきたことは、良心的な教師たちにとっては、自分たちが大事にしてきた授業づくりの当たり前であると感じるかもしれません。目新しい手法を用いた学び合い、最新のICTやアプリなど、見た目にスマートな未来型な授業が耳目を集めがちですが、長い目で見たときに、それが子どもたちの人間の根っこの部分の成長をもたらすものとなるかどうか、教師自身の成長につながる契機を含んでいるかどうかが問われねばなりません。授業はイベントではなく、材を介して子どもと教師がともに学び合い時に競り合う関係性の下で営まれる文化的な生活であり、その経験やつながりの日常性ゆえに、いい意味でも悪い意味でも、じわじわと人を育てることができるのです。

　教養は、その人が何に関心を持っているのか、その幅や切実さの程度に表れるものです。子どもたちの中で、自己、および、自己と社会のつながりがゆさぶられ、切実な関心の範囲が広がり、問いが生まれるなど、授業が学び（追究）への導入となることが重要であり、授業の真の成果はそうした授業外での子どもたちの姿において確かめられるものです。若者の受け身や主体性のなさが問題視されていますが、それは、学校でも学校外でも、幼少期から、玩具は玩具として与えられ、想像力を働かせてモノを玩具化するような、見立てる活動もないといった具合に、効率的に合理化された環境下で、保護者や教師やパッケージの明示的・暗示的指示に動かさ

れ続けて来たことに起因していると考えられます。システム化に慣れた子どもたちのアンラーン（学びほぐし）において、ノイズや偶発性や割り切れなさや泥臭さを本質とする、ホンモノの活動への参画やそこでのさまざまな人との出会いは大きな意味を持ちます。

　ただ、そうした泥臭さや割り切れなさは、子どもたちにとっては、わずらわしいもの、ダサいものと受け取られるかもしれません。また、自分の当たり前や枠に収まらない異質なものとの出会いに対して、それらを低くみたり、逆に拗ねたりして、かたくなに自分の理解可能な価値観の殻に閉じこもることもあるかもしれません。社会的・経済的格差が拡大し、教育の市場化も進む中、似たような家庭環境や考え方を持つ者同士が集まり、見えている世の中の現実や風景、それによって形作られるものの考え方や価値観においても分極化が進み、相互理解が難しいほどに社会的分断が進みつつあります。そして、個々人のもともとある志向性に応じて情報やサービスを提示してくるスマートなデジタル空間で、そうした視野狭窄はさらに強化されがちです（エコーチェンバー現象）。

　「真正の学び」の追求は、現実世界への認識と関心をゆさぶる、上述の意味での「教養」につながる学びを志向することであり、子どもたちが教師と競ったり学び超えたりすることによる教室の権力関係の問い直しを志向する点で、教科の学びにおける「自治」の追求を意味します（教養と自治の統合）。「深い学び」が、当事者性が問われる「重い学び」でもあること、それが「真正の学び」の本来的な意味です（生き方に響く教科や総合での重い学びの可能性の追求）。そうした「真正の学び」は、エリート主義的で高度な思考を求める難問（高次さ）の追求ではなく、学びの意義や切実性を高め、地に足の着いた認識を形成することを追求するものであり、それはすべての子どもたち、むしろしんどい状況に置かれた子どもたちの学びを保障しようとするものです。

　たとえば、算数科の「資料の調べ方」の単元で、架空の二つの球団を示

してどちらの監督になりたいかを考える課題で、何をもとに判断するかを考える際、示された20人分のデータのうち、試合に出場するであろう10人分で平均を考えればよいとか、投げられる距離の平均値より、最頻値に注目すべきだといった具合に、必ずしも算数が得意ではないけども野球の文脈をリアルに想像できている子が、手を止めずに課題に向き合い、議論を主導するといった、普段の優劣が逆転することが起こる。あるいは、地区の夏祭りのよさをPRするパンフレットづくりのための話し合いで、ふだん授業参加もままならないA君が、「近いから知っている友達に会える」と発言し、市などのもう少し大きいお祭りとは異なる地区のお祭りの意味を鋭く指摘するような場面。なぜそれに気づいたかを周りから尋ねられた時の、「実際に行ったことがあるし、そこで感じたことをそのまま書いただけ」との一言からは、観念的に教科書に書いてありそうなそれらしいことを言うのではなく、生活経験に正直であることこそが、リアルに社会事象に迫る入口だと気づかされます。

　「足元の具体的経験や生活から学び、そこで自分の視野の狭さに気づく経験」「子どもだましでない嘘くさくないホンモノの面白さを経験しながら、ときに先達の追究の厚みに圧倒され、自らの非力を感じながら、力をつけていく経験」、こうした「真正の学び」には、挑戦や試行錯誤や失敗がつきものです。家庭や地域や社会が、教師や学校、そして子どもたちをもう少し信頼し、それぞれの挑戦を見守ることが肝要です。

　そうして子どもたちが人間として成熟するにつれて、敷かれたレールをたどる指示待ち状態も克服されてくるでしょうし、特に中学生や高校生であれば、視座の高まりや人間的成長は、認識の深化をもたらし、結果として、進路保障にもつながることでしょう。人が育つということのイメージが、短視眼的で表層的なスキル形成へと矮小化される中で、人とのつながりや場の中でじわじわと、そしてときに劇的に生じる認識の転換や人間的成長にこそ目を向けることが必要なのです。

第5章　ICT活用を公正で質の高い学びの実現につなぐ

　ここまで、コンピテンシー・ベースの改革との関係で資質・能力ベースの改革の方向性について、また、「真正の学び」との関係で「主体的・対話的で深い学び」等の目指す学びの質について検討してきました。コロナ禍によって加速したGIGAスクール構想は、ICT活用やデジタル化を大きく進めるものであり、「令和の日本型学校教育」答申は、「個別最適な学び」というキーワードで、教育DXの先の学びの姿を提起しています。ICT活用や「個別最適な学び」の追求について、課題も含めてその意味をどう捉え、ここまで述べてきたような学びの質の追求にどう生かしていけばよいのでしょうか。まず、GIGAスクール構想のゴール像、すなわち一人一台端末を配備した先のゴール像について考えてみましょう。

1. 一人一台端末が学校にとけ込んだゴールをどう描くか
（1）ICT が日常化した風景をイメージする

　一人一台端末については、教師が授業で活用する「教具」としてよりも、学習者が日常的に学びにおいて活用する「文具」として用いるべきだと言われます[19]。それは、子どもの学びと大人の仕事の風景が、シームレスにつながり、似通ってくることとして捉えることができます。すなわち、社会がICTから恩恵を受けている部分を子どもたちにも保障していくわけです。特にコロナ禍を通して、ICTは社会の中に深く埋め込まれること

---

[19] ICT「文具」論については、坂本他（2020）を参照。ICT活用を子ども主語で日常化していく上でのポイントや手立てについては、石井・河田（2022）や堀田他（2021）や高橋（2022）などを参照。

となりました。そこで生じた働き方やライフスタイルの変化に、ICT活用のあり方を考えるヒントがあります。

　たとえば、プリントアウトした書類や本なども横並びに見ながら、パソコンで情報や記事を検索したりウェブ上の動画を見たりしながら、あるいは生成系AIに尋ねてみたりしながら、知や情報を収集・分析する。オンラインで同僚や外部（国内外問わず）とつながってやりとりする。考えたことをパソコンで図表や文章や動画にまとめる。会議しながらリアルタイムで議論の内容を共同編集でまとめていく。意見を簡易なアンケートで集約しグラフで可視化する。活動やプレゼンの様子を動画で残して振り返ったり、自主学習や身体運動について、自動的に蓄積されるデータをもとに進捗状況をグラフで可視化しモニターしたりする。これらは、一部のビジネスマンのみならず、多くの人がスマホ等でやっていることです。

　そもそも、ウェブで情報を調べる、動画を見る、オンラインで人とつながるといったことは、大人たちのみならず多くの子どもたちの日常生活でも当たり前になっています。しかし、学校においては厳しい情報セキュリティポリシーの制約もあって、自由な情報検索すらままならないという状況も見られます。また、脆弱なデジタル環境など、教師向けのデジタル環境の整備や仕事におけるICTの埋め込みが遅れていることもICT活用の障壁になっています。教師たち自身の仕事や研修に当たり前のようにICTを使っていくこと、そこからICT活用のイメージや恩恵や危うさについての等身大の認識を形成していくことは重要です。学校の外部の社会において急速に広がるICTがとけ込んだ生活様式との連続性を担保することが、まずは目指されねばなりません。

(2)「ICT活用」論の落とし穴
　学校でのICT活用という場合、教育用に特化して作られたさまざまなアプリが導入されたりもして、特定の端末や教育用アプリの存在を前提に

してそれに合わせた授業の提案も見られます。「○○（特定の端末やアプリ）を生かす授業」という研究テーマを掲げている実践も目にします。しかし、それは学校の特殊ルールを新たに作ることになりかねません。見据えるべきは、大人のICT環境であって、アプリの活用については、大学生や大人も使っている汎用性のあるものかという点を問うことが重要です。そうした点を意識しながら、大学生や大人も使っているツールに至る過渡的なものとして教育用アプリを使い、補助数字や補助線的なそれに依存することなくそこから卒業させていくことが重要です。

　さらに言えば、文具としてのICTは、お箸や鉛筆や眼鏡のようなものです。身体が拡張された状態に至り、無意識化、透明化されることがゴールです。目新しく高機能な、いわば「スーパーお箸」や「スーパー鉛筆」のようなものの使い方に習熟したとしても、肝心の食事の作法や学びへの向かい方がおろそかになっては意味がありません。

　そもそも教育においては、教材や活動を通して何を学び取らせたいのかという目標（ゴール）がおろそかになりがちです。たとえば、文学作品の読み方（教科内容）を学ぶために「ごんぎつね」（教材）を用いるのですが、「ごんぎつね」の解釈に閉じた授業になりがちです。さらに、教材への解釈を深めるための活動やツールとして、ICT（文具）を使ってベン図で情報を整理したり共同編集したりするのですが、それが教材への解釈を深めることより、ICTやアプリの巧みな使用に子どもたちや教師の意識が閉じてしまうこともしばしばあります。

　現時点でICTはまだ透明化されていないし、目新しさでもってその存在感をアピールしがちなため、二重の媒介性（「××というツールを使うことを通して△△という活動をスムーズに展開することを通して○○という目標を実現する」）が邪魔をして、最終的な目標を見失いがちです。「教育におけるICT活用」という言葉が注目を浴びていますが、「教育におけるICT活用」という言葉が存在感を失うほどに、それが透明化し日常化

することがゴールなのです。

　一人一台端末によって授業中の活動のバリエーションは大きく広がりましたし、その活用が子どもに学びを委ねるきっかけになっていることもあります。しかし、そこに学びがあるのかを見極める教師の目が重要です。先述の「教科する」授業は、動詞に注目して子どもたちがホンモノのプロセスを経験しているかを問うものであり、学びの質は「動詞」に注目すると見えてきます。たとえば、「スライドを作成する」という活動を行っている時、果たして子どもたちは「調べる」という動詞を経験しているでしょうか。情報を検索して貼り付けているだけの「集める」になっていないでしょうか。集めた情報をある視点から整理・分析して初めて調べたことになります。さらに、そこから自分事に引き寄せて考察して自分の意見や主張を述べたり、新たな問いが生まれてきたりしているなら、それは「調べる」を超えて、「深める」ことになっていると言えるでしょう。

（3）ICT による「学びの空間」の拡張

　オンライン学習をはじめとする ICT 環境の整備は、非常時の備えや一つの手法としてではなく、本質的には、「授業」と「自学」の間の「遠隔学習支援機能」の増設問題として捉えるべきものです。それは、対面とオンラインの「多層的な教室」を前提とした授業や学校生活と表現することができます。教室での対面のコミュニケーション（一つ目の教室）が難しくなっても、Zoom 等を使えば顔も見ながら同時双方向でやり取りできます（二つ目の教室）。さらに、それが落ちてしまったとしても、学校ホームページや Google Classroom などのオンライン上のプラットフォーム（三つ目の教室）があれば、課題のやり取りを通して、文通的、通信添削的なやり取りで学びを支援できるし、共同編集機能を使えば、顔は見えないけれど、リアルタイムで他の子どもたちとつながりながら一緒に学んでいる感覚を一定程度持つこともできます。教室でクラウドにアクセスして、解

答を一覧で見ながら、互いにコメントを入力したり、解答を入力した子ど
もに対面でさらに突っ込んで聞いてみたりといった風景はしばしば目にし
ますが、それは対面で Zoom をつないでいるようなもので、対面とデジタ
ル空間上の多層的な教室を往還しながら授業が展開されているわけです。

　こうして、「二つ、あるいは三つの教室」ともいうべき多層的な教室空
間が生まれることは、災害も多い日本において、災害時も学びや生活を保
障し続けることができたり、入院中の子どもたちに授業を届けたりと、こ
れまで救えなかった子どもたちを救える学校への道を開くでしょう。また、
学校という場におけるフレックスな学習の時間（習熟度で分けていた部分
などで、ドリル的な勉強は授業というよりも寺子屋的・自習室的にやれる）、
家庭における支援付き自学（オンラインで仲間や学校や社会とつながりな
がら自由研究や宿題に取り組む）というオプションを想定すると、子ども
たちの自律的で協働的な学びの時間を拡大する手立ても考えられるでしょう。

　単元や授業が終わっても、オンラインの教室があれば、さらに追究を続
けたい子どもたちでグループを立ち上げて学び続けていくことができます。
そして、たとえば、学校としての共通テーマによる授業研究で教師同士が
協働的に学び合うのとは別に、教師一人ひとりが各人の個人テーマを継続
的に追究するように、みんなで学ぶ授業の場（協働的対面授業空間）とは
別に、子どもたち各人がクラウド上で自由に追究を進めていくような複線
型の学び（複線的デジタル学習空間）が並行して展開し、両者を往還させ
るような学びのデザインも考えられるでしょう。たとえば、国語の授業で、
作品のポイントとなる場面を対面でみんなで読み深めていくのと並行して、
クラウド上の学習空間で、自分なりに引っかかった部分を調べたり、浮か
んだ問いを追究したりする活動を、各自で自習的に、時にクラスメートと
共有したりしながら進め、学習履歴を蓄積していき、時折それを対面の授
業空間で、マイプラン学習（単元内自由進度学習）的に展開したり、全体
で課題を共有してみんなで追究したりするといった具合です。

また、オンラインの教室は、学校外のSNS上の私的なやり取りの場を、もっとパブリックな形にしたものと考えることもできます。すでに子どもたちの多くはネットとつながっています。時にモラルを欠いて傷つけあうことにもなってしまうネット上での私的なコミュニケーションのあり方を、よりパブリックで成熟したものへと組み替えるための練習の場と考える視点も必要でしょう。クラウドを活用して、端末の先の膨大なデータやつながりにアクセスすることは、アカウントをもって自分のデータを管理する主体（デジタル市民）となる第一歩であるし、教師を学び超えていく可能性を広げることになります（坂本他 2020）。一方で、切れすぎる刃物のように、保護膜なくウェブ上の社会に直接さらされるリスクも考えておかねばなりません。

　こうしたリスクに対して、教師が先回りして管理・保護しようとするのは有効ではありません。低学年の道具箱の使い方の指導、学級づくりなどにも通じる、「自治」の指導（つながりや道具を自ら治めること）が重要であって、教師による指導的な管理を学習者による自己管理・自治へと発展的に解消させるような足場かけがポイントとなります。そして、PCは、日常的には机の上で左上か右上の端を占める程度で、PC以外の文具がおろそかにならないよう注意が必要です。PCが机の真ん中に来る頻度は学校階梯や教科・領域等によって異なるのであって、状況に応じて子どもたちが自ら文具をスイッチできることが大事です。

（4）「多層的な教室」の先の学校像の分岐点

　常時端末にアクセスし、オンライン上で子どもたちが学びを展開していけばしていくほど、学習データが蓄積され、オンライン上の教室である「学びのプラットフォーム」の存在感は増していくでしょう。そうすると、今は学校に集う対面授業が主でオンライン上のプラットフォームを介した学習支援は従であったものが、逆転するかもしれません。学校に限らず学校

外も含めて、その子がこれまで何をどこまで学んできたのかがデータとして蓄積され、それに応じて個別最適な学習のプログラムや学習機関が提案され、対面でなくてもオンラインでもそれを受講して学びの成果が確認されれば修得したとみなされる。学校にみんなで集わなくても、オンライン上のプラットフォームを足場に、自分で学ぶ内容や場やネットワークを選んでいく、バーチャルな学び舎の姿です。

　現在の「学校」という学び舎には、さまざまな慣習やしがらみも多いので、いっそオンライン上の学び舎にお引っ越ししてしまえば、ゼロベースで見直しやすくなる。そのように考えることもできるかもしれません。しかし、たとえば、子どもたちの学びにオンラインの教室がとけ込んでいても、リモートとなると、対面では存在している周りからの刺激や支援は弱くなります。そこを自分一人で取り組んだり、あるいは小学生などなら保護者等が支援するということになると、子どもたちのさまざまな困難が個人化され可視化されにくくなることにも注意が必要です。高校生や大学生などであっても、学びの持続や質という面で、対面で集うことの意味は軽視できません。

　さらに、第1章で述べたように、各人が学びの内容や場を選ぶということは、特にそれが早期化されると、家庭環境（選択における親の意識や情報量の違いなど）による格差拡大（ペアレントクラシー）や、似た者同士が集まることによる社会的な分断、そして、視野狭窄や公共性の衰退を招くリスクもあります。そうした「脱学校」的な学び舎の姿を公教育の標準とすべきかどうか。第1章で検討した「政策パッケージ」の提起する包括的な教育・福祉保障の枠組みなども批判的に参照しつつ、すべての子どもたちに公正で質の高い学びを保障していく上で、対面で集う教室とオンライン上の「学びのプラットフォーム」とのベストミックスはどのように構想すればよいのか。こうした学校像や公教育の形の分岐点に関わる議論が必要です。

２．デジタル技術を飼いならす視点

（１）ICT で学びの質を追求するために

　ここで、教育や学習の中に効果的に新しいテクノロジーを溶け込ませていくために、テクノロジーをうまく使いこなしていく上でふまえておくべきポイントをまとめてみましょう。

表1　学力・学習の質的レベルに対応した課題例、および適合的な教具とメディアの使用法
（出典：石井 2020b、p.60）

	教具とメディアの使用法	国語	社会	数学	理科	英語
「知っている・できる」レベル	問題集とドリルプリント AIによる個別最適化学習のためのタブレット	漢字を読み書きする。 文章中の指示語の指す内容を答える。	歴史上の人名や出来事を答える。 地形図を読み取る。	図形の名称を答える。 計算問題を解く。	酸素、二酸化炭素などの化学記号を答える。 計器の目盛りを読む。	単語を読み書きする。 文法事項を覚える。 定型的なやり取りをする。
「わかる」レベル	教科書、黒板とノート、ホワイトボードとワークシート 電子化された教材パッケージ、電子黒板、ノートやホワイトボードやワークシートとしてのタブレット	論説文の段落同士の関係や主題を読み取る。 物語文の登場人物の心情をテクストの記述から想像する。	扇状地に果樹園が多い理由を説明する。 もし立法、行政、司法の三権が分立していなければ、どのような問題が起こるか予想する。	平行四辺形、台形、ひし形などの相互関係を図示する。 三平方の定理の適用題を解き、その解き方を説明する。	燃えているろうそくを集気びんの中に入れると炎がどうなるか予想し、そこで起こっている変化を絵で説明する。	教科書の本文で書かれている内容を把握し訳す。 設定された場面で、定型的な表現などを使って簡単な会話をする。
「使える」レベル	史・資料、ホンモノの物や人や文献 情報収集・分析・表現やコミュニケーションのツールとしてのタブレット	特定の問題についての意見の異なる文章を読み比べ、それらをふまえながら自分の考えを論文にまとめる。そして、それをグループで相互に検討し合う。	歴史上の出来事について、その経緯とさまざまな立場の声を紹介し、その意味を論評する歴史新聞を作成する。ハンバーガー店の店長になったつもりで、駅前のどこに出店すべきかを考えて、企画書にまとめる。	ある年の年末ジャンボ宝くじの当せん金と、1千万本当たりの当せん本数をもとに、この宝くじの当せん金の期待値を求める。 教科書の問題の条件をいろいろと変えて発展的に問題をつくり、追究の過程と結果を数学新聞にまとめる。	クラスでバーベキューをするのに一斗缶をコンロにして火を起こそうとしているが、うまく燃え続けない。その理由を考えて、燃え続けるためにどうすればよいかを提案する。	まとまった英文を読んでポイントをつかみ、それに関する意見を英語で書いたり、クラスメートとディスカッションしたりする。 外国映画の一幕をグループで分担して演じ、発表会を行う。

※機器やソフトではなく機能で考える。同じ機能が果たせるのであれば、より原初的な教具に戻して考えてみる。

　まず、Web授業や個別最適化された学習アプリといった最新のテクノロジーで表面的に新しく見せて、旧式の学習観に基づく教育（大人数の一斉授業、行動主義的で個人主義的で機械的なドリル学習）を展開することになっていないでしょうか。ペダゴジー・ファースト、テクノロジー・セカンド（pedagogy first, technology second）をこそ実現すべきです（白水2020）。ハイテクなものが学びの質を高めるとは限らず、むしろローテクなものや、ほどよいハイテク感が子どもにマッチしたりします。

　新しいテクノロジーの選択と活用を考える際、それがこれまでの授業のどのような機能を代替するものなのか考えてみるとよいでしょう。たとえば、教室での授業において、電子黒板は黒板の、タブレットはグループの真ん中において対話と思考の広場となるワークシートやホワイトボード、あるいは、自習用のドリルの機能を代替していることがわかります。表1のように、先述の学力の三層構造を念頭に置いて考えてみると、より学習者主体の授業を創る上では、タブレット等の個人端末を、個別化された演習用ドリルよりも、対話と協働を促すホワイトボード等の代替物として生かしていくとよいことが見えてきます。演習用のドリル代わりに使うのであれば、「知っている・できる」レベルの学力に止まりますが、ホンモノの他者や資料や場とつながり、対話、分析のツールとして用いるのであれば、「真正の学び」と「使える」レベルの学力の形成に寄与しうるでしょう。

　あるいは、それぞれのアプリについて、それを使って可能になる「動詞」で考えてみると、要はこのアプリは別のメーカーのあれと同じ機能を果たしているのだということにも気づきやすくなり、他のアプリにも応用が利くようになるでしょう。たとえば、「全体にわかりやすく説明する」ために、大きく映す、画像・動画で見せる、課題や資料を共有する、「自分で探究し創る」ために、調べる、計算・分析・加工する、まとめる、「自分で練習する」ために、写真・動画をうつす・のこす・みなおす、ドリルなどを解く・点検する・進める、「学び合い協働する」ために、一覧で共有する、

コメントしあう、共同編集する、回答を集約する、チャットする、テレビ電話でコミュニケーションする、そして、「学びの履歴を可視化・蓄積・分析・評価する」ために、小テストする、アンケートする、ポートフォリオに整理する、といった具合です。

　システムがダウンして右往左往するようなこともないように、同じ機能が果たせるのであれば、より原初的な教具を使えばよいという発想を持ちながら、タブレットなどの新しいメディアだからこそできることに注目し、それらを有効に活用していくことが肝要です。

（2）新しいテクノロジーの活用理念を吟味する

　このように機能に注目して考えてみると、ICT 活用による教育のデジタル化と言ってもその内実はさまざまであることがわかります。デジタル化は、サイバー空間（仮想空間）を拡大させ、生活や仕事をスマート化し、情報やコミュニケーションのボーダーレス化、世界のフラット化をもたらしています。ICT 活用という場合、ペーパーレス化、テレワーク化といったように、業務のスマート化がまずは思い浮かぶでしょう（効率化）。そもそも一般的に技術は、快適さや便利さを追求する人々の欲求を原動力として発展するものです。しかし、フラット化を生かして、新たな出会いやつながりを創造したり、デジタル化が生み出す膨大な情報やデータを解析したりするツールとして用いるのであれば、ICT 活用は、これまでとは質の異なる豊かな学びを実現させる可能性があります（質の追求）。さらに、その能力増強の側面を生かして多様なハンディキャップに対応しそれを補ったり、遠隔地の学校などにオンライン授業を提供したりと、今まで手の届かなかった子どもたちに手を差し伸べることもできるし、非常時の備えとしてのインフラ的性格もあります（機会の拡大）。

　ICT 活用が未来の理想像や万能薬のように捉えられる論調もありますが、何ができて何ができないのか、その恩恵とリスクをふまえた活用が肝

要です。書類仕事や会議のスマート化（効率化）は働き方改革に寄与しうるし、コロナ禍の中で、オンライン環境の生活面や学習面でのセーフティーネット的な意味も見えてきています（機会の拡大）。その一方で、教師の本業部分の学びの質の追求という点でのICT活用については、テクノロジー先行の観もあります。

　AIやICTの教育への活用という場合、学習方法の合理化・効率化に矮小化されがちです。たとえば、知識習得を、自習ベースの自由進度型ドリル学習に矮小化し、また、探究的な学びを、ロールプレイングゲーム的なシミュレーションにパッケージ化する傾向が危惧されます。食品の宅配のように、学校の果たしてきた機能を切り分けてパッケージ化して、学校に限らずさまざまな主体が、それぞれの家庭に「小さな学校」を届けるという発想を持つことは、学校の機能を見直す一つの切り口かもしれませんし、見た目もスマートで目新しく感じるかもしれません。しかし、機能性を高めていくということは、目的を明確にして、それに特化する形で、内容や経験や活動を合理化することになるので、知らないうちにパッケージ化しやすいものに中身が矮小化されてしまったり、機能性と引き換えに大事な部分がそぎ落とされたりする可能性を考慮しておかねばなりません。

　こうして、新しいテクノロジーを使っても、既存の内容や活動をいかに便利に効率的に遂行するかという方向で革新性を追求しがちで、活動の中身をよりダイナミックで豊かにするような方向性が十分に追求されているとは必ずしも言えません。その結果、一見きらびやかなテクノロジーの活用の裏で、最新のテクノロジーの応用のしやすさが優先され、教育の中身自体は機械化・貧困化していく事態も危惧されます。さらには、スマホに子守をさせるように、個人端末のアプリのゲーム性に依存するようになると、中毒性が主体性と誤認されてしまう事態も危惧されます。

　仕事や作業の効率を上げるための便利さやスマートさを追求することもさることながら、教育的価値を高める上では、ホンモノの世界や研究や活

動のように、より複合的で、割り切れなさやノイズを含んだ学習や活動にアクセスする機会を拡大する方向性でも実装がなされる必要があります。PCで瞬時に計算したり情報を集約したりグラフ化したりできることで、扱える数値や計算の複雑性の幅は広がり、感染者数のシミュレーションなど、数学的に定式化されていないノイズを含んだ現実世界の問題をもっと扱いやすくなります。また、振り子の周期に関する実験などでも、手計算や手書きをせずに、計測・データ入力からグラフ化が瞬時でなされるだけでなく、異なる条件を複数のグループで分担して行った実験結果を集約できたりすることで、より複合的なデータをもとに、本格的な分析・考察を自分たちで行えるようになるでしょう。こうして、問題演習の効率化のみならず、むしろ問題や活動の複雑化・リアル化を大事にするわけです。教科の専門性とテクノロジーとを結びつけた教材開発が期待されます。

　ただし、ICT活用による能力拡張は活動の生産性を高めますが、それ自体で個人の能力発達（力がついたり成長したりすること）を保障するものではない点に注意が必要です。みんなでバンド演奏をしたいという発達障害を持った子どものねがいは、これまではかなりの練習の先にしか実現できませんでしたが、PCをギター代わりにすることで技能面のハードルが下がり（能力拡張）、しかもギターをかたどったケースにPCを入れることで様にもなります。その際、舞台でホンモノ経験をしたりと活動の幅が広がった先に、技能練習以上の新たな学びの機会が生まれること、能力発達や成長の機会のレイヤーを上げていくことが重要なのです。

　また、パッケージ化されたプロジェクトをプレイするのではなく、たとえば、コロナ禍において、大人たちのコロナへの対応やそれをめぐる議論にICTを通してアクセスし、さらには子どもの目線から自分たちの現状や意見を発信したりすることもあったように、フラットに実際の社会の諸活動や議論、実際の人々（実践共同体）とつながっていくことで、現実を変えていく最前線の活動に参加することも可能になるでしょう。科学的リ

サーチやプログラムのデザインといった、学びの STEAM 化で強調され
がちな、産業界のニーズに合うパッケージ化しやすい活動のみならず、そ
れ以上に、自分たちの地域などで行われている市民的、社会的な活動とつ
ながり、つながりの先に生身の人間やリアルな社会との関わりがもたらす
煩わしさや割り切れなさをも経験することを通して、地に足の着いた認識
や切実な関心や視座の高さが育っていくのです。

　世の中自体が DX の影響を受けている現在、現実世界の真正の活動の多
くには、最新のテクノロジーやメディアの活用も自然な形で組み込まれて
いるものです。たとえば、都市計画においても、仮想空間（デジタルツイン）
上でのシミュレーションによって人の動きなどを予測したり、オンライン
上の対話空間を組織して市民の声を政策に反映させたりすることはしばし
ばなされますし、AI による農薬散布量や出荷量の最適化、作業の自動化
といったスマート農業の動きも広がっています。スポーツや運動もデータ
利活用が盛んです。情報技術に関する知識や情報技術活用の技能だけでな
く、問題解決や価値創造といったより有意味で真正な文脈での、いわば社
会実装のシミュレーションのような体験（創りたいものや実現したいもの
を持つこと、そして、先端技術を使うとそれが部分的にでも解決できると
いう経験）が重要です。初等・中等教育段階から、先端技術がとけ込んだ
社会のリアルなイメージを持てるよう、そうした世界観の実装という観点
から、「総合的な学習（探究）の時間」はもちろん、各教科の内容や学び
のあり方を考えていくことも必要です。

　電子黒板、タブレットといった機械が教師の指導や子どもの学習をどう
スマートに便利にできるのかということ以上に、デジタルメディアが世界
や社会や仕事や生活のあり様、さらには人々の発想にもたらしている革命
的な変化のリアル（可能性とリスクの両面）をどう子どもたちに経験・実
感させるか。まさに学校の学習の真正性の追求という観点から考えること
で、テクノロジーの活用は、効率性、個別性、私事性と結びついた教育の

機械化ではなく、学校の学習の文化性、共同性、公共性の再構築へのきっかけとして生かすこともできるでしょう。子どもたちはICTに触れていないわけでなく、スマホをはじめ、むしろ生活環境はICTに囲まれています。しかし、その多くはゲームや動画やSNSなど、時間浪費的であったり、承認欲求を過熱させるようなものであったりして、視野や世界認識の広がりにはつながりにくい傾向にあります。こうした消費社会的でプライベートなデジタル環境ではなく、職業人や専門家や成熟した市民がアクセスしているような、子どもたちの日常生活ではふれる機会の少ない、知的で文化的でパブリックなデジタル環境をこそ学校において保障し、デジタルメディアとのより成熟した付き合い方を学ぶことが大切なのです。

（3）デジタルメディアの弱点も自覚する

　紙媒体と電子媒体との違いを考えるとわかりやすいですが、デジタルメディアは物理的な場所を取らないし、作成・編集や保存・複製・共有も容易であったりと、生産性拡大といった点で、日々の生活や仕事における恩恵は大きなものがあります。他方、学習や認識形成の道具としては、以下のような弱点も持っており、逆に、伝統的なアナログメディアにも強みがあります。

　まず、デジタルメディアは、ディスプレイの制約があるために、複数の資料を横に並べて検討しにくく、学習者が求めるもの以外の情報が目に入らないといった、一覧性と俯瞰性において弱点を持っています（新井 2012）。これに対して、板書は、時系列で提示される情報を上に重ねるのでなく横に展開させることができるので、一時間の授業の流れを可視化し続けることができます。また、資料や情報を検索する場合も、インターネットによるキーワード検索だけでなく、直に図書館の本棚や資料を眺めることで、自分の想定していた枠に収まらない気づきを得ることもできます。

　デジタルメディアは、認識の深化を情報のネットワークの構築としての

み遂行しがちです。デジタル教材やスライドで視覚的にわかりやすくかつテンポよく、プレゼンのように情報提示されて、理解したつもりでいても、学習者の頭の中に内容が残っているとは限らないし、むしろ一つひとつのスライドの内容をつないでまとめるよう求められても、点が線や面でつながらず、論理を構築することは難しいかもしれません。また、ウェブ上であらゆる知識は情報としてフラット化されているため、ハイパーリンクのように、情報のつぎはぎでネットワーク的に広く調べることはできていたとしても、本質的な知識を軸に、情報間の関係を階層化・系列化・構造化し、認識を深めることにつながるとは限りません。理解するということは情報間のネットワークの構築や情報処理に解消されるものではありません。情報を統括する重要概念を見極め、情報処理に止まらない、自己の体験や思いと結びつき、物事の意味や自らの思想の軸を形成するような、認識の情動的側面や身体性や切実性への視点を忘れてはなりません[20]。

　これに対して、聴くだけでも理解可能なように語ることは論理を伴います。ノートに何を取らせるかを意識しながら板書しノートにまとめさせること、そして、話しながら板書することで生まれる適度な間は、学習者に内容を残す上で有効性を持つでしょう。パワーポイントは子どもの反応を見てその場で内容や順序を変えることは難しいですが、板書は消して書き直すことができます。さらに、まとまった文章を作成するのにはタイピングでの文書作成は適していますし編集・推敲もやりやすいですが、フォーマットに制約されず自由に頭に浮かんだイメージや絵などを描いてみたり、聞き書きをしたりメモしたりするときなどは手描きの方が小回りが利くこともあるでしょう。PC上で付箋を動かしたり、思考ツールのテンプレー

---

[20] 今井・秋田（2023）では、ビッグデータの中で記号から記号へと漂流し続けることで、何事かを学習し知っているかのように見せるAIに対して、人間の学習においては、身体的な感覚や経験に根差した言葉や記号の意味の理解（記号接地）や、想像力による知識の拡張（アブダクション推論）が重要であることが詳述されている。

トのようなもので整理したりすることもしばしばなされますが、さまざまな情報をただ動かしているだけで、思考が空転している可能性もあります。いかに情報が膨大になっても、人間の処理能力や思考のスピード自体が速くなるわけではありません。紙媒体で読むこと書くことが学びの深さや定着と関係していることを指摘する研究成果もありますが[21]、デジタルメディアに依存しすぎると、むしろ考えているつもりわかったつもりになって学びが浅くなり、残るものも少ないかもしれません。

　ペンで紙を押し付ける手ごたえを感じ、書き出される字を目で追い、書いている音が耳に入ったりと、さまざまな感覚を活性化させつつ文字をつづる「書字」の意味も改めて問われています。手が不自由であったり、手書きが苦手であったりと、「書字」へのハードルの高さを抱える子どもたちにとって、デジタルメディアの活用は学びの可能性を広げるものです。他方で、文字を読み書く力は自然には発達しないという点や、そもそも学びは身体性を離れては成立しないという点などをふまえると、紙と鉛筆で物理的に書くという経験の認識発達上の意味に目を向けることも必要です（ウルフ 2020；大塚 2023）。

　文字の読み書きや計算（リテラシー）は単なる道具的なものではなく、それ自体が認識の概括であり、思考や感覚を統合的に働かせる複雑な営みだとされます（柴田 2003）。また、書き言葉の発達においては、対人間コミュニケーションや話し言葉を通した言葉の力の充実がその基盤を形成するように、デジタルメディアが発達しても、むしろだからこそ「書字」が重要になるかもしれません。歴史的に「新教育」と言われた経験主義の教育は、都市化や書字文化の進行の中で、身体に近い次元での体験・経験の教育的

---

[21] 柴田・大村（2018）、バトラー後藤（2021）を参照。両者ともに、紙での読み書きや学びとデジタルのそれとの違いに関する実証的研究の知見が整理されており、デジタル・テクノロジーの活用の意義と課題が示されている。

意味を提起する側面を持っていたように、デジタル化が進む中で、深く体系的に思考し認識する力を育てる上で、時には意識的に書字文化で踏み止まることも必要でしょう。そもそも電力頼み、Wi−Fi環境頼みで、それがないと何もできないということにならないよう、いざとなればアナログにもスイッチできることは重要です。

　さらに、タブレットやスマホなどの端末は、弱点に止まらず、ブルーライトによる目へのダメージなど健康上のリスク、個人端末に依存する中毒性のリスクもあります（川島 2023）。マルチな機能をもち、かつネットを通して新たな情報に無制限につながってしまうことで、スマホいじりやネット依存などの中毒性を持ちやすいと言えます。そもそもスマホのアプリは、長く持続的にそれにアクセスさせることを重視して開発されがちです。これまでも授業中の内職、あるいは家でゲームばかりするということはありましたが、近年のタブレットやスマホは、際限なく子どもたちの時間を奪ってしまうリスクがあります。また、人とつながるのにメディアを通すようになることで学習の孤立化を進めかねないし、ディスプレイだけを見てすぐ隣のクラスメート（生身の人間）から学ぶことをしなくなるかもしれません。生活の中にとけ込んだデジタルメディアから意識的に目を離したり、時にはブロックして、自分の時間を有効に使ったり、フィジカル空間での対人関係や経験を充実させたりすることも重要です。

（4）第三次 AI ブームの特性からテクノロジー活用の方向性を見極める

　教師がコンピュータで教えることに止まらず、コンピュータが教える、あるいは、コンピュータが学習を方向付ける「AI 先生」の可能性も、特に生成系 AI の普及によってリアリティを帯びてきています。これに対し、デジタルメディアの光と影を認識した上で、図1に示したように、子どもたちがコンピュータで学び合う、あるいは、子どもとコンピュータが学び合うような、より人間的で真に子ども主語なデジタルメディアとの付き合

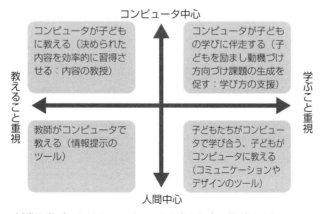

図1　授業と学びにおけるコンピュータの生かし方の類型（石井 2020c、p.223）

表2　人工知能（AI）の歴史（出典：総務省 2016、p.15）

	人工知能の置かれた状況	主な技術等	人工知能に関する出来事
1950 年代			チューリングテストの提唱（1950 年）
1960 年代	第一次人工知能ブーム（探索と推論）	・探索、推論 ・自然言語処理 ・ニューラルネットワーク ・遺伝的アルゴリズム	ダートマス会議にて「人工知能」という言葉が登場（1956 年） ニューラルネットワークのパーセプトロン開発（1958 年） 人工対話システム ELIZA 開発（1964 年）
1970 年代	冬の時代	・エキスパートシステム ・機械学習	初のエキスパートシステム MYCIN 開発（1972 年） MYCINの知識表現と推論を一般化した EMYCIN開発（1979年）
1980 年代	第二次人工知能ブーム（知識表現）	・知識ベース ・音声認識	第五世代コンピュータプロジェクト（1982 ～ 92 年） 知識記述のサイクプロジェクト開始（1984 年）
1990 年代	冬の時代	・データマイニング ・オントロジー ・統計的自然言語処理	誤差逆伝播法の発表（1986 年）
2000 年代	第三次人工知能ブーム（機械学習）	・ディープラーニング	ディープラーニングの提唱（2006 年）
2010 年代			ディープラーニング技術を画像認識コンテストに適用（2012 年）

い方を模索することが重要でしょう。表2に示したように、現在展開しているのは「第三次 AI ブーム」であって、それが生み出している新しいテクノロジーの活用を考える際には、その道具の特性をつかんでおくことが必要です。

第三次 AI ブームの特性

近年、人間を超えうる AI の出現が現実味をもって語られるのは、機械学習技術の進歩、特にディープラーニング[22]（深層学習）のブレークスルーと、それを支えるコンピュータの計算機能の向上に、インターネット等を通じて共有されつつあった大規模データが結びつき、画像処理や自然言語処理を中心に大きなインパクトを与えているからです。そして、人間らしくやり取りできる生成系 AI の出現は、人間以上の知性や創作能力を感じさせるものとなっています。

それは、従来のように、記号処理的 AI 中心で、専門家の知識やルールを数式などで表現（プログラム化）し、決まったアルゴリズムに従って毎回同じ手順で実行するのではなく、パターン処理的 AI 中心で、手順を微調整しながら大量のデータに潜む統計的パターンを見つけて予測するものです。さらには、分類の視点（特徴量）をも自動抽出し、コンピュータが自ら知識（のようなもの）を学習するものです。それは人間の脳では到底こなすことのできない無数の試行錯誤の末に、おおよそこういう場合はこう行動したり、こう識別したりしがちであるというパターンを見いだす、いわば究極の経験学習です。

たとえば、画像認識や音声認識という点で、病気の診断や建造物の異常の検出などにおいて、専門家のみが気づくような微妙な差の直観的な識別（暗黙知）を再現できたりします。また、生成系 AI は、たとえば、「『たらちねの』とあれば次にどんな言葉が来るか？」といった具合に、膨大なネット検索行動からよくある回答を示し、さらに、「いいね」的に、回答が納得いくものであったかという人間からのフィードバックを無数に蓄積

---

[22] ディープラーニングとは、コンピュータ上で神経回路を模して作られたシステムである「ニューラルネットワーク」を何層にも重ねる（深くする）ことで作られた機械学習のシステムである。（松尾2015 などを参照）

して、多くの人にとって心地よくもっともらしい回答提示を追求するものです。ただし、それは人間のように学習や思考を行っているわけではなく、独自の知性らしきものと捉えた方がよいものであって、パターンの再現はできても、なぜそうなるのかの意味やメカニズムが明確になっているわけではありません。生成系 AI も中身や真偽を理解して回答しているわけではないので、その点で、人間の解釈や推論や判断は不可欠です。

　ビッグ・データと高い計算機能がもたらす、個々のニーズとサービスのマッチングの最適化、そして、識別系 AI については、究極の経験学習による暗黙知の再現というパターン処理的診断能力、生成系 AI については、明確に定義されたタスクにおける作成・発案・創発能力、これらが近年の AI の強みです。AI の恩恵を最大限に生かすのは、形式が整ったデータを収集しやすく、かつ自動的にデータが蓄積されていくという、ビッグ・データを生かしつつそれを生み出すシステムであって、人間の分析・診断行為を代替するものや、閲覧者の好みに合わせて情報を提示してくる、オンラインショッピングやネット広告のように、関連するもの同士の効率的なマッチングにおいて AI は強みがあります。よって、学びの個別最適化に注目が集まるのは自然なことです。ただし、それが「教える」営みをまるごと代替するものではない点には注意が必要です。

　まず、学習アプリの「AI 先生」は、正確に言えば教えてはいません。それは、個別の問題を解ける／解けないという点について、解答パターンに応じたマッチングと課題提示による学習支援を行うものです。相手にわかるように伝えたり、教えたりするためには、提示する内容の組み立てもさることながら、相手に応じて内容やその提示の仕方を細やかに調整する必要があります。人間に固有な「教える」という行為の核心は[23]、できた、わかったという学びの責任を学習者任せにしない応答性と双方向性です。これに対して、とにかく一斉に注入的に教え込むことも、逆に、学習者に適した課題をただ提示することも、そうした意味での応答性や双方向性は

希薄です。

　学年等を超えて遡って学べる AI 型ドリルは、ざっくりと学習上の穴となる項目を発見しつぶしていくという点では有効ですが、例えば計算等でつまずいている子は、そもそも数のイメージや計算の手順の意味理解でつまずいていることも多く、それは AI 型ドリルではフォローは困難です（西岡他 2022）。その子に寄り添いながら、その子に届く言葉や働きかけを状況に応じて行うこと、学び合いを組織すること、そうした応答性と双方向性なくして、本当にしんどい子のつまずきの根っこは救えません。

　また、データ利活用によりすぐれた教師の教え方の特徴を解明し、エビデンス・ベースの指導を追求する動きもあります。これについては、医者が血液検査の数値やレントゲン写真などをもとに診断を行うように、子どもたちの見えにくいサインをつかんで指導に活かせるようになることには意味があります。一方で、エビデンスがあるとされる指導法に依存したりしばられたりすることにならないよう注意が必要です。

　かつて「教育技術の法則化運動」（第2章コラム②参照）で経験したように、効果測定研究によるエビデンス（この場合はこの方法が効果的でうまくいくという実証的知見）は、指導のレパートリーの道具箱は作っても、個別具体的な状況を判断し、手法（道具）を臨機応変に使いこなす主体を育てる視点が弱く、実践の標準化や硬直化を招きがちです。医療のように、病気かそうでないか、正常か異常かを識別するのとは異なり、教育はその目的が多義的ですし、子どもの状態も正常／異常、無能／有能といった二分法ではとらえきれない個別具体性を持ちます。ゆえに、第6章でも述べ

---

[23] チンパンジーの教育と学習は、「教えない教育・見習う学習（Education by master-apprenticeship）」、いわば「まなび」であって、「親や大人は手本を示す」「子どもは真似る」「大人は寛容」という三つのポイントがある。これに対して、人間の特徴は「教える」ことにあって、「手を添える」、「ほめる」、「うなづく」、「ほほえむ」、「認める」、「見守る」といったことも行う（松沢 2011）。

るように、道具箱を作るよりもそれを使いこなす、不使用という判断も含んだ、主体の判断力や対応力（教育的タクト）を育てることの方が重要ですし、マッチングアプリ的に、この場合はこの方法が効果的という手法を提示するなど、無理にデータ活用で何とかしようとすると、実践の標準化を強めることになりかねません。

　このように、AI には、診断と情報提示という課題発見ツールや学習支援ツールとしての可能性はあります。また、自動採点や学習ログや学習過程分析など、学びの可視化や学力の評価に関する研究と実践において、AI は力を発揮するでしょう。一方で、際限なきデータ化がもたらす、リモート管理による主体的標準化と監視社会のリスク、そして、学びや生活の過程の生体情報までがデータ化され、うそ発見器にかけられ続けているような状況が、コミュニケーションや人間関係に与える影響も考えておかねばなりません。

生成系 AI との向きあい方

　さらに、マッチングが生み出す新しい人や世界との出会い、バーチャルリアリティによる経験世界の拡張や時空の超越、AI を搭載したロボットとの対戦や対話など、最新の AI 技術のコミュニケーション面での価値も追求されてよいでしょう。この点について、ChatGPT をはじめとする生成系 AI は可能性を持ちます。人間のような自然なやり取りで、さまざまな質問にもっともらしく答え、レポートや物語まで上手に作文できることを目の当たりにして、言葉や知識を人間の教師が教えるといった前提も揺れています。

　しかし、生成系 AI は、どの分野にも強い「スーパー素人」のようなものです。ビッグ・データから統計学的に導出される確からしい解は、鵜呑みにしてはいけないし、専門家からみると粗もあるけれど、無難でバランスよく整っています。一般的な論題について答えさせれば、大学生がまとめるレポートよりもポイントを押さえていてよく整理されています。一方

で、統計学を基盤にしているために平均値に収束していく傾向があり、上手ではあるけども、面白さや味わいや新鮮味には欠けます。

　生成系 AI の登場は、情報処理の上手な秘書や助手や弟子を得たようなものであり、アイデア出しや作品の素案の作成や壁打ちなどに加え、質問に答えたり計画を立てたりもしてくれるので、チューター的なパートナーとして自習に使うこともできるでしょう。そして、それを使いこなす上では、解決したり探究したりしたい問いや、創りたいモノのイメージを持つことがまず重要で、それがあれば、計画も情報収集・整理も制作も機械がまるごとやってくれます。さらに、出てきた結果や作品などについて、真偽や妥当性を判断したり、よしあしを味わい批評したりできることも重要となります。つまり、問題解決や価値創造における入口と出口が重要となるわけです。

　ただし、知らず知らずのうちに著作権侵害や個人情報流出や情報漏えいにつながる危険性もあります。ゆえに、発達段階・学校階梯に応じて活用や規制の在り方を考える必要がありますし、早い段階から、生成系 AI 等の技術の基本的なしくみやリスクについて知って考える機会を持つことも大事です。

　生成系 AI の登場により、知識の習得やレポート等を書く活動が意味をなさなくなるという意見も耳にします。しかし、むしろ大事になるのは、物事の真偽やよしあしを判断するために必要な、各領域の専門的な概念的知識、それも深く学ばれ感性や直観的判断と結びついたそれであり、わかった気にならず納得を求め掘り下げようとする姿勢や、知性に裏付けられた批判的な吟味力（メディア・リテラシー）でしょう（バッキンガム 2003）。そして、機械に解くべき課題を具体的に投げかける上では、適切なプロンプトの作成等、問題を切り分け相手にわかるように伝えられる論理的な言葉の力が不可欠です。AI をパートナーに問題を解決したりアイデアを形にしたりする基礎経験と使いこなすためのリテラシーの上に、腹落ちする

言葉など、経験と結びついた言葉の力、あるいは体験や経験に根差した知識、そして知性に裏付けられた感性（知覚）が人間としての付加価値を構成するでしょう。

　コストカットや社会効率を優先するあまり、人間という存在のあり方、および、人間が行う仕事や教育のあり方自体を、AIに代替可能な形で、モノ化・操作化・貧相化する方向性も危惧されます。これに対して、AIを鏡として人間らしさを問い直し、人間性の新しい価値の発見に向かうような、人間とAIの「共進化」の可能性を追求することが必要です。

3. 「個別最適な学びと協働的な学びの一体的充実」を公正で質の高い学びへとつなぐために

（1）「個別最適な学び」をどう捉えるか

　ICT活用や教育DXは、日本においては「個別最適な学び」というキーワードとセットで展開しています。「個別最適な学び」については自由進度学習等の学習形態上の工夫として捉えられる傾向もみられます。後述するように、一般的に教育改革においては、学びの質の追求とその平等・公正な保障の両立が課題となりますが、個別最適な学びは、学びの質や公正性の追求にどうつながりうるのでしょうか。また、「個別最適な学び」について、個と集団の二元論、孤立と同調の両極の議論に陥らないためには、どのように考えればよいのでしょうか。まず、「個別最適な学びと協働的な学びの一体的充実」とはどういうことか整理してみたいと思います。

　まず、「個別最適な学び」という言葉の意味は自明ではありませんし、多様な方向性が混在しています。「個別」という言葉は、一人ひとりの個別のニーズに応じる志向性を表現し、「最適」という言葉は、本人が望んでいるものと効率的に出会えるようにする志向性を表現しています。そうした「個別最適」は、生活のあらゆる場面で際限なく蓄積されたデータを統計的に処理することで可能になるレコメンド機能やマッチング機能に

よって具体化しうると考えられています。ネット通販のように、自動的に学習を導いてくれると考え、AI型ドリルが注目されることには一定の合理性があります。これに対して、「個別最適な学び」という言葉には、AI型ドリルに矮小化されない広がりが期待されています。第1章でも述べたように、もともと「個別最適化された学び」と言われていたものが、「個別最適な学び」と言い換えられたのは、AIの活用によって、受け身の学びに陥るのではなく、子どもたち自身が主体的に学びたいものを学び続けていくという意味を持たせるためです。

　第2章で詳述したように、「個別」という言葉が示す一人ひとりに応じた教育について、できる・できない、早い・遅いという一元的で垂直的な量的差異に着目する「個別化（individualization）」と、それぞれの子どもの興味・関心や持ち味を尊重するという多元的で水平的な質的差異に注目する「個性化（personalization）」では、実践の方向性は異なります。前者の発想で目標までも無限定に個別化することについては、学びの孤立化や機械化が危惧されます。しかし、後者の発想に立つと、一人ひとりの個性はむしろ共通の大きなゴールや題材をともに眼差しながら、他者とともに対話し学び合うことで確認・発見・承認され、磨かれ豊かになっていきます。一部の英才をさらに伸ばすための教育（education for excellence）に力点を置いて展開するのか、これまで救いきれなかった子どもたちを救いつつ、すべての子どもたちのための教育（education for all）という視点を堅持するのかが問われています。

　「最適」という言葉については、「快適な学び」という方向性でのみ捉えられていないか注意が必要です。先述のように、特に、ICT活用やデジタル化は、便利さやスマートさを実現する方向で実装されやすいものです。第1章でも述べたように、それは、自分で、自分たちだけで学びを進めているように見えて、大人たちが設定した一定の枠内で、あるいは、自分の世界観の枠内に閉じた主体性になっているかもしれません。さらに言えば、

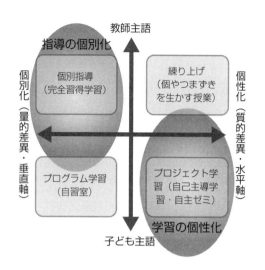

図2 「個別最適な学び」の類型 （筆者作成）

何をもってその子にとって「最適」と言えるのかは、長いスパンで考えねばならないことであって、子ども本人にとっての主観的な欲求（ウォンツ）が、その子に客観的に必要なこと（ニーズ）と一致しているとは限りません。

こうして、「個別最適」という考え方については、AI型ドリルという狭いイメージを超えていくこと、また、機械的なドリル学習や学びにおける格差・分断の拡大に陥るのを防ぐことが課題となります。図2のように、「個別化」と「個性化」の軸、および「教師主語」と「子ども主語」の軸で「個別最適な学び」のパターンを類型化してみると、「指導の個別化」と「学習の個性化」の位置付けが明確になります。

「個別化」については、子どもたち任せで自由に自習室的に学び進めていくようなプログラム学習に止まらせず、学校や教師が責任をもって一定水準の目標達成を保障する、完全習得学習（共通目標の達成に向けた方法の個別化）として遂行する（「指導の個別化」）。また、「個別最適な学び」は、教育の「個別化」に止まらせず、教育の「個性化」としても展開していく必要があります。その際、クラス全体での協働的な学びにおいて、しんどい子のつまずき、やんちゃな子の一見本質から逸れているようにみえる意見、目立たない子のつぶやきなども含め、それぞれの持ち味や個性的な考え方を教師が受け止め、取り上げ、つなげ、ゆさぶったりして練り上げていくような学び（一人ひとりを生かした創造的な一斉授業）は、これ

までも少なからず展開されてきました。しかし、より一人ひとりのやりた
いことや追究したい問いや自律性を重視する「子ども主語」のプロジェク
ト型の学びを促すべく、「学習の個性化」が提起されているとみることが
できます。

　本来的に個性的な子どもたち一人ひとりの多様な背景に応じつつ（手段
としての個別化：「指導の個別化」）、対話的・協働的にともに学ぶこと（協
働的な学び）の先に、共通目標を達成するのみならず、それぞれの生き方
やつながりの幅を広げ、視座を上げ、関心・問題意識・志を育てて、より
知的で文化的で公共的な個性（自律的な学習者）へと誘う（目的としての
個性化：「学習の個性化」）。そして、自律的学習者の育成という場合、授業外、
学校外において拡大する多様な学習の場を利用して自習できることも大事
ですが、学校内外の社会的活動にも参加しながら自らの人生を紡いでいけ
ること、自分の視野の外の異質な物事や他者と出会い対話すること、その
先に学校や教育から巣立たせることが重要です。

　今や学校でも学校外の習い事でも、子どもたちは、授業を受けて宿題を
こなすことに追われ、スマホなどに隙間時間も奪われがちです。そうして、
自分のやりたいことをしながら自分を見つめ直す機会はもちろん、自分で
段取りを立てて、参考書等も選びながら工夫して勉強する機会も子どもた
ちの生活から失われていっています。そのような状況をふまえると、授業
をしない学習時間を週に一定時間設定するなどして、探究的な学びに関わ
るやりたいことや、やらねばならないこと、自分の苦手分野の学習など、
やることを自分で決めて、学び方を互いに交流する時間を持ったりしなが
ら、試行錯誤を伴って自学する習慣と力を育む機会もあってよいでしょう。

（2）個と協働の一体的充実で学校という場の生きづらさに向き合う
「個別最適な学び」と「協働的な学び」はどうからむか
　「個別最適な学び」は、「協働的な学び」と一体的に捉えられるべきとさ

れます。まず、その子なりの持ち味等の質的差異を尊重し育む「学習の個性化」は、異質な他者との対話・協働を通してこそ実現されます。たとえば、帰国子女など英語が得意な小学生の英語教育というと、クラスを分けてより高度な英語表現を教えればよいと思われがちです。英語のスキルを高めるというのであればそれも効果的でしょうが、豊かな言葉の力を育む、その子の強みを生かすという点からは、別のアプローチも考えられます。海外の姉妹校の子どもたちへの英語での学校紹介といった共通の大きな課題に、それぞれの英語レベルなりに各人メッセージ作成に取り組む中で、英語が得意でない他者の学びを支援したり、あるいは、音楽の時間とも関連させながら校歌の英訳版を作る作業に関わったりする。こうして、自分の高いスキルをみんなのために使って文脈化することで、他者の支援を通して文法を意識化できたりするし、クラスでのその子の個性の承認やつながりも生まれえたりするのです。

　また、習熟度等の量的差異に応じる「指導の個別化」についても、一対一の手厚い個人指導を理想化することは危ういでしょう。一人ひとりに応じた教育のために、少人数学級の実現は望まれますが、クラスの子どもの数が少し減るからと言って、教師の目を常に行き届かせる、教師が救うという発想で考えるのではなく、教室空間にできた余裕を生かして、個人、ペア、グループなどのさまざまな形態を許容しつつ、フレックスな時間と

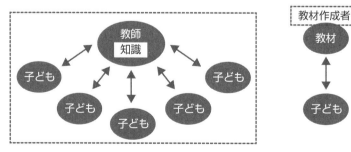

図３　日本の、特に中等教育における、学校内外における一方的一斉授業（左側）と宿題（右側）
　　　（ともに個別主義・自力主義）の構造（出典：石井・河田 2022、p.88 ）

空間において子どもたち同士の学び合いを組織することが重要です。

　第3章で述べたように、日本の教室は「一斉授業」のように見えて、実態は、鵜飼のように、教師と学習者の一対一のタテ糸関係の束と見ることができます。さらに、学校外での宿題は、ドリルやワークブックと学習者が個別に対峙しパッケージ化された知識・技能に習熟していく個人作業です（図3）。少人数指導とICT活用を、教師による一対一の手厚い個人指導の実現という発想で受け止めてしまうと、クラウド上の教室を介して、子どもたちの回答を教師が自分の端末で一望できて確認しやすくなるので、一対一の机間指導を効率化し、「鵜飼の構造」を強化することになるかもしれません。また、宿題でやっていた個人作業が授業に入り込んで、ちゃんと取り組んでいなければアラームで教師に知らせるといった具合に、機械的ドリル学習の効率化により、学びを孤立化させてしまうかもしれません。たとえば、一人ひとりの学習状況が手元で見えてしまうがために、つまっている状況に気づいたらすぐに教師が指導に入ってしまい、今までだと逆に少し放っておかれたことで、周りに聞いたりすることも生まれていたところが、教師の指導待ちになって、つぶやきも起こらなくなり、画面や画面の先の教師とのにらめっこに閉じてしまうといった具合です。オンライン授業でも同じ傾向があったりもしますが、教師は、子どものつまずきなどが目に付くと何かしたくなる（待てなくなる）もので、見えすぎて困ることもあるのです。

　これに対して、鵜飼の構造、さらに言えば、その背後にある個人主義的学習観を解きほぐして学び合いを促し、教室の関係にヨコ糸を通すこと、練り上げ型授業や協働的プロジェクトや個人作業の協同化を活性化させる方向でICTを活用していくことが肝要です。たとえば、端末越しに子どもたちのつまずきが見えたとしても、教師が関わることは意識的に待つ。むしろ、全員の考えを、教師のみならず子どもたち自身が一覧で互いに見られるようになっている点を生かして、考えを聞いてみたい子に聞き

に行ってごらんといった促しをするなどして、教室内を子どもたちが動き回るような、柔軟な交流や対話を仕組む、あるいは、子どもたち自身が全体の場面での対話をつなぐといったこともやりやすくなるでしょう。いわば、机間指導からクラス全体での学びの組織化の仕事に子どもたちを参加させるわけです。

個と協働の一体的理解

イエナプラン的な個別化された学びや自由進度学習等が注目されていますが、これまでもしばしば幼稚園や特別支援学級や日本語指導教室等でなされてきたように、それぞれに学習計画を立てて個々に別々のことをしていながら、同じ空間でともに過ごし学ぶことの意味にも目を向けることが必要でしょう。ともに暮らす関わりの積み重ねが共通感覚を創り出し、孤立感なき個別学習とお節介ではない自然な配慮や協働を生み出すのです。

近年の学習科学の研究でも確認されているように、人間の学びは本質的に社会的であり、つながりの中で学びは深まっていくのです。個別か協働かという二項対立ではなく、第3章で述べたように、問うべきはつながりや関係性や共同体の質です。確かに現在の日本の学校は、日本社会の同調主義を凝縮する形で、個が埋没しがちで生きづらい場になっているかもしれません。これに対して、一人一台端末は、そうした集団のしがらみから個々人を切り出していくきっかけとなりえます。そこで、孤立化や教師との一対一関係を強化するのではなく、リアルにあるいはバーチャルに隣にいる人たちと、自然な学び合いや対話が生まれるよう促し、人間関係や空間を柔軟化していくわけです。

日本において個別化・個性化教育の文脈で注目されているイエナプランは、その提唱者ペーターゼン（P. Petersen）においては、そもそも共同体主義的なものとして構想されたものであったし、オランダで展開したそれにおいても協働性は重視されています（熊井 2021：奥村 2022）。また、たとえば、日本において「学び合い」や協働学習の展開に大きな影響を与え

表3　ICT によって支援された自学自習（ドリルや作品制作や調べ学習を自分のペースで進め
るフレックスな学び）の時間や空間を組み込んだ単元展開の類型（筆者作成）

> （1）　個別の学習計画×（一斉授業（学び方のセット）×）フレックス（自習）×振り返り→各自
> で計画を立てて振り返りながら自習する学び方学習（内容よりも学び方：学びに向かう入口の
> 情意中心）
>
> （2）　（単元の学習計画 +）一斉授業（教え込み）+フレックス（自習）+ 活用（適用）問題→教わっ
> て、自習して、適用する授業（基礎と応用の段階論：「知っている・できる」レベル中心）
>
> （3）　（単元の学習計画 +）一斉授業（練り上げ）+ フレックス（学び合い）+ 活用（総合）問題→わかっ
> て、学び合って、総合する授業（学び直し深める：「わかる」レベル中心）
>
> （4）　共有された大きな問いや課題×一斉授業（練り上げと協働）×フレックス（自主トレや自主
> ゼミ）×学びの舞台（作品・発表・相互検討）→真正でインクルーシブな教科の学び（応用か
> ら基礎に降りていく：「使える」レベル中心）
>
> （5）　各人の探究したい問い×ゼミナール（対話と問答）×フレックス（自主トレや自主ゼミ）×
> 学びの舞台（作品・発表・相互検討・物語り）→真正でインクルーシブな教科横断的な学び（切
> 実な論点を自律的に探究する：メタ認知システム中心）
>
> ※（2）（3）が + でつながれているのは、要素間の時間的区切りや順序性が比較的明確であることを、他方、
> 　（1）（4）（5）が × でつながれているのは、各要素がごちゃまぜに行きつ戻りつしたりしながらの展開
> 　もありうることを示す。（　）は、その要素が組み込まれたり組み込まれなかったりすることを示す。

てきた、佐藤学（2006）らが推進する「学びの共同体」は、個別化・個性
化教育と同じく、大きくは欧米の子ども中心の進歩主義教育の思想に基づ
くもので、系譜の違いを背景に持ちつつも、同じコインの表と裏という部
分を持っています[24]。

　ざっくりとイメージするためにやや単純化するならば、「指導の個別化」
は、たとえば図工のような「自習室」的な学び（各人が、割とまとまった
時間を委ねられた状況で、それぞれに課題や作品作りに自分なりのペース
で取り組み、時に周りと相談したり、軽く立ち歩いたりするような学びの
風景）であって、それは「学びの共同体」で言うと、「個人学習の協同化」
をより個々人に委ねフレキシブルに展開するものです。他方、「学習の個
性化」は、たとえば部活や行事のような「自主ゼミ」的な学び（試合や本
番や挑戦的な課題といった大きなゴールに向けて、みんなで練習したり少

---

[24] 佐藤らの「学びの共同体」と教育の自由化論との系譜の違いについては、佐藤（1996）を参照。

人数で学び合ったり各自自主トレしたりするような学びの風景）であって、それは「学びの共同体」で言うと、「背伸びとジャンプのための協同的な学び」をよりプロジェクト的に展開するものです。その際、教科は自習室的に習得的な学び（知識習得）を、総合で自主ゼミ的な探究的な学び（主体性育成）をといった機械的な分担論に陥らないよう、教科と総合を関連させつつ知性の育成につながる学びの質を追求することが重要です。

フレックスな学びを組み込んだ単元展開の類型

「自習室」や「自主ゼミ」的なフレックスな学びを位置づけた単元の展開については、表3のようにさまざまな類型を考えることができます。類型1は、文字通り「自習室」であり、寺子屋やイエナプランのブロックアワーや、自由進度学習として展開されるマイプラン学習のように、特定の教科、あるいは複数教科の内容について、さらには教科や領域の枠もとっぱらって、かなりまとまった期間を委ねられて、自分が決めた課題や最終的に達成しなければならない課題などを、自分のペースで、場所や時間も自由に使いながら計画的に進めていく、個別化された自習的な学びです。それは、単元や授業といった形に収まらない、学習空間・学習時間の保障やそれらの組織化としても捉えられます。

ただし、それがドリル的な学習をこなすだけになったり、学びの孤立化や格差の拡大につながったりするのを回避し、学びの質を担保する上では、課題の質、および、学びを見守りつつも適切な場面で個別に、相互につなげて、あるいは一斉に指導できる教師の力量が重要です。加えて、学習場面以外も含めて形成される、個別にやっているけれど孤立感のないような、情緒的なつながりと共生感覚・居場所感覚も重要となります。「多面的・多角的に考える」「統合的・発展的に考える」といった各教科固有の見方・考え方、あるいは「比較」「分類」「関連づけ」といった教科横断的な思考スキルを一斉授業等で示して、内容を超えて使える学び方としてそれらをセットすることもなされます。それについては、学び方の意識化や工夫を

促す意味はあっても、思考スキルを実体化・教条化してしまうことで、思考や学び方に型をはめ、内容に即した自然な学び深めを疎外しないよう注意が必要です。

　他方、同じく子どもに課題設定やまとまった時間を委ねるにしても、「自習室」というより「自主ゼミ」を促すのであれば、「使える」レベルの真正のパフォーマンス課題を軸にした、教科学習における活用型でプロジェクト的な学び（類型4）、あるいは、社会課題等も意識しながら自ら立てた問いを追究する、総合学習における自律的で探究的な学び（類型5）が想起されるでしょう。

　さらに、既存の習得型の学びを柔軟化させる形も考えられます。一斉授業で内容を教えた上で、一律に習熟度グループにするのではなくて、それぞれが自分で学習計画を立てたりしながら、自由時間的なフレックスな時間を設定する。そして、ICTも活用しながら、ある程度自分で学んでいける子どもたちは、一人で黙々と、あるいはクラスメートと相談しながら、自分のスタイルやペースに合わせて学んでいき、他方、つまずきがちな子は教師に近い席に来たりして、教師から、あるいは他のクラスメートたちから手厚い指導を受けながら学ぶ（類型2）。

　同じく内容習得に一定の力点を置きながらも、お勉強的に講義を受けて自習する形に解消されず、より教科としての学びの深みや問題解決的なプロセスを重視するのであれば、問題解決型の展開で思考を協働的に練り上げながら意味理解を保障しつつ、その先に、単なる習熟に止まらずに、自由に学びを広げたり深めたりする学びの機会を盛り込むこともできます（類型3）。たとえば、教科書等を見ながら理科の実験を自分たちで遂行して結果を考察したり、過密と過疎の原因と対策等、授業で投げかけられた問題について自分たちで調べたり、国語の作品を読んで感じた疑問等、自分なりにこだわりたい問いについて追究したり、算数の問題を解くだけでなく発展的・統合的に展開させた問題を作って解き合ったりといった具

合です。

　単元や授業への見通しや学びの所有感を少しでも持たせるために、単元計画をやり取りしながら確認するステップをふむことも考えられます。また、知識・技能が定着する、あるいは、より深くわかるのみならず、「使える」レベルの学力を意識した単元展開にもできます。お勉強的な文脈が強い類型2であれば、発展問題に挑戦すべく適用題を盛り込むこともあるでしょうし、類型3であれば、教科の本質を追求すべく、真正の課題としての総合問題を設定し、そこと結びつけて一斉授業やフレックスな時間を展開することもできるでしょう。

インクルーシブな共生の共同体へ

　「個別最適な学び」は、学びを個別化したり複線化したりする学習形態の問題としてのみ捉えられがちで、また、協働的な学びとは矛盾するものとして捉えられることもあるように思います。しかし、ここまでで述べてきたように、「個別最適な学び」の追求により、たとえば、一斉授業の形態だと立ち歩きは逸脱行動だが、実習的な学びや自由進度学習ではそう捉えられないといった具合に、いかに教室や学校のつながりや共同体のあり方が包摂性を高める方向で組み替えられているのかに注目する必要があります。第3章で述べたように、「同調」の共同体から「共生」の共同体への、学級や学校文化の再構築を本丸と捉える発想が重要です。

　国が行うものであっても、教育改革は必ず、子どもたちや学校に関する何らかの現実的な課題に対してなされているもので、その多くは現場で教師たちがリアルに直面している課題でもあります。そうした改革の根っこにある問題意識や現実を見据えてこそ、改革者の意図と現場の課題との間の重なりも少しは見えて、改革への対応は、それをこなすことではなく、子どもたちに返っていくものとなります。第1章でも述べてきたように、「個別最適な学び」については、学校の生きづらさ問題が根っこにあり、多様性の拡大に対応し切れていない学校をどうするか、しんどい子のみな

らず尖がった子が浮きこぼれ状態に陥り、多くの子どもたちも自分らしさ
を安心して出せない同調圧力や横並び体質をどう克服するかが本質的な問
題なのです。

　「個別最適な学びと協働的な学びの一体的充実」については、集団性・
協働性を否定した孤立化や分断ではなく、脱「一斉一律」で、固有名の一
人ひとりの学びやすさや学びたいことを大事にして、「あなたは何がした
いのか？」「（他ならぬ）あなたの考えが聞きたい」という問いかけを互い
に投げかけ合い、異質な他者の意見や存在を承認・尊重し理知的に対話し
ていくような、「共生」の共同体づくりとして捉える視点が必要です。多
様性への応答はインクルーシブな学校づくりを目指すものですが、それに
ついては個別化という名の学びの場の分節化や別学よりも、それぞれの違
いや個性が、逸脱や特別なものとして顕在化しないような、学びやすさに
応じたシステムの柔軟化や方法の差違化を伴った、「通常」の問い直しと
して捉えることが肝要です。こうして、より多くの子どもたちを包摂する
共同体づくりにつなげていくわけです。

（3）真正でインクルーシブな学びの創出へ
「公正で質の高い学び」をどう捉えるか

　以上のように、ICT活用や「個別最適な学び」への取り組みは、学校の
共同体の質を問い直し、多様性を排除せずに包摂し、互いの違いを面白が
る、インクルーシブな学びと学校づくりとして展開されることが重要です。
一般的に教育改革においては、しばしば両立しがたいものとして捉えられ
がちな「卓越性（excellence）」と「平等性（equality）」の両方を統一的
に実現することが課題とされてきました。卓越性は量的に早く、より難問
や発展的な問題へと、既存の価値軸の中での高度さを志向しがちでしたし、
逆に、平等論者は学力の中身を括弧に入れて、その質を問わずに、一定水
準の面の保障に力点を置きがちでした。

しかし、1990年代以降、卓越性については、量から質（量的に知識を蓄積していく浅い学びよりも、それらを関連付けたり使いこなしたりしながら内容を学び深め、新たな知や価値の創出にもつなげていくこと）へと、平等性については、形式的平等から公正（多様性の尊重と社会的に不利な子どもたちへの手厚さ）へと重点が移行しています。こうして、「卓越性」は「質」として捉え直されることで、浅さよりも深さを志向し、個別化（量的差異と垂直的価値）よりも個性化（質的差異と水平的価値）を志向し、対話や協働を伴う豊かな学習環境を通して理解（understanding）や真正の学び（authentic learning）の実現を志向するものとなっています。他方、「平等」は「公正」として捉え直されることで、一人ひとりの状況に応じながら、生活の自由や生き方の幅をすべての人たちに保障することと定義され、その人なりの善さ、学びの質という点を問わざるを得なくなっています。学びの質をすべての子どもたちに保障し、それぞれの子どもたちの幸福追求（well-being）につなげる、「公正で質の高い学び」の実現に、学校をはじめ、社会全体で取り組むことが課題となっているのです。

　教育現場では、「主体的・対話的で深い学び」と「個別最適な学び」との関係をどう捉えるかという疑問もしばしば聞かれますが、それぞれの根っこにあるメッセージ性や改革理念に着目するならば、「資質・能力」「主体的・対話的で深い学び」の追求の根本にあるのは、上述の量から質への重点移行であり、他方、「個別最適な学び」の追求の根本にあるのは、形式的平等から公正への重点移行です。ここまでの論述をふまえるなら、「主体的・対話的で深い学び」の先に「真正の学び」を、そして、「個別最適な学び」の先に「インクルーシブな学び」を展望し、それらをどう統一的に実現していくかが問われているのです。

　「主体的・対話的で深い学び」と「個別最適な学び」を「公正で質の高い学び」として統一的に実現するヴィジョンである、「真正でインクルーシブな学び」は、表4のように、履修主義と修得主義の二項対立を超える

表 4　履修主義と修得主義の二項対立を超える学びとカリキュラムのヴィジョン
（知育の協働化と徳育の個性化）（出典：石井 2020b、p.126）

	伝統的な一斉授業（同調主義）	真正でインクルーシブな学び（個性と協働性）	個別化された自由な学び（自力主義）
履修システム	履修主義の強調。	履修主義を弾力化して学習権保障の観点から修得主義を位置づける。	修得主義への一元化。
学びにおける共通性と多様性のバランス	学習の画一化（標準化としての共通性）。みんなが同じ内容について同じように学習を進める、平等主義的一斉学習。目標の共通化と画一化。	学びの個性化と協働化（具体的個性と開かれた共通性）。場や学習課題を同じくしながら個性を尊重する、学びと指導の個性化（differentiation）。目標の共通化と個性化。	学びの個別化（標準化の枠内での個性）。能力別学習コース、場を必ずしも共有しない自由進度学習。目標の個別化と複線化・序列化。
カリキュラムの形態と柔軟性	一斉学習と知識内容の系統カリキュラム。学年の縛りと処遇の画一性。カリキュラムの硬直的規制。	プロジェクト学習と概念のスパイラル・カリキュラム。異学年で同じ概念を拡充的に学ぶことも可能。カリキュラムの質的弾力化と裁量拡大。	プログラム学習と行動目標の直線的・複線的系列。無学年制は早修や棲み分けと結びつく。カリキュラムの量的規制緩和とスリム化。
授業観	教えられなければ学べない。子どもにゆだねたり待ったりできずに、一方的に教えてしまい、自ら学んでいく力や意欲を萎えさせる。浮きこぼれ問題と落ちこぼし問題を抱える。	授業とは学びや世界への導入である。つまずきの根本は意味のつまずき、人が教えることでその飛躍を埋めるために授業があり、わかることで一人で解いていける、考えていける、興味・関心の幅や世界が広がる。	自習する力を前提としがちである。その子に合わせてできるものを提示していると、浮きこぼれ問題は解決できても、できない子は底でつまり差は開く。
学級・学校共同体の性格と教師の役割	同調圧力で画一化され個々人が尊重されない集団主義的な関係性。管理主義や排他主義と結びつきやすい。学級経営や生活指導などにおける管理的役割を含んだ公僕的教師。学校の閉鎖性。学校の肥大化と閉鎖的な学校文化（教育臭さ）。	一人ひとりのかけがえのなさが尊重される共生空間と、異質性を含んだ共同体的な関係性。民主主義と社会的連帯につながりうる。学習指導を軸に人の成長に関わる専門家としての教師の専門職性の尊重。社会への参画と社会との連帯に開かれた学校。学校のシンプル化と人間臭い教育。	一元的・複線的な尺度で序列化される空間と、均質的で機能体的な関係性。競争主義や社会的分断と結びつきやすい。学習指導における教師のチューター化。AI による代替や民間への外注。学校のスリム化とスマートな教育。

ものであり、同調主義に縛られがちな伝統的な一斉授業でも、自力主義に陥りがちな個別化された自由な学びでもなく、第 3 章で述べた「知育の協働化と徳育の個性化」を目指すものです。

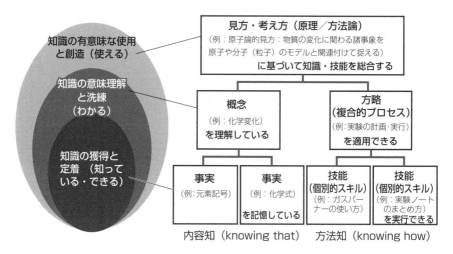

図4　「知の構造」を用いた教科内容の構造化（出典：西岡・石井・川地・北原 2013、p.17 の西岡作成の図に筆者が加筆・修正し、学力の三層構造との対応関係も示した）

「真正でインクルーシブな学び」とは何か

　まず「真正でインクルーシブな学び」は、一斉に進むという形にとらわれ形骸化した履修主義でも、できる子は自分のペースで自由に進め、ともすればできないことも個性とする、目標の個別化として割り切った修得主義でもありません。「わかるようになりたい」という子どもたちの願いに寄り添い、「どの子も見捨てない」という学習権保障の思想の徹底として、修得主義を位置づけるものです。それは、目標準拠評価の趣旨の貫徹でもあります。

　それは、個別に学習を効率化するのでなく、場や学習課題を共有するからこそ生まれる、学習者間の背伸びや模倣、他者の存在を感じることで生まれる社会的動機づけや学びの持続、教え合いや学び合いや支え合いなどを最大限に生かすものです。そうして、学習の質を追求しつつ多様な協働を生み出す、有意味で挑戦的な学習課題を軸にカリキュラムを構想します。その際、図4のような、学力の質の違いに対応した知識の類型も念頭に置きながら、幹となる概念と、概念によって構造化される要素的な知識・技

能とを区別することで、概念を中心に教科内容を精選・構造化し、膨大な
数の細かな知識の断片ではなく、少ない基本概念や論点を、真正の活動の
中で繰り返し問い深めていくわけです（少ない内容を深く学ぶことで多く
を学べる「less is more」の考え方）。

　精選された概念を軸に真正の活動を組織し、現実世界の問題を数学的な
モデルで予測したり、英語でスピーチしたり、実験レポートをまとめたり
するなど、単元内容は違っても類似の課題を繰り返す中で、その学びの深
さや思考・判断・表現や態度の育ちを長期的にゆるやかに保障し評価する。
他方、個別の知識・技能については、真正の活動の中で使いこなしながら
構造化し、習熟、定着を図ったり、直接的にわかるように教わったり、自
習室的な空気感のよりフレックスな時間も設定しながら、自分で学び進め
たり学び合ったりする経験を組織したりしていきます。

　たとえば、小説のあらすじをつかみ、内容や文体等に着目して分析でき
ることを目標に、小説の書評を書くという共通課題を設定したとして、対
象とする書物の厚みや難度や語彙が子どもによって違ってもよいし、同じ
空間でみんな同じ形態でではなく、一人で取り組んでもペアで取り組んで
もグループで取り組んでもよいし、必ずしも机で学ばなくても床に寝そ
べっても教室を飛び出してもよいという具合に、概念や課題は共通化しつ
つも、扱う個別の知識・技能や学習スタイルには自由度を持たせ、学びを
個性化するわけです。むしろ、真正の課題は、学校外の生活や仕事場や市
民活動におけるつながりや空間を模写するものであり、学校的に規律化さ
れた一斉授業とは異なる、ゆるやかな場や関係性やルールを呼び込みうる
し、そのように設計するとよいでしょう。

　試合、コンペ、発表会など、現実世界の真正の活動には、その分野の実
力を試すテスト以外の「学びの舞台」（「見せ場（exhibition）」）が準備さ
れており、そうした「学びの舞台」に相当するものを設定して実力を試す
のがパフォーマンス評価です（石井 2023）。教科学習においては、学力の三

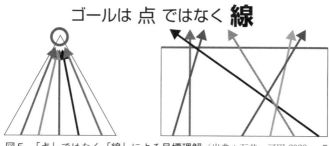

図5 「点」ではなく「線」による目標理解（出典：石井・河田 2022、p.74）

層構造を意識して「学びの舞台」を軸に単元を設計し、課題遂行の必要に
応じて学習者自らが自主トレ的に個別的な知識・技能を習得するのを支援
する「指導の個別化」を位置づけながら、クラス全体やグループで各人の
考えを交流し深めたり協力して問題を解決したりする「協働的な学び」を
遂行しつつ、課題遂行の先に新たに自ら追究したい問いや課題が各人に生
まれること（授業や学校を学び超えていく主体性）を支援したりするので
す（「学習の個性化」）。個別の知識・技能の習得状況を、当該単元を超え
て一人ひとりについて、継続的に見守りサポートする際に、ポートフォリ
オや AI 型ドリル的な学習アプリ等を活用することは有効でしょうし、検
定試験的に CBT でクリアしたら習得したとみなすことも考えられます。

　この時、河田祥司教諭の言葉を借りれば、目標を「点」ではなく「線」
でイメージしておくことが有効です（図5）。たとえば、「総合的な学習の
時間」に瀬戸内国際芸術祭の認知度を上げる活動に取り組んでいる際には、
認知度が上がり、芸術祭が盛り上がる取り組みであるというゴールに迫る
ものであれば何でも OK とする。ある子はポスターをひたすら説明しなが
ら貼る活動をし、ある子は芸術士の人と交流して作品を作る、またある子
は、記事を書き新聞に投稿するといった具合に、決められた活動だけをす
る「点」の発想ではなく、ゴールを線で設定することで、子どもは伸びや
かになるわけです。先述の小説の書評の執筆も、他の人が読んでみたいと
思えるような書評であるというラインは共有した上で、それぞれが選んだ

本で、自分なりのペースやスタイルで個性的に共通ラインを通過していくわけです。「点」に収束させるのではなく、「線」で幅をもってゴールを捉えておくと、多様なわかり方やでき方を見守り認めることができやすい。また、個別の知識・技能よりも、それらを概括するよりメタで大きな概念や方略をゴールとして意識すると、目標を「線」で捉えやすくなるでしょう。

　そこでの教師の役割は、学習課題や単元展開や学習環境をデザインする間接的な指導性と、自主トレ場面では子どもたちの学びを見守りゆるやかに伴走し、全体の場面では子どもたちの視野の外を指さし気づきや思考を深めていく直接的な指導性によって構成されます。第4章でも述べたように、三項関係で子どもが材に向かうから、教師は安心して手放せますし、手放すからこそ子どもをじっくり見て子どもから学ぶ余裕が生まれます。子ども一人ひとりの学びたいことを尊重し、かつ一人ひとりを見守り（管理・監視するのではない）、柔軟にコーチング的にフォローする余裕を教師の側に生み出す上でも、子どもにゆだねるための仕掛けや環境づくりに力を入れることが重要です。その上で、教師は、個別にフォローしつつも、一人ひとりの学びの状況を見守り、この内容は全体的に理解しきれていない子が多いな、おもしろい考え方をしている子がいるなといった点をキャッチして、個別の学びを相互につないだり全体で共有したり思考の隙を突いたりしながら学びを深めていくのです。

学校全体での真正性とインクルーシブさの追求

　体育や美術などの技能教科で、あるいは、総合学習や特別活動や部活動において、みんなでまさにゲーム（試合や発表会や大きな学習課題）に取り組みながらも、必要に応じてゲームから離れて、各自で、あるいはペアやグループで学び合いながら、自分のペースとレベルに合わせてドリル（個別の技能の練習）に取り組んで再びゲームに戻るという形は自然です。少し長い期間をかけて取り組む、試行錯誤の余地のある大きな課題を軸に

したプロジェクトのような形で、単元レベルで大きな目標を共有することで、個性的で自由度の高い学びと自主ゼミ的な自然な協働が生まれるのです。その際、インクルーシブさの追求をより意識して、教室や学校という枠に捉われずに学習空間を柔軟化したり、すでに部活等においてなされているように、「総合的な学習（探究）の時間」等でも異年齢集団を組織したりすることで、同学年の学級以外のホームが生まれ居場所の複数化につながるかもしれません。教科学習においても、単元内容によって先に示した表3の類型を柔軟に使い分けつつ、真正性による質の追求とインクルーシブさによる生きやすさの追求の両面を意識しながら、一時間単位よりも単元単位で、より長いスパンで学びをデザインし、課題の質を高め空間や集団を柔軟化していくことが肝要です。

　こうして、学校カリキュラム全体で真正性の追求と学習の個性化とを結びつけていくことで、教室空間はよりインクルーシブなものとなっていくでしょう。教室にいるのがしんどいといった、不登校傾向の子どもたちにとっても居心地のよい、保健室や「別室」（学校にあって学校的でないケアの場）の良質の居場所感を、学校のセンターに持ってくることを試みるのです。履修主義を、学校の保護機能、安心・安全の保障の徹底として捉え、学級を多面化・柔軟化し、その中で自ずと「一人ひとりが輝く」インクルーシブな学校づくりへと展開させるわけです。

（4）学校や教師の仕事の手応えの持続可能な追求のために

持続可能と質の追求のあいだ

　第1章や第2章で論じたように、教育「変革」政策は、学年制や履修主義も再編して自由化し、外部との連携や業務の外注を進めることで、何をどう学ぶかも子どもにゆだねる個別化されたカリキュラムや学習システムを構築し、必ずしも学校や教師を経由しない教育・福祉保障のあり方をも展望するものです。こうした学習システムの構造改革は、人口減少に加え

て、教員の量と質の確保もままならない状態で、従来型のフルスペックの学校は維持が難しく多様なニーズにも応えきれていないという現状への持続可能な一つの応答です。しかし、学び合う教員組織や教員の質の担保なくしては、柔軟な学習システムやカリキュラムは容易に表面的な活動や機械的な学習に陥り、機械でも代替できそうな、個別指導塾や文字通りの自習室のようになり、それで学びを保障したと社会的にみなされるようになるなら、学びの質の追求への足場を失いかねません。

　逆に、「真正の学び」を軸とする教育の質と公正の追求は、良質の教育実践の歴史的な蓄積をふまえて、学校という場の現代的可能性を追求するもので、学びの保障の先に子どもも教師も成長の手ごたえを感じられる道筋を示すものです。しかし、それは学びの質を担保する学習課題の深さや、学びや教科の本質が見える教師の眼を重視するものであって、特に、「総合的な学習（探究）の時間」のみならず各教科でもとなると、リソースも心理的な余裕もなくて学びの質どころではないといった、現在の学校や教師のキャパシティからはハードルが高く感じられるでしょう。

　こうして、アクターが多様化し、システムが流動化し、学校や教職の位置も相対化されている状況だからこそ、学校という制度や教育という営みの軸足を確認することが重要です。「脱学校化」や「脱教職化」の流れの中で追求すべき教師、あるいは学習支援者の役割は、学習者各人の「自習」をAI等の力も借りながら個別に支援する、必ずしも教科等の専門性がなくても務まる学習管理者的チューターに解消されるものではないでしょう。逆に、「授業」で一斉に教えたり、コミュニケーションを巧みに組織化したりする、マルチで熟練した専門性や実践知に支えられた名人芸的・職人的ティーチャーに固執するものでもないでしょう。いわば、「自習」論から「授業」論を問い直し、教師に時間的・精神的余裕を生み出し得る持続可能性をもち、かつ仕事の手ごたえを手放さないような授業像の均衡点を探っていくことが課題となっているのです。

よい授業のイメージを歴史的にアンラーンする

　これまでの日本の授業では、クラス全体で練り上げ深める「創造的な一斉授業」が研究授業等でも花形の位置にありました。しかし、そもそもそうした創造的な一斉授業の原風景の一つである斎藤喜博実践は、個人学習、組織学習、一斉学習、整理学習という学習形態を単元レベルで組み合わせるもので、各人が自習的に学び、互いの課題や解釈などをすり合わせたうえで、クラス全体で共通の問題や課題に一斉学習で挑んでくような、フレックスな形態も含んだものでした（斎藤 2006）。また、戦後新教育の教科の単元学習、たとえば大村はまの実践なども、割とフレキシブルに、まとまった作文を書くような大きな課題に、各人がそれぞれ取り組みながら、ポートフォリオ的にその作成過程の資料を教師と共有して検討会を行う形でした。それが、一時間の研究授業として見栄えもする、組織学習から一斉学習のあたりがフォーカスされるようになり、一時間単位の学習形態として展開されるようになったと考えられます。

　近年、ICT 活用に適合的な授業として提案されている実践を見ると、「創造的な一斉授業」が花形になる前の、自習と一斉授業の間の形態に近いことに気づきます。表3で示したように、単元の問いを軸に、最初は一斉で、真ん中は各人がフレックスに複線的に、最後は相互にすり合わせたり一斉に練り上げたり、パフォーマンス課題に取り組んだりといった具合に、一時間単位で展開されがちな課題提示、自力解決、集団解決、適応題の流れを単元単位で展開するものと言えます。

　「授業」とはかくあるべきという完成形と見られてきた授業様式を、その発生源に戻って歴史をたどり直してみるとよいでしょう。「創造的な一斉授業」は教師の職人的なアート（直接的な指導性）への依存度の高い授業形態です。これに対し、学びの質や深さにおいて危うさはあるものの、より学習環境やシステム（間接的な指導性）で、フレックスな学びで育てる方向で、単元単位で仕掛け、見守るアプローチも模索されようとしてい

ます。それを「教える」ことから「学び」へといった二項対立図式で捉えるのではなく、練り上げのある創造的な一斉授業のエッセンスを継承しつつ、活動を見て思考を見ず、データを見て人を見ずとならないよう、学習課題と問いの設定、および、学びの触発や見極めやゆさぶりにおいて、学びの質を追求していく必要があります。

　ちなみに、斎藤が校長を務めた島小学校では、その教師が時間をかけたい教材で深く教材研究を行いとことん学びを深めて子どもたちに力をつけると、他はスムーズに流れていくといった具合に、授業進度をそろえたり網羅したり、このやり方をしなければならないといったことはあまり気にしていなかったことがうかがえます（斎藤 2006）。そこまで時代をさかのぼらなくても、今から 20 年ほど前の学校や教室でも、今よりも「いい加減」な部分は多かった分、おおらかでもあり、授業方法や授業を語る言葉、そして年間指導計画のレベルにおいても、いい意味でのばらつきや裁量もあったように思います。現在の実践を窮屈なものにしてしまっているものの正体を歴史的に突き止め、各自治体の「スタンダード」等、あくまで参考資料のはずが必要以上に従わなければならないと思い込んでいるような、かつてはなかった文書や前例や慣習を棚卸しすることも必要でしょう。

学校や教職の構造的ポテンシャル

　また、学びや成長が成立する条件から考えると、第 4 章で示したように、学ぶ対象である材を介した共同注視の関係性を、子どもと子ども、子どもと教師、あるいは他の大人たちとの間に構築していくことが、学びの成立とその支援の基本です。さらに、教師や学校を自律的に学び超えていく上では、学びや活動への共同責任の関係を基盤にした伴走者的役割が重要となります。初等教育段階では、教師との人格的な関係を軸に、子どもと伴走しながらも、子どもたちが材と向き合い、世界と出会いそれに没入する過程を組織化することが、そして、中等教育段階、特に「総合的な探究の時間」等での学びにおいては、学校の外の本物の指導者や伴走者（専門家

や先達や実践共同体）への橋渡しも重要となります。

　学校の外側においても学びや活動の場が多様に構築され、学校に閉じずに学びの保障を考えるラーニング・エコシステムや学習歴社会が形成されつつある状況も見られます。そうした中で、お勉強やスキル獲得に止まらない育ちや成長を実感する学びが生まれるためには、パッケージやプログラムの束ではなく、点の学びを線でつなぎ物語化する役割が、そして、学習者個々人の既存の視野や価値観に閉じた学びにならないために、単に目標設定を支援したり適宜励ましたりするコーチ的な役割だけでなく、視野の外部を指さしたりする問題提起的な役割が、教師や学習支援者にとって重要となります。

　公教育としての学校の公共性への志向性と共同体（生活の場）としての性格は、他の学びや活動の場には解消されない上記の役割を担うポテンシャルを持ちます。塾や習い事の先生は、教科やスキル等についての専門性や指導技術はありますが、学校の教員ほど生活（暮らし）を共有してはいません。親は子どもたちと生活を共にしていますが、子どもたちはいずれ巣立っていきます。たくさんの子どもたちと出会い、毎日毎日子どもたちと生活を共にしながらたくさんの授業をする、教職という仕事そのものの経験の厚みの意味、すなわち、教科等に関する一定の専門的知見を持ち、子どもたちと多くの時間をともに暮らす経験を長期にわたって積み重ねていく、教職の仕事とその専門性は、さまざまな専門家や支援スタッフとの協働において、その存在の独自の意味や重要性が再確認される必要があるでしょう。

第6章　教師の自律性と
現場のエンパワメントを実現するために

　公立小学校をはじめ、国（お上）の教育政策の傘の真ん中に近く、かつ末端に行けば行くほど、都道府県さらには市町の教育委員会等を介した伝言ゲームやローカル施策も積み上がりやすく、余力や体力のない現場はいろいろなことでがんじがらめになっているように思います。ネットなどでは学校という大きな船自体がもはや時代遅れと言われ、内外からの批判は、そこで踏ん張って船自体を再構築するよりも、そこからの離脱へと向かわせているようにも思います。比較的余裕があり意識が高い家庭のみならず、実践者の間でもまた、公立学校から私学へ、公教育から私教育へ、学校から学校外への離脱が広がっていないでしょうか。その船が生きづらい、そこからこぼれている人たちがいることは問題で、その声を改革へとつなげていくことは必要です。しかし、船自体を壊し切ってしまうことで、その船の存在によって救われている多くの人たちが一人海に投げ出されるような状況が生じかねません。特に、都市部において中学受験が一般化する中で、公立中学校に行くことが負の烙印を押されるような状況が広がるなら、公教育システムのあり方として問題をはらんでいますし、家庭の教育支出に歯止めもかからず、子育てへのハードルもさらに上がるでしょう。

　学校外の学びの場が広がり、学校や教職の位置づけが相対化されても、ボリュームゾーンの子どもたちを包摂するのは学校であろうし、ポータブルなスキル形成のみで教育はよしとせず人間としての成長を期待したい、そのためには機械ではなく人間の教師が関わった方がよいという想定はまだまだ根強いでしょう。人への投資の経済的・社会的必要性が客観的に高

まり、学校不信の一方で教育という仕事自体への期待は高い状況において、満足できる教育の質を一定程度担保し、多くの子どもたちの幸せな学校生活を保障していく上で、学校において子どもたちとともに生活する教師の幸福感と質を高めていくための条件整備と学び成長する機会の保障が不可欠です。特に、教員の世代交代の進行とともに、多忙化や人手不足も深刻化している状況下においては、さまざまな日々の実践や業務の中で、どうせやるなら実践経験が教師としての学びと成長の機会として確かに積みあがっていくような、本質を捉えた上達論のある仕事術が重要です。本章では、教職の専門性のコアを再確認した上で、学びと成長のメカニズムをふまえた教師の学びの技法や学び合うシステムのあり方、さらには教師教育の課題と展望について論じます。

1．教師の学びと成長のメカニズム

（1）教職の専門性のコアの再確認

教師への最低限かつ最大限の要求とは

授業に限らず、基本的に教師の仕事は、複雑性や不確実性を特徴としています。医師や弁護士などの、専門職と呼ばれる他の職種においては、専門性の根拠となる専門的知識が明確です。しかし、その仕事の包括性や複雑性もあって、教職については、そうした専門的知識を明確にするのが困難です。たとえば、専門教科の学問的内容を熟知しているだけ、あるいは、子どもの学習や発達の過程を深く理解しているだけでは、教育活動は成立しません。学問の論理と学習者の論理とは必ずしも一致せず、それらをつなぐには、学習者を想定しながら学問の知を教育内容として組み換え、学習活動を教育的意図をもって組織化する、教える方法に関する知（教授学的知見）も必要となります。さらに、何をもって教育の成功とするかということについても、テストスコアの向上といった具合に単純化できるものではなく、目指すべき教育のあり方や授業のゴール自体も、問い続けてい

くことが求められます。

　授業に即して言えば、一般化された個々の技術や〇〇方式の適用のみで授業が遂行できないということは明らかです。教師の仕事は、人間としての核となる部分の成熟、教職に関する観や信念の深みと不可分で、教師の立ち姿一つにそういった人間性がにじみ出てくるものです。確かに、授業においては、子どもに変容をもたらす確かな「技術」が必要です。しかし、注意すべきは、「教育における技術」は、「モノ作り」のように、作り手の都合に合わせて機械的に遂行しえない点です。子どもたちは、それぞれに個性があり、しかも、自ら成長する願いと力を持って絶えず自己創出しています。しかも、授業という営みは、そうした子どもたち同士が複雑に相互作用しながら、教師の意図からはみ出して学習がうねりをもって展開したり、雰囲気における緊張と弛緩という一定のリズムをもって展開したりする、創造的な過程です（ドラマとしての授業）。

　子どもたち、教師、教材が織りなす相互作用の中で、子どもたちの個性的な反応を受け止め共感したり、子どもたちの表情を見ながら微妙に言葉を選んで変えたり、技術を組み合わせたり新たに創発したり、時には思い切って当初の計画を変更したり、授業の目標自体を設定し直したりと、教師には、多かれ少なかれ必ず応答性や即興的な現場判断が求められます。そして、そうしたドラマ性を持った創造的な過程であるからこそ、学校の授業は、知識の習得に止まらず、深い理解や創造的思考、さらには、記憶に残る経験も含めた、包括的で有意味な学習成果を実現しうるのです。日本の教師たちが「授業研究」で追究してきたのは、まさにそうした授業のドラマ性でした。多くの教師たちは、「授業でこんな表情を子どもたちは見せるのか」「問いかけや言葉かけ次第で、こんなふうに子どもたちが動き出すのか」といった、すぐれた教師の実践の凄みに授業づくりの可能性とロマンを感じ、先達の背中から学んだり技を盗んだりしながら、クラフツマンシップをもって、いわば「授業道」を追求してきたのです。

こうした、教師の仕事における判断や熟慮や配慮の重要性は、「教育的タクト」（授業における臨機応変の対応力）、「ジレンマ・マネージング」（授業過程で発生する無数のジレンマについて、その時々に瞬時に判断し、やり繰りしていく教師の仕事）、あるいは、後述する「省察的実践」といった具合に、さまざまな形で強調されてきました（佐藤 2010；柴田 1967；吉本 1983；村井 2022）。多様な領域にまたがる専門的知識を目の前の子どもや教室の状況に応じて統合する見識や判断力が、教師の専門性の核であり、その熟達の程度が教師の力量の程度を決めるのです。授業過程において瞬時になされる一つひとつの働きかけやふるまいの背後にある、思考や判断（熟慮）の的確さや深さ、そして、共感やいたわり（配慮）を伴った敏感さや子ども理解の厚みの違い。経験の浅い教師とベテランの教師との力量の違いはそうした実践の細部に自ずと表れます。

　授業のドラマ性や教育的タクトというと、何かとてもハードルの高いものだったり、教職に対する高望みのように思われるかもしれません。近代教育学の祖、ヘルバルト（Herbart, J. F.）は「教育的タクト」を教師に対する最低限の要求でありかつ最大限の要求であると述べました。人とのかかわりにおいて多かれ少なかれ応答性や即興性は必ず求められ、特に教職においては、その相互作用が複雑で、その複雑さや不確実さと向き合わざるをえません。そして、そうした仕事の本質や基本（コア）と向き合ってこそ、一人の人間としての成長も伴いながら、教師としての力量の形成と仕事の手応えにつながっていくのです。

子どもが「見える」ということ

　「教育とか授業とかにおいては、『見える』ということは、ある意味では『すべてだ』といってもよいくらいである。それは、『見える』ということは、教師としての経験と理論の蓄積された結果の力だからである。一人一人の子どもの反応を深くみつめ、それに対応することのできる教師としての基本的な能力だからである」（斎藤 1969、p.172）。これは、授業や教育

という営みの可能性を実際の子どもの姿で示し、日本の教育実践に大きな影響を与えた実践家・斎藤喜博の言葉です。「見える」ということの重要性は、専門職一般に共通します。経験の浅い初心者と熟達者との違いは、同じものや事例を見たときに見えているものの違いとして表れます。たとえば、経験の浅い医者は目に付く部分ばかりに目が行きがちですが、ベテランの医者は些細な兆候を見逃さないといった具合です。スポーツの解説にしても、プロはこう見るのかとその着眼点に凄さを感じることはよくあるでしょう。

　教師としての成長とは、詰まるところ、子どもの学びが、そして、まるごとの子どもが「見える」ようになることと言えます。子どもの表情の変化や首をかしげるようなしぐさなどから子どもの理解度をつかんだり、授業中の子どものかすかなつぶやきやつまずきの奥にある子どもなりの思考をキャッチして反応したり、うつむき加減の目線や声の張りや周りとの距離感などの些細な兆候からその日の子どもの心理状況を感じ取ったり、子どもたちの持ち物や言葉遣いや発言内容の傾向などから子どもたちが背負っている生活や社会を洞察したりと、教師は子どもたちとともに授業を進めながら、また学校生活を送りながら、いろいろなことが自ずと「見える」し、見ようともしています。

　さらに言えば、子どもが「見える」とは、実際に子どもと向き合いながらさまざまなことをキャッチしたり理解したり推察したりするだけでなく、実践の計画段階でリアルに子どもたちの学びや授業の展開が想像できるようになることも含みます。たとえば、米国の教師教育研究者のショーマン（Shulman. L. S.）は、教師の専門性の発達において、教科内容に関する専門知識にも、子どもの学習や発達に関する専門知識にも解消されない、両者を統合し、子どもがどう学ぶかという視点から教科内容の意味や価値を捉え直した知識（「教えることを想定した教科内容に関する知識（Pedagogical Content Knowledge: PCK）」）が重要であることを示しま

した（八田 2011）。教師としての成長の中核的な部分は、教科の内容についての正しい理解や深い教養があるだけでなく、それぞれの内容を学ぶ際に子どもたちがどう思考し、どこでどうつまずくかの予測やイメージが具体的で確かなものになっていくこと、いわば学び手の目線で教育活動の全過程を眺められるようになり教育的想像力が豊かになることなのです。たとえば、目標（教師の意図）は評価（子どもが何を学びとるか）と一体的に、板書（教師が伝えたいもの）はノート（子どもの手元に残るもの）と一体的に捉えて構想することが重要です。授業づくりに関わらず、ここに目を向けさせたら、これとこれをつないだら、ここを取り上げて掘り下げたら子どもたちは活気づくし何かが生まれそうだといった具合に、何かを仕掛けたり、あるいは逆に、ここは待ちの姿勢だといった判断や勘が働く上で、教育的想像力の育ちがものを言うのです。

（2）省察とアンラーンを通して教師として成長する

教師のライフコースを見すえる

　そうした教師の力量は、大学の教員養成で完成するものではなく、生涯にわたる「研修」（研究と修養）、特に現場におけるそれを通じて形成されていくものです。教職課程では理論や教材や手法の話はできますが、そこにリアルな子どもはいませんし、その状況への責任を引き受けて判断する瞬間もありません。ここで研修という場合、自治体などが提供する制度化された研修のみならず、校内研修、公開研究会、研究サークルへの参加といった自主的な研修、さらには日常的な力量開発も含んでいます。さらに言えば、教職のキャリア形成という長いスパンで見たとき、教師は、さまざまな困難に直面するたびに、自らの責任において判断・決断する経験を重ね、自らの教職アイデンティティを問い直すことで成長していきます。

　たとえば、多くの教師たちの教職人生（ライフコース）を聞き取ってまとめられた、山﨑準二（2002）の研究によれば、教師の発達や成長とは、

一定の想定された理想像に向けて何かを獲得していくような、単調右肩上がり積み上げ型の垂直的な発達モデルではなく、選択的変容型の水平的な発達モデルであるとされます。すなわち、教育実践における忘れられない子どもや出来事との出会い、学校内外の優れた先輩や指導者との出会い、自分にとって意味ある学校への赴任、職務上の役割の変化、出産・育児や家族の介護等の私的な経験などの転機において、古い衣を脱いで違う衣を新たに選び取ってまとうように、それまでの子ども観、授業観、教職像などを再構成・変容させていくというのです。

　その際に興味深いのは、変容につながる転機においては、それまでの考え方や実践のあり方に変容を迫るような抽象的な表現、言葉が介在していて、それを受け止めた教師が、ライフコースの文脈・状況の中で、自らその意味を解釈し創出し構成することが重要だということです。がむしゃらに子どもたちの中に入っていって、子どもたちにとって兄貴みたいな存在としてふるまっていた新任期のQ教諭に対して先輩教師が投げかけた、「お前のクラスは、授業以前の問題だなあ」という言葉は、後にQ教諭の附属校への赴任と研究授業の経験を経て、「教師がどのような手法を採るかではなく、長い目で子どもをどう育てるか、教材研究はどうあるべきか、などを考えていなかったことに対する指摘ではなかったのか」と、その意味が感得され、それが教師としての転機と変容を準備していったという具合です。

　なお、教職の転機やそれが生み出すライフコースは、基本的には個々人によって多様ですが、その平均的なステップを描くなら、おおよそ**表1**のようになるでしょう。優れた実践家と言われる人たちは、最初からそうであったわけではありません。中途採用キャリアも増えたりすると、教職のライフコースはさらに多様化していくでしょうが、こうしたライフコースを念頭に置いておくことで、教職キャリアの大きな見通しを持ちつつ、他者の実践も、今の自分の状況も対象化して捉えられるでしょう。

表 1　教師のライフコースの平均的なステップ

（出典：山﨑 2012、高井良 2006 をもとに筆者が図表化）

初任期①（入職後約 5 年間）
・リアリティ・ショック（入職前に抱いていた教師と児童・生徒関係についてのイメージと現実とのギャップによるショック）を受け、そのショックをかかえながらも無我夢中で試行錯誤の実践に取り組む。 ・自分の被教育体験によって無意識的に形成されたモデルに基づいて実践しがち。 ・「教師にとってはじめての 3 年間がその後の教職生活を左右する」とも言われるように、教師の仕事のイメージを育む大事な時期であり、試行錯誤や困難が、子どもや教育への深い見方を育てうる。

初任期②（入職後およそ 5 年〜 10 年）
・新任時代の荒波を乗り切って、小学校では 6 年間、中・高なら 3 年間、入学から卒業までの生活をともにすごすことで、子どもたちのようすが見えてくる。教師にもいくぶん気持ちの余裕が生まれる。 ・当初は「子どもが好き」という思いだけで教職に向かった教師たちも、もう少し確かなものを得たいと思うようになってくる。より大きな社会的文脈の中で自分自身の仕事の意味を確認し、教育実践を確かなものにしたいという思いがわきあがってくる。研究会に参加するなどして、教育実践の工夫に力を注ぐようになる。 ・自分が取り組んでいきたい実践課題を自覚し、これから自分はどのような教師として教職生活を過ごしていくべきか考えるようになる。

中堅期（20 歳代後半〜 40 歳代前半）
・15 年から 20 年ほど経つと、教師としての自己を育て一通りの仕事を身につける。職業的社会化（その職業で必要とされる技能やふるまいを習得すること）を終え、一人前の教師になっていく。 ・男性教師は、比較的早い段階から校務分掌などの役割を担い、先輩教師や管理職教師などとも公的な関係を築きながら教師としての発達と力量形成を遂げていく。30 歳代中頃から学年・研修の主任職などを担うようになり、学年・学校全体や教員集団のことに目を向けざるを得なくなるなど、役割変化が教職生活上の危機を生む場合もある。 ・女性教師の多くは、20 歳代後半から結婚・出産・育児・家事といった人生上の出来事に直面し、その経験を通して教師としての発達と力量形成を遂げていく。一方で、家庭生活上の負担が重くのしかかり、離職の危機が生じる場合もある。 ・社会の変動による子どもたちをめぐる環境の変化、加齢による子どもたちとの世代ギャップ、経験を重ねることによる教師としての役割の硬直化などによって、中年期に危機が生じることがある。

指導職・管理職期（40 歳代半ばあたりから、指導主事や教頭・校長などに就くことを契機に）
・教育という営みを捉える視野を拡大させるとともに、学校づくりという新しい教育実践を創造していく可能性をもたらす。 ・学級という自らの実践のフィールドを喪失し、教育実践家からの離脱化（それまで育んできた教職アイデンティティの切断）を余儀なくされるために、戸惑いも大きく、年齢からくる体力や健康の不安、職場内に気軽に相談できる相手がいなくなる孤独感などが生じ、離職の危機を迎えやすい。

大人の経験学習のメカニズム

　また、専門職一般の学び、あるいは大人の学び一般においても、右肩上がりに知識やスキルなどを獲得していく過程以上に、経験を契機に物事を捉える枠組みが問い直され、時には過去の自分の殻を破ったり学び捨てたりして、視野や視座や風景（パースペクティブ）、あるいは自分らしさ（アイデンティティ）が編み直されていく過程（「アンラーン：学びほぐし（unlearn）」）の重要性が指摘されています。子どもの学びは、社会の一員でありつつ、自分らしく主体的に生きていくために、物事を捉える枠組みを形成していくこと（forming）に力点があります。他方で、教師も含め、大人の学びは、暗黙的に思考や行動を制約している自らの枠組みに気づき、そのとらわれ、あるいは背後にある社会的な常識・慣習をも問い直して、そこから自由になっていくこと（transforming）に力点があります（三輪 2010）。そして、経験を学びの機会とすること、経験から学び上手であるためには、「省察（reflection）」を意識することが重要です。

　教師も含め、人は無意識のうちに、日々の経験を学習資源としながら、知識や知恵を獲得したり、行動のレパートリーを増やしたりしています。そして、知らず知らずのうちに、自分の枠組みや当たり前の見方を強化していっています。過剰学習により、頭が固くなっているのです。しかし、「失敗」をはじめ、転機になる経験は、時に枠組みやパースペクティブに変容を迫ります。自分の勝ちパターンのようなものやこだわりや価値規範や信念、さらにはアイデンティティがゆさぶられる経験は、痛みを伴います。深く学ぶこと、「自己変革」は、違和感や痛みを引き受け、その先にもたらされるものなのです。

　このように、経験からの無自覚な学びを意識化してより効果的な学びを実現するのみならず、違和感や引っかかりもなく流れていく日常で立ち止まり、経験の意味、さらには経験の捉え方を規定している枠組みに気づき、学びの機会としていく上で、「省察」のあり方が重要になります。この点

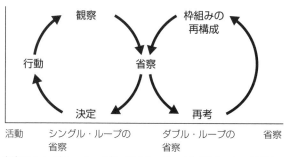

| 活動 | シングル・ループの
省察 | | ダブル・ループの
省察 | 省察 |

図1　省察のシングル・ループとダブル・ループ（出典：センゲ 2014、p.236）

について、ショーン（Schön, D. A.）は、専門職の学びと仕事における省察の意味を重視し、専門的知識を適用して問題を解決していく専門職像（「技術的熟達者（technical expert）」）ではなく、複合的な問題状況において臨機応変に対応する思慮深さや臨床的判断に専門家が専門家である根拠を見いだす専門職像（「省察的実践家（reflective practitioner）」）を提起しました（ショーン 2007）。

　ショーンらは、省察の機会を含んだ経験学習について、シングル・ループ学習として展開されるか、ダブル・ループ学習として展開されるかが重要だと言います（アージリス 2007）。たとえば、サーモスタットは、温度が高すぎたり低すぎたりするとそれを感知して、設定した温度に調節します。これがシングル・ループ学習です。これに対して、設定温度自体が本当に適切なのか、さらに、快適さと節電のどちらを優先するかといった前提価値をも問い、作動プログラムや基本方針自体を見直すのが、ダブル・ループ学習です。研究授業の後の協議会についていえば、省察が、授業での子どもの学習の評価や次の授業での改善の手立てに関する議論（問題解決：シングル・ループ学習）に止まることなく、目標や評価の妥当性自体も検討対象とし、教育活動の構想・実施のあり方や子どもの学習過程に関する理解をも深める議論（知識創造：ダブル・ループ学習）となることが重要なのです（図1）。

　省察の深さという点に関して、大人の学びのメカニズムを捉える精緻な理論枠組みを提起したメジロー（Mezirow, J.）の所論は示唆に富みます。成人学習者である私たちは、自らの経歴や歴史にとらわれており、それらの延長線上に、また無意識のうちに既存の社会や集団に適応的な形で獲得してきた見方や枠組みの範囲内で学びがちです（「形成的学習（formative learning）」）。これに対してメジローは、既存の知識獲得や問題解決の方法に磨きをかけて変化する状況に対応するよりも、変化する出来事をより完全に理解し、自分の生活や仕事に対する自らのコントロールの度合いを高めるために、既存の枠組みを問い直し、新しい枠組みや見方を手に入れる「変容的学習（transformative learning）」の重要性を提起します（メジロー2012）。その際、目の前の現実を、他者とのコミュニケーションを通して、自ら名づけ新しい言葉で語りなおしていくこと（物語ること）の意味も指摘されています。

　人間は、日常的に習慣的に、あるいは思慮深く行為する中で、既存の「意味スキーム」（物事の解釈枠組み）の枠内でスキルに磨きをかけたり、既存の意味スキームと両立しうる新しいスキームを学んだりして、知や能力を拡大し有能性を高めたりします（非省察的行為）。しかし、失敗経験のように、これまでの見方や考え方がうまく機能しない状況に陥ったりした際、何を（内容）、どのように認識したり、考えたり、感じたり、行動したりしたか（プロセス）を省察することで、あるいは、新たに理論（セオリー）を学んだりすることで、意味スキームの変容が生まれ、より思慮深く柔軟に実践できるようになる（コンピテンシー）かもしれません（省察的学習）。さらに、内容の省察やプロセスの省察に加えて、そもそもの前提の正当性を批判的に省察すること(想定の省察)で、「意味パースペクティブ」（意味スキームの集合体であり、解釈を方向づける志向性や習慣化された期待や信念のまとまり）、いわばパーソナリティやアイデンティティの編み直しにもつながっていくわけです（変容的学習）。

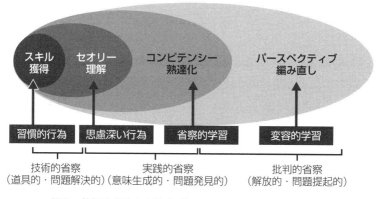

図2　教師の成長の次元 （石井 2021d、p.215 の図を一部修正）

（3）スキル、コンピテンシー、パースペクティブの変容としての成長

　以上をふまえると、教師の学びや成長は、個別のノウハウや技能（skill）の獲得（acquisition）という短期的に成果の見える表層的な部分のみならず、理論（theory）の理解（understanding）も契機としながら、判断力や技量（competency）の熟達化（expertise）、さらには観やパースペクティブやアイデンティティ（belief, value, and perspective）の編み直し（unlearn）といった長期的で根本的で深層的な部分を含んで、重層的に捉えられます（図2）。ヴァン・マーネン（Van Manen, M.）をはじめとする、教師教育研究における「省察」の深さの分類（秋田 1996；千々布 2021）をふまえると、スキルの獲得は、「いかにできたか（how）」を問う「技術的省察」によって、コンピテンシーの熟達化は、「なぜこの方法か（why）」を問う「実践的省察」によって、そして、パースペクティブの編み直しは、「何のために」「誰のために」を問う「批判的省察」によってもたらされると言えます。

　たとえば、さまざまな「失敗」経験は省察のきっかけを提供しますが、失敗にも、無知や不注意による表面的なものから、判断の誤り、さらには価値観の不良といった教師としての力量の深い部分に関わるものまでグラ

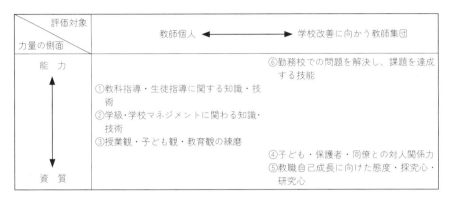

評価対象 力量の側面	教師個人 ◀─────▶ 学校改善に向かう教師集団	
能　力 ↕ 資　質	①教科指導・生徒指導に関する知識・技術 ②学級・学校マネジメントに関わる知識・技術 ③授業観・子ども観・教育観の練磨	⑥勤務校での問題を解決し、課題を達成する技能 ④子ども・保護者・同僚との対人関係力 ⑤教職自己成長に向けた態度・探究心・研究心

図3　教師・教師集団の「資質・能力」と評価対象（出典：今津 2017、p.331）

デーションがあります。失敗経験を生かすことで、表面的なものであれば、スキルの獲得につながり、より深い問題理解や判断に関わるものであれば、コンピテンシーの熟達化につながります。さらに、失敗の本質が教師としてのあり方や成熟度合いに関わる場合、それは人生における危機として認識されますが、他方で、パースペクティブの編み直しや教師として「一皮むける」経験につながる可能性も内包しているのです。失敗や転機を受け止め、経験から自ら学び続ける、学び上手な大人であること。その姿で子どもたちの学びを自ずと触発し、また、自ら失敗を知るからこそ子どものつまずきにも寄り添える「学びの専門職」であること。失敗への向かい方や生かし方は教師としての力量の核心に位置するのです。

　このように、教師の学びと成長において省察は重要ですが、他方で、それが個人の力量頼みにならないように、学校としての組織的対応とつなげて考える視点も必要です。再び「失敗」を例にすれば、個人に起因するものと、社会的・構造的な要素に起因するものがあり、そこを腑分けしながら、構造的な要因については個々人ではなく組織的に対応していくことが重要です。そうした個人要因と社会的・構造的要因との腑分けを考える上で、図3に示した、今津孝次郎による教員評価の枠組みは示唆的です。そこでは、教師の資質・能力を構成すると考えられる6つの要素が、比較的

固定的な「資質」と比較的可変的な「能力」、そして、教師個人を対象にすべきものと教師集団全体のあり方を対象にすべきものという二軸で整理されています。個人の総和に解消されない学校としてのキャパシティを高めていくことも必要です。

　また、教師の成長の次元をふまえるなら、各自治体等が提供する教員研修のプログラムも組織化・構造化することができるでしょう。集合研修がもたらす学びの身体性や場の熱量や、研修前後で生じるちょっとした相互作用は、理解を深めたり新しい出会いをもたらしたりしうるものです。しかし、個別のテーマやスキルや専門的知識を学ぶ獲得・理解型の研修は、むしろ情報の伝言ゲームにならないよう、集合研修という形態にこだわらず、オンライン同時双方向の講義や動画教材等で、各教師に直接届けることも有効でしょう。その分、集合研修としては、さまざまな知見を学んで実践した経験や事例を持ち寄って、悩みや疑問や知恵を交流し合い、テーマや専門的知識・技能に関する理解を深めたり、問題への取り組み方や考え方のレパートリーを広げ、見直し、実践的見識を深めたりする機会であることを重視するわけです。

　さらに、教育センター等の指導主事の役割としては、研修提供者として以上に、そして、授業スタンダード等で実践を点検したり、政策解説に終始したりする伝達的訪問指導でもなく、各学校や教師の個別具体的な実践的課題を共に考え、必要に応じて知見やリソースを提供する伴走的支援者としての役割が重要となるでしょう。そうして伴走的スーパーバイザーとして、現場の実態をつかむことは、さまざまな形で届けられている研修内容が学校に届いているかどうか、それがどうトータルに機能しているかを把握する、研修プログラム評価の資料収集の機会になるでしょうし、管理職となっていく上で学校全体の動きを対象化してみるトレーニングにつなげる意味も持たせることができるでしょう。研究主任になるなど、学校内の役割の変化、指導主事経験など、教室や学校での実践から少し離れてみ

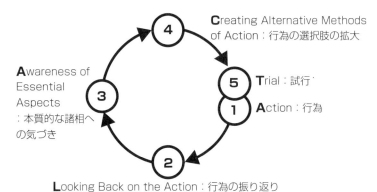

図4　省察の理想的なプロセスを説明する ALACT モデル
（出典：コルトハーヘン 2010、p.54。図の訳し方は、REFLECT 2019 による）

る経験や、研究を推進したり方針を立てたりするために、アンテナを高く
して知見を得る経験などは、パースペクティブ変容のきっかけを提供する
ものであり、教育委員会として、異動を含めたキャリアデザインを工夫す
ることも考えられるでしょう。

２．実践経験を成長につなげるための条件と方法論
（1）リフレクションを生かした教師教育の方法

　失敗を含め、経験を成長につなげる上で、そもそもの前提に迫る批判的
省察が目指される必要があります。たとえば、教師教育研究でしばしば参
照されるコルトハーヘン（Korthagen, F.）（2010）は、ALACT モデルと
いう経験学習のサイクルを示しました（図4）。省察といっても、振り返
りの先に、手っ取り早く悩みを解消する具体的なガイドラインを示したり
して、引っかかることなく、第3局面の本質的な諸相への気づきを飛ばし
てしまっていることがあります。本質的な問題への気づきに至るために、
教師教育者としては、実践者が悩むのを見守ることが大事ですが、ただ待
つだけでなく効果的に気づきを生み出すための仕掛けや手立ても重要だと
されます。

コルトハーヘンは、第2局面の振り返りにおいて、気づきを促すための下記の8つの問いを示しています。これらすべてに答えようとすることで、自分が答えづらいと感じる問いを知り、それはリフレクションの癖を自覚することにつながります。左の四つは教師の側、右の四つは子どもの側について、それぞれ行動、思考、感情、望みに関して問いが示されています。これにより、教師と子どものずれ、考えていたことと実際にやったこととのずれへの気づきを促したり、無意識だったものの言語化を促したりするのです。

1．私は何をした？	5．相手は何をした？
2．私は何を考えていた？	6．相手は何を考えていた？
3．私はどう感じていた？	7．相手はどう感じていた？
4．私は何を望んでいた？	8．相手は何を望んでいた？

こうして、省察を通して、無意識的で言語化されていない言動や判断などの塊（ゲシュタルト・レベル）、意識化された枠組み（スキーマ・レベル）、自らの考えを体系化した解釈（理論レベル）を交互に行き来しながら学ぶことが想定されています。さらに、8つの問いによって、自分の中の不一致や矛盾や欠陥に気づいても、それだけで前向きに第4局面の行為の選択肢の拡大につながるわけではありません。そこで、図5のような玉ねぎモデルも用いながら、成功経験を物語ったり、自らの核心・中核にある資質や「強み」（コア・クオリティ）を他者とともに探ったり、そもそも自分がこ

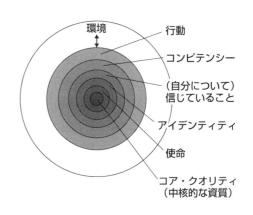

図5　玉ねぎモデル
（Korthagen 2005、p.54。
訳は、REFLECT 2019による）

の仕事に就こうと思ったのはなぜだったのかといった「使命」を見つめ直したりすることが推奨されます（コア・リフレクション）。ポジティブさも、明日への実践につなげるうえでは重要です。たとえば、特に失敗と向き合ったりする際には、ネガティブな感情がわきがちですが、それを成長へのきっかけとしてポジティブに捉えていく姿勢や声掛けが重要ですし、周りのサポート、教職の「危機」を「転機」に変える言葉の多くは、まさに自分らしさや使命の見つめ直しを促すものであったりします。

（2）教師たちによる現場からの実践研究の文化

「省察」という言葉を使っていなくても、経験から省察的に学び、現場から理論を立ち上げていくことについて、もともと日本には分厚い蓄積があります。校内研修において、授業を協働で計画し研究授業をみんなで観察し振り返ったりする、現場の教師たち自身が研究主体となった「授業研究」の伝統はその一例です。また、日本の教師たちは、学校や教室での出来事を一人称で物語風に綴った実践記録や、教育に関する専門書をまとめ、学校外の教育サークルで協働で批評し合ったりして、自分たちで実践の知恵を理論化し、「現場の教育学」を生み出してきました（田中 2005）。米国の教師は学校外のセミナーから学びますが、日本の教師は隣の教室から学ぶというわけです。

日本国内にいると当たり前すぎてその意味に気づきにくいですが、廃れたとはいえまだ存在している、下記のような、多様で多層的・重層的な教師の協働的な学びの場に目を向けていくことが重要です（石井 2017b）。①教育委員会や大学における講習や研修（教師たちは理論や教育方法についての講義やワークショップを受ける）、②民間教育研究団体や研究サークルなど、学校外での自主的な研究会（実践報告や実践記録を持ち寄り交流し、共同で批評し合う）、③教師の授業研究を中心とした校内研修（授業を学校内や学校外に公開し事前・事後の検討会を行う）。①は主に知識や

手法の獲得を目的とします。②③は主に実践交流、実践の省察、実践的な理論や方法の共同創出を目的とします。

とはいえ、日本においては、教師の協働的な学びの文化があまりに自明すぎて、逆に、それを対象化、体系化したり技法化したりする点で弱さがあった点は否めません。日本の授業研究の取り組みを、事例研究や省察の場として、教師教育的関心から見直す試みは、1990年代以降活発化し、日本国内でもさまざまな提案がなされてきました（浅田他 1998）。教師教育的な授業研究の方法論としては、古くは、特定の教授スキルの獲得につながるマイクロティーチングに始まり、授業における意思決定過程や実践的判断の熟達化につながるストップモーション方式（藤岡 1991）、さらに、自らの授業の見方への気づきを促すカード構造化法（藤岡 2000）などが生み出されており、目的に応じて使い分けるとよいでしょう。また、先述のコルトハーヘン等の諸外国の教師教育の理論にも学びながら、教員養成段階において、対話型模擬授業等のリフレクションを重視した教師教育の提案もなされています（渡辺 2019）。

こうした授業研究の方法論に加えて、実践記録を綴ることは、より長いスパンのより深い省察を促すきっかけになるでしょう。実践記録（教育実践記録）とは、保育士や教師など、子育てや教育の仕事に携わる者が、自らの実践のプロセスや成果を書きことばで綴った記録のことです。それは、学校や教室における教師の教えの履歴と、子どもたちの学びの履歴（ドラマ）を、「私」主語の一人称視点と固有名で質的に物語的に記録し可視化するものです。

生活指導を対象にするか、授業での教科指導を対象にするかという違いはあっても、実践記録と呼ばれる場合、子どもたちの学習活動や姿、教師から子どもへの働きかけ、さらには、子どもたちをとりまく家庭や地域の状況や活動の事実を、実践者本人が自らの問題意識に即して切り取り、物語的様式で記述したものが想定されていました。客観性を追求するより、

事実の強調・省略のある物語的な記述であることで、実践記録は、実践過程のリアル（内側から体験された現実や風景や心情）を、そして、実践の切り取り方に埋め込まれた教師の実践知（ものの見方・考え方や知恵）を残し伝えるものとなるのです。

　たとえば、竹沢清（2005）は、実践記録は、教師の意図と子どもたちのぶつかり・ズレと克服の過程、葛藤（矛盾）を書くものだと言います。①出会いをエピソード風に（子ども像を早く持てるように）書く、②実践の課題をどう引き出していったのか（問題行動の中から実践の糸口をどう見つけるか）を書く、③具体的な場面、小さな変化と意味づけ（かかわり、働きかけ、反応）を書く、④変わった子どもの姿を書く。中心的に描かれるべきは、実践者が子どもの課題をどう捉えたかであって、②を中心に子どもの前の姿と後の姿を一貫してつなぐことで、教師の側で働いていた実践的思考を整理していく。その際、「私は」という主語を入れて書くことで、子どもの課題を実践者である「私」がどう捉えたのか、そこに表れる思いや意図を自覚し掘り下げることがめざされます。そうした、実践者である「私」の願いや思考が見えてこそ、読みごたえがあり、かつ他者の創造的模倣や省察を触発する実践記録となるのです。この実践記録の文化を継承しながら、子どもたちと教師のロングスパンの探究的な学びのストーリーを省察する教師教育の取り組みも提案されています（福井大学教育地域科学部附属中学校研究会 2004）。

（3）模倣と省察、実践知と理論知を統合する研究的実践

　本章で繰り返し述べてきたように、教師の仕事や成長は、人間としての核となる部分の成熟、教職に関する観や信念の深み（パースペクティブやアイデンティティ）と不可分ですし、手法（スキル）をたくさん知っていて、それを当てはめればうまくいくというものでもなく、目の前の子どもや教室に応じて、その場その場で適切に対応したり、判断したり、さりげ

なく配慮したりする、感性的な敏感さや思慮深い判断力が教師の力量の中核です（コンピテンシー）。そうした教師としての技量、臨床的・実践的な判断力はどのようにして磨かれていくものなのでしょうか。それは、スポーツや芸道などの「技」の学習一般がそうであるように、基本的には、「なすことによって学ぶ（learning by doing）」という形を取ります。すなわち、教室の外側で理論を学んで実践に当てはめるのではなく、実践の中で反省的に思考（省察）し、教訓（実践知）を蓄積しながら、実践をよりよいものへと自己調整・自己創出していくわけです。よって、教師の技量を磨くには、授業の構想・展開・省察の全過程を、教師自身の学習の機会としてどう充実させられるかがポイントとなります。

　また、そうした教師の学びは、同年代や先輩教師たちとの間の、タテ・ヨコ・ナナメの重層的な共同関係の下で遂行されていきます。たとえば、経験の浅い教師にとって、先輩教師（熟達者）たちにあこがれ、それらをモデルとして創造的に模倣するというプロセスは重要な意味を持っています。ここで言う模倣とは、たんに表面的な行動を真似るのではなく、目の前の状況に対して、「〇〇先生ならば、どこに着目して、どう考えるだろうか」と思考し、目指す授業像、および、視線の先に見据えているものや思考方法や感覚を共有することです。そうして、実践者としてのものの見方・考え方や現実への向かい合い方を、さらには、技や考え方に止まらずその「人」まるごとを模倣することは、それを徹底するほどに、自分なりのスタイルを構築すること（モデルからの卒業）に行き着くがゆえに、創造的な営みと言えます。

　すぐれた判断を支える実践知の多くは、論理的に明晰には言語化されにくく、具体的なエピソードや、それに伴う感覚や意味づけという形で、暗黙知（感覚的で無意識的な知）として、実践者個人や実践者の間で蓄積されています。こうした、実践共同体に蓄積されている実践知は、あこがれの教師のように日々思考したり、授業や子どものことについて同僚と対話

したり、実践記録を読んだり書いたりするなど、生のエピソードや事例（ナ
ラティブ）を介した「風景（landscape）」の共有や判断過程の追体験を通
して学ばれていきます（藤原 2010）。校内研修としての授業研究、あるいは、
研究サークル等で実践記録を持ち寄って共有・検討するような、教師の協
働的な実践研究の文化は、省察を効果的に深める「事例研究（ケースメソッ
ド）」として捉えることができます（若松 2021）。

　そうして、実践経験やその省察を通して、暗黙的な実践知を学びそれを
豊かにしていく一方で、教科内容、子どもの学習、教育方法などに関する
諸理論（形式知）を学ぶことも重要です。理論を学ぶだけで実践はできま
せんが、だからといって理論を学ばないというのは誤りです。教師たちが
自らの実践を支えている論理を自覚化し、より広い視野から実践の意味を
理解し、それを語る言葉を持つ。それは、教師の感覚的な判断を根拠や確
信を伴ったものとし、実践の変革可能性や柔軟性も準備するでしょう。失
敗や転機となる経験の先に、その経験や出来事の本質に気づき、総括し、
知識化する際に、理論を学び枠組みや言葉を持っておくことは、語りや自
らの実践哲学を豊かなものにするでしょう。そして、読書する経験は、静
かな内省の機会であり、新たに物事を知ることによる世界や風景の広がり
や気づきを多かれ少なかれ伴うものであって、新鮮さを実践にもたらすで
しょう。このように、教師の学びは、模倣と省察の過程で理論知と実践知
を統一する、研究的な学びとして遂行されねばならないのです。

3．ゆらぐ日本型教師像と教職の仕事

（1）日本型教師像の歴史的展開

聖職者像の呪縛

　ここまでで述べてきたように、日本の教師たちの自生的な実践研究の文
化は、教師の学びと成長のメカニズムからしても理にかなった部分が多く、
「日本型学校教育」の質の高さと豊かさを支えてきました。しかし、本書

で述べてきたように、そうした教師の仕事や考え方の当たり前、および卓越した仕事や実践研究を支えてきた基盤は急速に失われてきています。日本における教師像の歴史的展開や近年の教師教育政策の方向性を明らかにしながら、教職が置かれている現状を確認したいと思います[25]。

戦前・戦中には、教師を「教育ノ僧侶」とした、初代文部大臣の森有礼をはじめ、教師を公僕や奉仕者と見て、使命感や献身性や遵法の精神を要求する「聖職者」観が支配的でした。戦後、日本教職員組合（日教組）の「教員の倫理綱領」（1952年）により、労働基本権の保障要求等がなされ、「労働者」としての教師という見方も構築されていきました。こうした聖職者像と労働者像の二項対立図式に対して、1966年に採択されたILO・ユネスコの「教員の地位に関する勧告」は、教師を「専門職」として明確に位置づけました。その上で、専門職としての仕事から要求されるものとして、研修の意義、労働条件の改善、教育政策決定への参加、学問の自由、市民的権利の保障等が提起されました。

教職については、公共的使命などの精神的側面が強調される一方で、専門性の根拠となる専門的知識が明確にされているわけではなく、専門家としての地位も自由も自律性も十分に保障されていないのが実態です。「教員の地位に関する勧告」についても、日本政府はその趣旨を具体化しているとはいえません（堀尾・浦野 2005）。こうして、「準専門職（semi-profession）」というべき現状から、古典的な専門職要件の獲得を目指して、あるいは、高度な準専門職の確立を目指して、教職の専門職化（専門性や専門職性の高度化）を進めていくことが課題となってきました。

ここで、専門職としての教師像の確立を考える上で、日本における教師像の基底をなしてきた聖職者像に、専門職としての教師像につながる契機

---

[25] 教師像の展開については、寺崎（1973）、船寄他（2022）などに詳しい。

が内在していた点が重要です。先述の森有礼においても、国体の形成という至上目的への教職を通じての献身と禁欲を説く一方で、儒教主義思想と異なる近代合理主義を基にした教育観に立って、教師の任務と役割を説くという形で、聖職者論と専門性論の二つの契機を読み取ることができます（寺崎 1973）。また、「教育者の精神」を説いた大正期の澤柳政太郎の教師論においても、精神主義的な聖職者論からの展開として、教科書に対する主体性を持った授業のスペシャリストとしての、自律的な研究者としての教師像の萌芽を見て取ることができます（浅井 2016）。

　こうした、「教員」ではなく「教育者」や研究的実践者としての教師のありようは、先述のように、「授業研究」をはじめ、日本の教師たちの実践研究の文化を生み出してきました。そして、教育実践における教師の主体性が意識化されることで、教職の自律性を重視する民間教育研究団体の活動も展開しました。

　ただし、日本的な専門職としての教師像と聖職者像との潜在的なつながりは、教育政策の文脈において、たとえば、1971 年の中央教育審議会答申における「特別の専門的職業」という文言が示すように、教職の専門職性を教職の特殊性に矮小化しがちで、政治的中立性の要求、労働基本権や学問の自由等の制限、聖職者的な献身と自己犠牲を強いる論理としてしばしば機能してきました [26]。こうした労働者性を否定しがちな教育政策側の専門職論に対し、民間教育研究団体も含めた教育運動側の専門職論は、労働者性を基礎としながら、教職の自律性や専門職性の確立に力点がありました。しかし、教育実践研究を軸にした草の根の専門職論についても、聖職者論の影響を認めることができます。たとえば、戦前・戦後を通して、日本の先駆的な教師たちが著した教育実践記録は、いわば「求道者として

---

[26] 教育政策側と教育運動側の専門職論の違いについては、櫻井他（2013）を参照。

の教師」の道を説く側面も持っていました。それは日本の教師の矜持と教育実践の卓越性の基盤であった一方で、近年の教職のブラック化を教育現場の内側から支える側面もあったと考えられます。

「省察的実践家」論の光と影

　1990年代以降、日本では、先述のショーンによる「省察的実践家」論が、目指すべき専門職としての教師像として影響を持つようになり、「技術的熟達者」と対立関係、あるいは相互補完関係として並置され、教師教育改革の議論を枠づけるようになっていきました（佐藤 1997）。戦後教育改革で「大学における教員養成」を実現することで、1970年代までは日本の教師の学歴レベルは国際的に見て高水準でした。しかも、民主社会の担い手として、経済復興の担い手として、公共的使命と責務の遂行者として、教師は進歩的な存在で社会的に信頼されてきたし、待遇面も国際的に見れば比較的恵まれていました。しかし、1970年代末以降、量的拡大から質の追求へと学校教育の課題がシフトしていく中で、教職の地位に関わる専門職性よりも、役割に関わる専門性の中身や実践が議論の的になっていきました。また、保護者や地域住民に対する学歴における教職の優位性もゆらぎ、近代学校に内在する諸問題、知識と権力との関係や専門職の抑圧的性格も指摘される中で、知識人としてだけではない教職の専門性の基礎付け、あるいは、理論と実践、専門職と素人との垂直的関係の問い直しが求められていました。さらに、研修制度の体系化など、教職に対する官僚的組織化も進行していました。こういった状況に対して、「省察的実践家」概念は、教職の専門性や自律性を立ち上げ直していく意味を持っていました（図6）。

　さらに、「省察的実践家」概念は、教えることから学ぶことへといった教育改革のスローガンと結びついて、「学びの専門職」を意味するものとして捉えられるようになりました。そして、政策的にも、「生きる力」の育成、「資質・能力」の育成といった教育課程政策の展開と軌を一にして、後述の教職の質的高度化の文脈で、「学び続ける教員」像が追求されるように

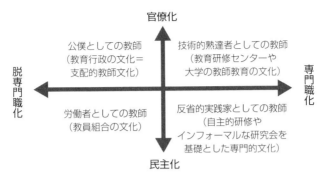

図6　**教師文化の構造**（出典：佐藤 1994、p.30）

なりました。他方で、教師の学びを合理的で体系的な介入の対象とすることが、教育の客体として教師を位置づけることに陥ったり、「学び続ける教員」が、提示された目標や指標に向けて「研修を受け続ける教員」に矮小化されたりすることが危惧されます。

　また、図7で示しているように、教えることや教育の技術的側面について考えること（設計志向）が、直ちに効率性優位の機械的な実践に陥るかのような論調は、教材研究や指導技術といった授業づくりのアートを対象とした理論的・実践的研究を弱くしました。そして、教科内容・教材の中身に関する議論や教え方に関する検討を過度に手控えて、教授・学習過程である授業の研究を、子ども研究や学習研究（解釈志向）に解消するような傾向も生み出しました。逆に、教える仕事の創造的側面の理論化が不十分なこともあって、各自治体における、授業の流れの一定の形や盛り込むべき要素を示す「授業スタンダード」の作成など、授業を創る仕事のマニュアル化・標準化が進行したりもしているように思います。

（2）教師教育政策の展開と教職の脱専門職化の進行

実践的指導力重視の教師教育政策の展開

　1990年代以降、先述のように日本社会のフェーズが成長段階から成熟

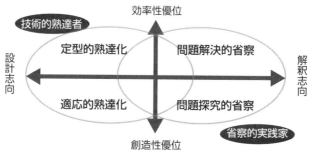

i)「熟達化」の二類型

定型的熟達化	特定の課題について決められた手順を速く正確に遂行できる。
適応的熟達化	状況に応じて適切な方法を選択したり創造したりできる。

ii)「省察」の二類型

問題解決的省察	既存の枠組みを自明視したまま、出来事を解釈したり、問題発見・解決を遂行したりする（シングル・ループ学習）。
問題探究的省察	出来事や問題を捉える枠組み自体を吟味し、再構成する（ダブル・ループ学習）。

図7　技術的熟達者と省察的実践家の二項対立図式の再構成
（出典：石井 2013 の図に若干の修正を加えた）

段階へと移行したことや、社会問題の反映としてではなく学校や教師のあり方自体に起因するものとして教育問題が捉えられるようになったことも背景に、教師の資質能力の向上が課題として認識されるようになりました。そして、「教職実践演習」の導入、「教職大学院」の創設、教員養成の「修士レベル化」、「教員育成指標」や「教職課程コアカリキュラム」の策定など、教員養成・採用・研修の全体に関わる改革が展開してきました。

　こうした政策動向は、実践的指導力や高度専門職業人の養成を基調としています。そこには、戦後の「大学における教員養成」原則による教師教育の実践志向性の弱さに対する問いかけがあります。また、変化の激しい社会に対応する資質・能力ベースのカリキュラム改革、あるいは多様化し複雑化する子どもたちをめぐる諸課題に対応する学校の組織改革といった具合に、学校や教師への要求が高度化していることもあって、教師教育の意図的・効果的なデザインや質保証への志向性が強まっています。そして

　近年、教員の世代交代が急速に進行する中で、先に触れたように、教育委員会も「授業スタンダード」を作成しそれに基づいた指導助言を行うなど、最低限の質保証を目指す試みも進んでいます。

　こうした教師教育改革をめぐる議論や取り組みについては、実践的指導力が即戦力に矮小化され、養成・研修それぞれの段階の教師教育が標準化されることで、専門職養成がスペシャリスト養成や実務職養成に矮小化されること（教職の高度化の名の下の「脱専門職化（deprofessionalization）」や「単純労働化（proletarianization）」）への危惧が指摘されてきました。たとえば、佐藤学（2016a）は、臨時教育審議会の答申（1984年）から現在まで続く「新自由主義の政策とイデオロギーは、国家による集権的統制を市場競争による統制へと転換し、公的領域を私事化して極小化し、国家と社会の責任を自律的個人の自由な選択による自己責任へ転換し、命令と通達による管理統制から、査定と評価による管理統制へと転換させた」（p.3）と言います。さらに、「グローバリゼーションによって『分権改革』が急速に進行し、学校行政は、中央集権的統制から『教育消費者』の市場のセクターと『納税者』の地域共同体のセクターによる統制へと移管されてきた。…［中略］…今日の教師は日本社会の『公共的使命』を背にして立つ存在ではなく、『教育消費者』としての保護者や『納税者』としての市民に献身的にサービスを提供する『公衆の僕（public servant）』へと変化している」と述べます（佐藤2016b、p.14）。そして佐藤は、教師の「声」の復権、専門家としての自律性の確立、専門職としての地位と待遇の改善の三つの原理で教師教育改革をデザインし、専門職基準の確立と専門家協会の創設等を含んで、教職の高度化と専門職化を遂行していく必要性を提起しています。

　さらに、教員養成の修士レベル化にしても、教職の高度化政策は、大学院卒レベルにふさわしい教職の地位・待遇改善の議論を欠いて、大学院における教師教育プログラムの効果を問うことに傾斜しがちであり、いわば

「専門職性（professionalism）」改革（教職が職業としてどれだけ専門職としての地位を獲得しているかを問題とする）として遂行すべき改革を、「専門性（professionality）」改革（教師が児童・生徒に対して教育行為を行うときに、どれだけの専門的知識・技能を用いるかという、教師としての実質的な役割や実践の質を問題とする）としてのみ遂行しようとするものと捉えられます（石井 2021c）。

教職の専門性論議のゆらぎ

　教職の標準化やイージーワーク化や脱専門職化に対しては、先述のショーンの「省察的実践家」という専門家像を対置するなど、その仕事の複雑さやジェネラリストとしての性格や実践的見識の重要性が強調されてきました。また、制度的にも、学校への質的要求を高める教育改革と軌を一にする形で、制度構想と実態との間にずれがあるにしても、「学び続ける教員」像など、教職への質的要求を高める方向性自体は自明視されていました。しかし近年、そうした教職の専門性の質的追求を自明視できない状況が生まれています。

　社会や学校の構造変容を背景に、学校や教師が直面する困難の度合いが深刻さを増す一方で、教育や学校への期待が高度化するという矛盾した状況を、条件整備等を伴わずに教師の資質能力の育成で克服しようとすることは限界を迎えつつあります。そして、それはコロナ禍を経て先鋭化しています。こうした現状に対して、教員の働き方改革が主題化されてきましたし、教員の労働環境のブラックさが社会的にも広く認知されるようになって、教員の待遇や条件整備面での政策的対応についても議論がなされるようになっています。

　他方、教育活動、あるいはそれに止まらない福祉的な役割などについて、学校という場に関わるアクターは多様化し、「チーム学校」をはじめ、多職種協働が前提となってきています。特に、教員の質の担保のみならず、教員志望者減による人員の確保も難しい状況が生まれている中で、教師、

あるいは学校の仕事のスリム化や外注、教職ルートの多様化や人材の多様化を促す教職資格自体の規制緩和の動きもあります。教育の仕事や専門性を教職の専有物とすることは自明ではありません。開かれた教育の専門性との関係において、教職の専門性・専門職性を議論していくことが不可避となっています。

　こうした状況は、民主的で社会に開かれた学校経営、教育実践の活性化や変革、あるいは、教師の負担軽減や教職の専門性の鍛え直し（「再専門職化（re-professionalization）」）の契機となるかもしれません（丸山 2017）。一方で、民主的であること自体が教育の質を担保するとは限らず、多様なスペシャリストへの外注や連携がむしろ学校の機能の肥大化と教師の負担の拡大につながることも予想され、その中で教職の劣位化が進んだり、技術的側面への専門性の矮小化が起こることも危惧されます。日本型公教育の構造変容が展開する中で、教職の脱専門職化と再専門職化の狭間で、どう教職の仕事を考えていけばよいのかをもう少し詳しく検討してみましょう。

（3）教職の専門性と専門職性の持続可能なあり方に向けた議論の基盤
教育「変革」政策は教職の再専門職化につながるか
　第1章で確認したように、学校のガバナンス改革は、多様なアクターの対話と協働による市民社会的な公共性の再構築に向かう可能性もある一方で、グローバル資本主義の肥大化を背景に、商業主義的な市場化のパワーや経済的価値が勝り、教育の商品化、教育的価値や公共性の空洞化が進行することが危惧されます。こうした構造改革の両義性をふまえ、1970年代の「脱専門職化」論の教育の民主化につながる問題提起（学校における専門職の自閉性や特権性を問い直し、クライアントの利益の拡大につながりうるような、教職の自己変革を含んだ、民による共同統治への可能性）（今津 2017）を発展させる形で、ウィッティー（Witty, G.）（2004）は、「民

主主義的な専門職性（democratic professionalism）」概念を提起しました。すなわち、社会民主主義と新自由主義をともに乗り越えようとする社会学者ギデンズ（Giddens, A.）の「第三の道」にも言及しながら、専門職自治の閉鎖性も国家統制の閉鎖性もともに避けて、自律を求める専門職の主張と、専門職以外のグループのニーズや関心に耳を傾ける民主主義への志向性との緊張を解いて、「専門職の仕事を脱神秘化し、教師と、生徒・親・コミュニティのメンバーといった疎外されてきた構成員…との間に連携をつくり上げること」（p.110）を目指すというわけです。

　教職の「脱専門職化」を、開かれた専門性という方向性で「再専門職化」につないでいく視点は重要かつ不可欠です。しかし、学校のガバナンス改革の実際としては、非「教職の専門性」が「教職の専門性」を凌駕し優位化する傾向が強まっているとの指摘もあります。学校の責任体制と校長のリーダシップの確立を掲げた施策が、校長の任用資格要件の厳格化ではなく緩和として遂行された点に象徴されるように、日本の教師教育政策は、学校の組織と経営を「脱教職」化する志向性が強いと言えます。また、チーム学校によって役割分担や負担軽減も期待されていますが、特定業務のスペシャリストが設けられたからと言って、それらを包括する役割、教職のゼネラリストとしての役割から教員が解放されるわけではなく、「『チーム学校』イメージは、従来よりも幅広い『教育』を射程に入れたマネジメントを必要とし、教員の多忙軽減を導かない可能性が高い」（浜田 2020、p.33）と指摘されています。

　こうした状況に対して、浜田博文（2020）らは、学校運営協議会に関する事例研究の知見を紹介しながら、学校ガバナンスにおいて、地域住民・保護者を巻き込んだ教育活動を組織していく教員のイニシアチブや専門性の役割は不可欠だとしています。また、学校評価への地域住民・保護者の参加を組織化する上で、教育実践を主題とする多方向コミュニケーションを機能させることが重要で、そこでイニシアチブをとるべき第一のアク

ターは教員であり、その正統性を担保するのは教職の専門性だと指摘しています。そして、他のアクターとの関係構築のための調整能力は重要ではありますが、最終的には教育実践自体の遂行とその改善に収斂させて教職の専門性を捉える必要があると述べています。

教職が専門職としてふんばるために

「公」をめぐる「官」と「民」の関係を、お上と下々の垂直的構造からフラットで非階層的構造へと再構築する試みは、ウィッティーの言うように、これまで官僚統制や専門職統制の下で疎外されてきた構成員を尊重する、水平的協働につながればよいですが、「官」との間の垂直的関係を温存させたまま、「民」と「官」それぞれの内部やアクター間（教師、子ども、保護者、地域住民、NPO、大学、企業等）における新たな垂直的関係を生み出しているようにも思われます。

この点に関わって、たとえば、近年のデータ覇権主義とも形容できる状況下で、データを手にする者が必ずしもその分野の専門性がなくても参入可能になってきた点に留意する必要があります。画像診断の技術を持つカメラメーカー等が医療を担う、あるいは、学習データを最も多く握っている企業が、カリキュラム、教材、学習支援、評価などを一括で担う教育システムを構築するといった具合に、技術のもとに人間である専門職が補助的な役割を担うといった構図も考えられます。

とはいえ、AIが医師や教師といった専門職の仕事を代替しうるかといえば、現時点では難しいと思われます。それは技術の水準の問題というより、医療や教育という営みに関する観念やそれを担う者に期待される仕事のイメージという点が大きいのです。AIが代替しうる仕事の範囲は、当該の仕事をどう捉えるか（専門性イメージ）にも依存します。たとえば、教科学習は検定試験のようにスキルアップに特化すればよい、人間としての成長の機会まで教育や学校に求めないということになれば、だれでも授業や教育は担えるのではないか、必ずしも人間が担わなくてもいいのでは

ないかということになるでしょう。

　登校時に校長先生が校門前に立って挨拶したり声掛けしている風景も、ロボットで代替してしまっていいのではないかといった議論について、確かに、現状においてはロボットやセンサーやライフログ等に任せて、他にすべきことに注力するという判断はあると思います。ただその際に、一方でそのような声掛けをしていた校長先生の気持ちや行動の意味はわからなくもないといった、人と人とが関わる仕事であることに由来する行為の意味づけが世間に共感されなくなったり、見守られているということと情報を把握されている（管理されている）ということとの違いに人々が敏感でなくなったりすると、教育の仕事は、人ではなく「AI 先生」でもいいということになっていくかもしれません。

　近年の「教師崩壊」（妹尾 2020）とも形容すべき、教員の長時間労働、過剰業務、徒労感などのブラックな労働環境を背景とする、教員の質の低下と教員不足の問題は、欲ばりすぎず、多くを求めず、高度でマルチな専門性がなくてもできる仕事として、教職の持続可能性の問題を提起するものです。またそれは、教員のワーク・ライフ・バランスと健康を守るという観点からだけでなく、いわゆる残業代未払い状態等を法的に正当化し労務管理をあいまいにしている給特法の改正をめぐり、教員の労働者性や待遇改善の議論とも接続しています（内田他 2020）。

　こうした教師の仕事の限界状況は、先述の、教職の「自律性」よりも「特殊性」を強調する専門職論の文脈において、学校への要求を高くする一方で、教職の待遇や条件を切り下げてきたことを背景にしています。教員の労働環境の改善は、教職の特殊性に矮小化されてきた専門職論を問い直し、労働者としての条件整備の先に、専門職としての教職の自律性の尊重と待遇改善につなげること、また、聖職者意識と結びつきがちな教職の矜持を、自己規制のシステムの構築を含んだ専門職倫理として再構築することを課題とすべきでしょう。

　もはや質の追求や授業研究どころではないといった論調も広がり、削っても他から文句が出にくい校内研修等が削減対象となる状況もある中で、教師の働き方改革が、専門スタッフとの協働や周辺業務の外注の域を超えた、学びの保障などの本業部分の単純労働化や下請け化や非人間化に陥らないよう注意が必要です。教職の労働者性の確立の上に、個人の人間的力量頼みの「教師論」に依拠しすぎず、システムの力も生かしながら、他教員や補助スタッフなどとの分業・協働で仕事を行う「教職員（組織人）論」へと軸足を移しつつも（榊原 2016）、教職の仕事の手応えや尊厳をギリギリのところで手放さないよう、その専門性を持続可能な形で立ち上げ直していくことが求められます。

　ただし、学校や教職員の厳しい労働環境を改善する上で、教職の仕事や専門性の中身を持続可能なものへと再構築するだけでは限界がある点を再度強調しておきたいと思います。そもそもそうした当たり前の問い直しには、それが教職の仕事にゆとりをもたらす方向であったとしても、慣習に逆らうことや学校外との認識のずれ等に伴う葛藤や不安や痛みが学校現場には生じますし、新しい形に順応していくための心理的な負荷もしばしばかかるものです。ゆえに、それに耐えうるよう、学校現場にさまざまな余裕を生み出す条件整備を伴った施策が不可欠です。すなわち、働き方改革による業務改善、給特法の見直し等による待遇改善に止まらず、義務教育標準法の見直しも視野に入れて、教職員の定数改善にまでふみこんだ議論が必要でしょう（高橋 2022：広田・橋本 2023）。

4．日本型の教師の力量形成システムを再構築するために
（1）「令和の日本型学校教育」を担う「新たな教師の学びの姿」をめぐる論点
教師版の「個別最適な学び」をめざす新研修制度
　ここまでで述べてきたように、教員の世代交代による現場の若返りと技

の伝承の難しさ、人手不足で日々の学校運営もままならない状況、学校内外における学び合いやつながりの弱体化といった具合に、足元が大きくぐらつく中、肥大化する改革のマジックワード（「○○な学び」等）への対応が求められ、何より目の前の子どもたちの課題の多様化や複雑化と向き合わざるを得ない状況で、教師の学びと成長の機会はどう保障されうるのでしょうか。

　実践的指導力重視で「学び続ける教員」像を掲げてきた教師教育改革も、子どもたちの「個別最適な学び」に力点を置く「令和の日本型学校教育」答申の方向性と軌を一にする形で再編が進みつつあります。2022年5月11日、教員免許更新制を廃止する教育職員免許法の改正案と、教員一人ひとりの研修記録の作成を各教育委員会等の任命権者に義務付ける教育公務員特例法の改正案が、参院本会議で可決、成立しました。教員不足で教員確保が難しくなっている状況も一因となって、2009年4月に導入された教員免許更新制は2022年7月1日の改正法施行に合わせて廃止され、本書冒頭でも言及した、「『令和の日本型学校教育』を担う新たな教師の学びの姿の実現に向けて（審議まとめ）」（以下、「審議まとめ」）（2021年11月15日）に基づいて、新研修制度が提起されることになりました。以下、新研修制度が提起された背景と概要を述べます。

　「審議まとめ」では、教員免許更新制自体のさまざまな問題を指摘しつつも、基本的には、最新の知識・技能を修得することが教員免許更新制の目的であり、その目的自体は引き続き重要で、むしろ制度導入当初には予見できなかった社会変化により、教員免許更新制が「新たな教師の学びの姿」と方向性が違っていて不整合を起こしているという点が廃止の理由として述べられています。

　まず、廃止の背景として、近年、社会の変化が早まり、「非連続」と言えるほどに劇的に変わる状況が挙げられています。これに対して、教員免許更新制は、10年に1度講習の受講を求めるものであり、常に教師が最

新の知識・技能をたゆみなく学び続けていくことと整合的ではないとされます。また、教師の学びのあり方についてのパラダイム転換も指摘されています。座学等を中心とする知識伝達型の学習コンテンツを受け身の姿勢で学ぶだけでなく、自らの日々の経験や他者から学ぶ「現場の経験」を重視したスタイルの学びがより重要になっているとされます。そして、地域や学校現場の課題解決を通した、より自律的で探究的な学びが必要とされています。さらに、教職員組織も、より多様な知識・経験を持つ人材を取り入れたりと、多様な専門性を有するものとなるのが望ましいとされ、全員共通に求められる基本的な知識・技能というレベルを超えて、新たな領域の専門性を身に付けるなど、強みを伸ばすことが必要であるとされます。こうして、共通に求められる内容を中心とする教員免許更新制は、教員一人ひとりの「個別最適な学び」とは方向性が異なっているとされたのです。

　求められる研修像の変化に加えて、教員の研修環境の変化についても述べられています。まず、2016年の教育公務員特例法の改正による研修の体系化の進展が挙げられています。教員育成指標とそれに基づく教員研修計画の策定などを通して、各地域の課題やニーズに応じた計画的な研修の実施が促進されるようになったとされます。また、コロナ禍でオンラインを通じた遠隔授業が大学において一般化するなど、オンラインによる研修の受講環境が充実した点が示されています。特に、独立行政法人教職員支援機構においてオンライン化の取り組みが進められており、大学の良質なコンテンツが全国どこでも受講可能になることで、教員免許更新講習が果たしていた、教員の大学等での学びの機会は損なわれないとされます。

　その上で、「審議まとめ」では「新たな教師の学びの姿」が示されていますが、そこでは、「教師が技術の発達や新たなニーズなど学校教育を取り巻く環境の変化を前向きに受け止め、教職生涯を通じて探究心を持ちつつ自律的かつ継続的に新しい知識・技能を学び続け、子供一人一人の学びを最大限に引き出す教師としての役割を果たしている。その際、子供の主

体的な学びを支援する伴走者としての能力も備えている」という、「令和の日本型学校教育」答申の言葉を引きながら、学び続ける存在であることが強調されています。教師としての自らの強みを伸ばし、変化の激しい社会において最新の知識・技能を主体的にアップデートし続ける存在として、まさに個性的に主体的に学び続ける意欲を子どもたちに培うためのロールモデルであることが教員に期待されています。

　本書で確認してきたように、「個別最適な学び」とは、学習者主語の学びであり、教員の「個別最適な学び」を目指す新研修制度では、学び手である教員自身の手による自律的・体系的・計画的な学びの実現を基調としています。そのためには自らの学びを適切に振り返りつつ、適切な目標の策定と現状の適切な把握が必要とされます。そして、自己の「現在の姿」のより客観的な把握のために、また、学びの成果の可視化による学ぶ意欲の喚起のために、学習履歴の活用等の必要性が示されます。また、目標となる「将来の姿」を適切に設定するために、任免権者や服務監督権者・学校管理職等との間で、教員育成指標や研修受講履歴等を手掛かりとして積極的な対話を行い、適切な研修を奨励することの重要性が示されています。

　さらに、そうした教師の自律的・体系的・計画的な学びは、必要な学びの機会や学習コンテンツの選び取りとして構想されています。オンラインも積極的に活用して、オンラインと対面、個別最適な学びと協働的な学びの統一的実現が志向されており、教育委員会等や大学のみならず民間事業者によるプログラムの提供も視野に入れながら、質の高い学習コンテンツの充実と質保証、学習コンテンツをワンストップ的に集約・提供するプラットフォームの構築の必要性が述べられています。この「審議まとめ」にかなり沿う形で研修記録の作成を義務付ける新研修制度が構想されています。

新研修制度への危惧とそれを乗り越える展望

　教員免許更新講習の廃止についてはそれを歓迎する声が大きかったですが、他方、研修履歴の記録作成の義務付けについては批判的な見解も示さ

れています（日本教師教育学会 2023）。たとえば、2022 年 4 月に衆議院の文部科学委員会と参議院の文教科学委員会それぞれの参考人質疑で議論がなされ、そこでも新研修制度そのものの実効性への疑問、管理強化や負担増などの問題、さらには、教員免許更新制成立の背景にある教師不信や脱専門職化の志向性も指摘されました。新研修制度については、それが真に教師（学習者）主語の自律的な学びをもたらすものであるのか、また、教職への不信ではなく信頼を前提としそれを高める方向で実装されるかが論点として示されたのです（石井 2022b）。この点に関して、新研修制度における研修履歴の義務化については、教員免許更新制を生み出した暗黙的想定でもあった教師不信の構造を残存させている部分があり、専門性に関わる力量形成と質保証の手段としても実効性には疑問があります。他方、専門職性に関わる教職への信頼と尊厳の回復という点について、この制度で社会的な信頼が調達される見込みは薄く、むしろ社会の教師不信の構造を制度的に追認するメッセージとなってしまうことが危惧されます。

　また、想定されている「新たな教師の学びの姿」に関して、子どもたちの場合と同じく、教師たちの「個別最適な学び」についても、学びの孤立化やスタンプラリー的なスキル化や主体的従属に陥ることが危惧されます。これに対して、「協働的な学び」との関連を大事にしながら真に教師たちの自律的な学びにつなげる上で、山﨑準二（2016）の指摘は示唆に富みます。山﨑は、2000 年代以降の教師教育改革の展開に対して、「『教職の実務職化』を前提とした『学びの履歴づくり』とその成果の『可視化』を前提とした『評価』によって〈制度化の内における学び〉に囲い込みながら／駆り立てていくようなものであってはならない」（p.130）とします。そして、学び手の自発的なニーズを信頼・尊重し、〈手づくりによる学び〉〈つまずきからの学び〉〈制度化の外に向かう学び〉が包容・援助されるように、教育専門職に相応しい教育権限を保障することの必要性を説いています。山﨑は、教育行政等によって公的認証を受けた学習コミュニティや教

員養成コミュニティに閉じることなく、多様な人と情報が集う複数の実践コミュニティに参加する自由の必要性も指摘しています。

　先述のように、日本の民間教育研究団体や教育サークル等においては、教育実践記録を持ち寄って相互批評がなされてきましたが、それは教師の力量形成の方法論であり、実践コミュニティの構築や知の共同創出（典型の創造と実践の理論化）を通じて教職の自律性を立ち上げていく方法論でもありました。研修記録や学習履歴については、そうしたいわば教師の学びのポートフォリオの所有権を教師自身に大きく委ねることが少なくとも重要でしょうし、制度的な枠に収まることなく、自分たちで実践を持ち寄って学ぶ場を創出していく研究会的な試みをこそ励まし、その学びの成果の一部を教師自身の判断で示すことで、一定水準の学びをクリアしていることを必要に応じて確認する程度のゆるやかな運用が望まれます。

　教育改革の世界的な潮流を類型化したハーグリーブズ（Hargreaves, A.）（2012）らは、「第1の道」（政府の教育投資が拡大し、学校教育への疑いもなく、教師が専門職の自律性やカリキュラムの自由を享受していた一方で、学校や地域による非一貫性が存在した）、「第2の道」（財政難により教育投資が縮小し、政府主導で中央集権的統制と市場的競争モデルが導入され、カリキュラムや指導法の標準化、教職の脱専門職化や教職離れ等を生み出した）、「第3の道」（学校や教師の革新的で創造的な取り組みや専門職としての関与を期待するものの、目標とテスト成績の効果的達成が重視される）のさらに先に、「第4の道」として、教師の専門職資本（人的資本（潜在能力）、社会関係資本（同僚性）、意思決定資本（自律性）等）を重視し、教職を信頼してそこに投資し、学校現場を専門職共同体としてエンパワメントする改革の重要性を示唆しています。

　メンバーシップ型からジョブ型への移行等に伴って、教職に限らず、共同体の一員として先輩や同僚の背中や横顔から学び取る、厳格な徒弟制的なモデルに職能成長を依存することは難しく、さまざまなプロジェクトや

部署や企業等を移動しながら学びと成長につなげていくような、旅人的な
モデルで考えていく必要性が高まっているように思います。「新たな教師
の学びの姿」を、第5章で述べたような鵜飼関係に近い、行政や管理職と
一人ひとりの教員との間の目標管理関係と個別の自己管理学習の方向で展
開するのではなく、日本の教師たちが構築してきたさまざまな協働的な実
践研究の文化を生かしながらも、校内研修依存でも民間教育研究団体の単
純な復権でもない、たとえば、要所要所で対面でつながりを密にしつつも
デジタル空間上で柔軟につながりを継続し、積極的に発信することでさら
につながりを広げていくような、教師にとってのサードプレース的な新た
な学びのネットワークやコミュニティの創発を励ます方向で展開すること
が重要でしょう。

（2）学校現場の自律性の拡大とエンパワメントのために
日本の教師たちの実践研究の文化の本質

　学校現場のエージェンシーや自律性を高め、エンパワメントしていくた
めの条件を探る上で、日本の教師たちの実践研究が、教職の自律性・専門
職性の確立につながる性格を持っていた点を確認しておきたいと思います。
これに関わって、日本の教師たちの実践研究の文化については、単に事例
研究を通じて効果的な授業方法を実践的に検証している、授業や子どもの
見方を豊かにしているといったレベルを超えて、哲学することをも伴っ
て研究する志向性を持っていた点が重要です（石井 2018a）。先述のように、
ドラマや映画や小説のように、教師自身が、教室での固有名の子どもたち
との出来事ややりとりを、一人称の視点から物語調で記述する実践記録が
多数刊行されてきたことを抜きに、日本の教師たちの実践研究の文化は語
れません。多種多様な教師向けの教育雑誌、書店に並ぶ教師による多数の
実践書や理論書は、諸外国には見られない特徴であり、日本の教師たちの
読書文化や研究文化の厚みを示すものでした。

さらに言えば、日本の教師たちは実践記録を綴るのみならず、実践に埋め込まれた「実践の中の理論（theory in practice）」（ショーン 2007）を自分たちの手で抽象化・一般化し、それを比喩やエピソードも交えながら明示的かつ系統立てて語ってきたという事実に注目する必要があります。またそこでは、単なる技術や手法だけではなく、教育の目的、授業の本質、教科の本質、子ども観など、実践経験に裏付けられた豊かな哲学や思想も語られていました。コラム②でも挙げた、小西健二郎、斎藤喜博、東井義雄、大村はまといった著名な実践家の一連の著作は、実践記録という域を超え、先述のように、「教師道」的なものを説く側面を持ち、良質の教育思想や教育理論のテキストでもありました。

　専門職としての教師の力量形成を考える時、教師自身が、自分たちの授業の構想・実施・省察のプロセスを語る自前の言葉と論理（現場の教育学）を生成・共有していくのを促進することが重要です。一人ひとりの教師が借り物でない自分の実践と理論を創っていくことをサポートすることが、授業の標準化・形式化を回避し、教師集団の自律性を確立していくことにつながるのです。

　ところが近年、実践的指導力重視の教員養成改革が展開する中、それが即戦力重視へと矮小化され、実務家として実践できること（こなすスキル）、あるいは教育公務員としての組織人的な責任感や態度（まじめさ）が過度に強調されてはいないでしょうか。一方で、目の前の子どもたちに誠実に向き合い、教師としての公共的使命や理想とする教育のイメージや実践の方向性を内的に熟考し、社会や人間や子どもや教育に関する観や思想を深めていく学びの機会が、養成段階でも現職研修の段階でも空洞化しているように思われます。そうして今や教師たちは、教育の理念や方向性を、また、自らの実践の意味を、学習指導要領などからの借り物の言葉でしか語れなくなってしまってはいないでしょうか。

　さらにいえば、教員の養成・研修でも体験・実習重視の傾向が強まる中、

日本の教師たちの読書し研究する文化と教師のリテラシーは危機に瀕しています。教育雑誌や教育書は、まとまった論理的な文章でまとめられたものというよりも、図解・ヴィジュアル重視で、頁数も一頁あたりの文字数も減り、内容もどんどんお手軽なもの、柔らかいものになってきましたが、近年、そもそも教育雑誌が存続できなくなり相次いで廃刊されている状況は、問題の深刻さを示しているように思います。

実践のオーナーシップ回復のために

2017 年改訂の学習指導要領の主体的・対話的で深い学びをはじめ、「○○な学び」の提示については、教育内容のみならず、授業の進め方や授業を語る言葉までもがより直接的に制度的に規定されることにより、教師の仕事が制度の下請け化していないかが危惧されます。「授業のヤマ場」「ゆさぶり」「練り上げ」など、現場で創造・共有されてきた、教師たちの自前の言葉や論理がやせ細り、それとともに、それらの言葉が生まれる元にある、日本の教師たちが追求してきた、職人技と思想性が光る深みのある授業が、学習指導要領のカオナシの言葉で形式化されたり、流行のカタカナ言葉と合う軽いタッチの授業で塗り替えられたりすることが危惧されます。

目の前の子どもたちや教室の実態をふまえつつ、自分は、自分たちは、どんな子どもの姿や学びを目指したいのか、どんな授業がしたいのか、そこでイメージされる子どもや授業の風景にしっくりくる言葉とは何なのか。子どもの学びと教師の学びは相似形であって、第5章で述べたように、子どもたちが "I" 主語で自分の考えややりたいことを追究する学びやそれを可能にする学級文化を創出するのであれば、教師たちもまた、目の前の具体的な子どもたちから出発しつつ、自分のやりたい実践を追究し自分の言葉で自分の実践を語れるような、そうした地に足のついた学校文化の創出を励ます視点が重要です。

第5章で述べたように、子どもたちにおける「個別最適な学びと協働的

な学びの一体的な充実」への取り組みを、一人ひとりの多様性を尊重し互いに面白がる共生の共同体の構築として実装していく際に、教師の学びにおいても、校内研修の共通テーマのみならず、各人が追究したい個人テーマや授業づくりへの思いを大事にしたりして、子どもの学びと教師の学びの一体的な問い直しを進めていく。それとともに、各学校を萎縮させるか挑戦に導くかは、教育委員会の主体性や挑戦の有無が鍵を握っています。流動的でまさに先行きが見えない状況においては、決めて下ろす垂直方向のベクトルよりも、現場のエンパワメントと挑戦と自走を促すことが重要です（寺田 2023）。伝達型の一斉研修重視から、学校現場でいろいろと試してみてその経験を現場レベルで互いに水平的に学び合うネットワークを創出しながら、現場から行政が学んでいく構造への転換が求められます。

　教育委員会が現場の主体性を尊重することと、教師が子どもたちの主体性を尊重することもまた相似形です。休校期間中に多くの学校で身動きが取れなかったという、機動力に欠ける状況を変えていく上で、上や横を見ないと判断できないということではなく、当事者の学校現場に必要な情報や知識をちゃんと共有したり、学校間で学び合える場をつないだりするなど、学校現場が機動力をもって自分たちで判断して決めて、学校を自律的に動かしていくための支援が求められます。教育委員会といっても規模やリソースはいろいろですが、保護者対応の困難も拡大する中で、教育委員会が防波堤となる局面も増えてきていると思いますし、国や自治体の方針を降ろすような指導で現場を萎縮させるのではなく、むしろ挑戦を励まして萎縮する要因をブロックする役割、指導要領やその解説等の網羅的徹底としてではなく、ここさえ押さえておけばよいと、施策を重点化するなど、むしろそのとらわれを解除する役割、リソースの調達など条件整備面での役割が重要です。さらに、教師の成長の次元の違いに応じた研修の組織化のところでも述べたように、時に現場の不安に寄り添い温かく励まし、その先を指し示す伴走者的な役割が大事になってくるでしょう。

（3）子どもを見る眼の解像度を上げて子どもとともに学ぶために

　厳しい労働環境の中で、根本的な条件整備を求めつつも、それを待ってもいられない状況で、日常に追われ業務をこなしたり、やりたいけれどあきらめるということの繰り返しになりがちです。これに対して、力を抜くところは抜いて、かつ日常的な学校生活を教師としての学びと成長につながるものとして経験を積み上げるために、さらにその先に、折に触れて教師としての手ごたえを感じられるようになるために、本章の冒頭でまとめた教師の仕事のコアに向き合い続けることが肝要です。そこでも述べましたが、教師としての成長は子どもが「見える」ようになることです。

「目標と評価の一体化」で意識的に「見る」

　特に、計画段階で子どもが「見える」ようになる、イメージできるようになる上で、目標（目指す子どもの姿の吟味）と評価（子どもの経験と変容の実際の把握）に注目することは、意識的に目を凝らして子どもを「見る」ための仕掛けとして有効でしょう。教師の学びや成長を考える上で、事後検討会等により実践経験を見直す省察の重要性は指摘されてきました。他方で、教育的想像力を磨くような事前準備のあり方を心掛けることも重要です。たとえば、日々の授業で、「目標と評価の一体化」を意識するとよいでしょう。すなわち、教材の本質を探りメインターゲットを絞り込み、その目標について、実践の出口の子どもの姿でイメージする。さらに実践後に、結局子どもが何をどう学んだのかを吟味し、事前の教師の想定（仮説としての目標）自体の妥当性を検証・吟味するわけです。こうした「目標と評価の一体化」のプロセスは、そのサイクルを繰り返すほどに、教科の本質的な内容を子どもがどう認識するかを教師が学び深めていくことにつながるでしょう（石井 2020c）。

　第4章で述べたように、授業とは、子どもが「材」と出会い、それと対話・格闘する過程を組織化することを通して、素朴な認識や生活をより文化的に洗練されたものへと組み替えていく過程です。ゆえに、授業を創っ

たり検討したりする際には、子ども、教材、指導法の三つの視点で考えていくことになります。後で詳しく述べますが、授業後の協議会において、指導法よりも子どもの事実を話題とすることの重要性は指摘されてきました。指導法から始めると授業者の批評に終始しがちで、授業者は授業を公開したくなくなるし、参加者の学びも少ない。授業者ではなく授業を対象化し、事実をもとに学び合うためにも、子どもの学びの事実を丁寧に検討することから始めるべきというわけです。加えて、近年、指導案において、教材観と子ども観が消失あるいは形骸化し、指導観のウェイトが肥大化してはいないでしょうか。「『分数』とは、……である」といった教材主語で教材観を書けているでしょうか。逆に、子ども観も、目の前の子ども一人ひとりや学級の具体的な育ちをふまえて、教材に即したつまずきもイメージしながら書けているでしょうか。目の前の子どもの認識や生活の現状はどのようなもので、それがこの教材と向き合い学んだ先にどう変容するのかという、学びの具体を議論できているでしょうか。

　真に子ども主体の学びは、子どもを動かす手法で教師が授業をすることによってはもたらされません。子どもと教材、この二つへの理解が深まることなくして、長期的に見て教師としての成長は望めません。教材主語で教材理解、教科内容理解を深めつつ、子ども主語で授業における学びと成長をイメージすることが肝要です。何より、授業に先立つ教材研究や授業過程で教師自身が一人の学び手として材と向き合って学んでいてこそ、子どもと学び、子どもを育て、育ちゆく子どもの姿から学ぶことができるのです。

「評価」のまなざしを超える

　子どもが「見える」ようになる上で、目標と評価に注目しながら意識的に「見る」ことが大事である一方で、省察について、PDCAサイクルを回すといった具合に、子どもを評価し実践を改善することとして狭く捉えてはなりません。「評価」とは、教育という目標追求活動における部分活

動であり、教育の過程、条件、成果などに関するさまざまな情報を収集し、それを目標に照らして価値づけを行い、教育活動の調整・改善を行う活動と定義することができます。公教育としての学校には、意識的に「見る」べきもの（保障すべき目標）があり、教える側の責務を果たすために、全ての子どもたちについて取り立てて学力・学習の実際を把握したいとき、その方法を工夫するところに「評価」を意識することの意味があります。「評価」というと、「見える」こと（「見取り」）や省察も含めて、子ども理解一般のように捉えられることもありますが、「評価」という言葉で、「見取り」と「評価」と「評定（判定のための成績づけ）」が混同されていることが、「評価」をすればするほど疲弊し、授業改善から遠ざかるという状況を生み出してきました（石井 2023）[27]。

　先述のように、「省察」とは、目標達成に向けた直接的な実践改善に関わるもの（遂行的営み）に止まらず、子どもや教育という営みの理解の深化を通した実践者の成長や変容を主目的として、間接的に実践改善を目指すもの（遂行中断的営み）です。他方、数値化に限らず子どもの姿で質的に記述する場合でも、基本的に目的合理性を追求する「評価」という営みにおいては、子どもの実状を客体として把握しようとする技術的なまなざしから逃れることは困難です。

　ある種研究者としての意識を持つことは、目標にとらわれることなく、事実を事実として客観視することに役立ち、直接的な目標達成に向けた技術性から自由になり、より深い省察につなげることができるかもしれませ

---

[27] 「評定」のイメージが強いために、「評価」というと、テストで点数をつけて判定するという、日々の授業実践と切れた業務と捉えられがちである。逆に、「見取り」と「評価」「評定」とを混同して「指導と評価の一体化」を捉えてしまうことで、授業過程の教師と子どもの応答的なコミュニケーションで自然に捉えられている（見えている）ものを、「評価」だから客観性がないといけないと必要以上に記録（証拠集め）をしてみたり、評定のまなざしを持ち込んだりして、日々の授業において教師が評価のためのデータ取りや学習状況の点検に追われる事態も生じている（「指導の評価化・点検化」の問題）。

ん。しかし、「評価」行為に矮小化されない形で「子どもが見えるように
なる」という時に、あるいは、「子どもから学ぶ」という時には、把握す
る対象としてではなく、ともに経験を共有し語らい対話する他者として子
どもと心を通わせる情動的な出会いと関係性を大切にする視点も重要です。

　意識的に目を凝らして「見る」ことは教師修行においては不可欠ですが、
他方で、ただ目の前の子どもたちに関心をもって心を砕き、うなずき合い、
信頼関係を構築していくことで、自ずと「見える」ようにもなるものです。
ある教師は、「教師はずっと子どもに片思いなんです」と表現し、別の教
師は、「評価すればするほど子どもが好きになるような評価であるべきだ」
と表現しているように、子どもの把握や理解の深さは、他者としての子ど
もへの関心や相互に関わろうとする意志の上に成立するのです。

真に子どもから学ぶために

　さらに、教師が子どもを客体的に把握して、あるいは子どもとの経験を
省察して教師の学びの糧とするという関係性を超えて、真に「子どもから
学ぶ」ためには、第4章で述べたように、教師と子どもの二項関係ではな
く、材（対象世界）を介した教師と子どもたちとの三項関係（「共同注視」
関係）を意識するとよいでしょう。

　子どもが「見える」とは、まずは、子どもの眼差しの先に見えている風
景が見えるということであり、子どもが、材や問題などとどんな思いをもっ
て、どう向き合っているのかが共感的に見えるということです。学習でつ
まずいている子どもについては、その子は問題のどこが難しいと思ってい
て、その子なりにどう問題を捉えていて、どう考えようとしているから難
しくなっているのかといった具合に、同じ問題をともに見ながらさりげな
く伴走し、困難を克服した喜びをともに共有する。けんかした子に素直に
謝れずに困っている子がいたら、悩んでいるその子だけを見るのではなく、
謝る対象の子どもの気持ちや状況等を、悩んでいるその子とともに考えて
一緒に悩む。

　こうした共同注視関係の先に、子どもの学びと成長は促進され、子ども
と教師との間に心の通った信頼関係が積み上がっていきます。また、同じ
問いや課題を共に考えることで、子どもなりの見方や考え方から教えられ
ることもあるでしょうし、教師の寄り添いという足場を外して自ら対象世
界に向き合っていく子どもたちの姿を見守りながら、子どもの可能性や学
ぶということの本質などについてあらためて気づくこともあるでしょう。

　この授業や単元でここまでは押さえないといけないという意識も大事で
すが、この作品を自分はこう読んだけども、この問題や問いに自分はこ
う考えたけども、この子たちはどう読むのだろう、どう考えるのだろう
と、材をめぐって一緒に語り合い学び合う、そうした、読み聞かせ、ある
いはゼミのように知的に遊び語らうような意識で授業をできれば、教師自
身もわかっていたつもりのことをあらためて学び直すことができるでしょ
う。特に小学校の教材は実はなかなか奥が深く、仮に、算数などで、小学
校時代につまずいた感覚を持っていたとしても、大人になって出会い直し
てみると、「そういうことだったのか」と理解・納得できることも多いでしょ
う。そして、そうした子どもたちとの語らいができるには、事前に教師自
身が材と向き合って学ぶことが重要で、それなくしては子どもたちについ
ていけませんし、時に子どもたちの隙を突いたりしながらやりとりを楽し
むこともできません。授業準備や授業する経験を、教師自身が知的に豊か
に太っていくような、生涯学習の機会として少しずつでも積み上げていけ
れば、日常的にこなしている膨大な授業時間は教師本人にも大きな学びを
もたらしてくれるでしょう。

（4）校内研修を通して子どもの姿を介した大人たちの共同注視関係を創る

　困難な現状を打開し、子どもたちはもちろん、教師たちの学びと成長と
ウェルビーイングを実現していく上で、国の全体方針・枠組みの整理や条

件整備や世論形成、自治体レベルでの施策の重点化やリソースの分配や挑戦の励ましが必要である点、そして、目の前の子どもたちに向き合い子どもたちに返していくために、したたかさと逞しさを伴って教職のコアを見据え続ける、個々の教師の誠実さも重要である点を確認してきました。これらに加えて、各学校の学び合う関係性や組織力を構築していくことが重要です。その際、教職の本業である授業をめぐって語り合う校内研修を中軸に据えた学校経営が有効です（石井 2018b）。

教師の学び合いの文化を立ち上げ直す

　コロナ禍の中で、子どもたちの学び合いとともに、学校内、あるいは学校間での教師同士の学び合いの機会が弱くなっていないでしょうか。隣の教室や隣の学校でどうやっているかを少し見たり共有したりするだけでも、多くの問題が解決したりするものですし、教室から職員室に移動する際などに、意識的にほんの少し遠回りするだけでも、他の教室の様子をつかんだりすることができるでしょう。自然と耳に入る、目に入る、身体で感じるといった、場をともに共有していることのメリットを最大化することが重要です。

　そして、研究授業後の事例研究に相当する事後検討会においては、知識創造につながるような省察がめざされねばなりません。しかし、授業者の授業観や学習観や子ども観の再構成にも至るような、ダブル・ループの省察は、簡単には生じません。深い省察が起こる可能性を高める上では、事例研究の日常化が重要です。そしてそのためには、子どもの学びや教室での出来事の解釈を目的とした、リラックスした雰囲気での対話の機会を積み重ねていくことが有効です。それに加えて、初任者研修のように、よりフォーマルな研究授業の場においては、指導主事や同僚等との事前の指導案検討を充実させたり、詳細な授業記録などをもとに、自らの授業の見方や判断を丁寧に見直す特別な機会を持ったりすることも有効でしょう。

　知識創造を目指して事後検討会を実施する上での留意点をまとめておき

ます。事後検討会を日常化する上では、授業を見られる者の立場の弱さを自覚しつつ、授業者が公開してためになったと思える検討会にしていくことが重要です。二度と公開などしたくないと授業者に思わせてしまってはいけません。先述のように、事後検討会の話題としては、教材、子ども、指導法の三つが考えられますが、参加者間のフラットな対話を促し、事実に即した検討会にしていく上で、子どもの学びを話題の中心とすることが有効です。

　教え方から議論し始めると、事後検討会は指導技術の論評会となり、授業者が検討され責められる構図となるし、授業観や授業スタイルの違いをぶつけ合うだけになる危険性もあります。また、教材解釈の妥当性から議論し始めると、教科の壁で全員参加が難しくなるし、そもそもそれは授業するまでもなく事前でもできた議論になる傾向があります。授業者や教材の検討ではなく、子どもの学びや授業の実際から話を始めることで、直接問題だと指摘しなくても、事実が授業や教え方の問題点に気づかせてくれるし、事実をくぐることで、事後検討会だからこそできる教材研究（子どもの学習過程に即した教材解釈の妥当性の検討）が可能になります。

　ただし、子ども研究から出発しながらも、教師の教材解釈や授業中の指導との関連でそれを検討する視点を持たなければ、教授・学習過程である授業を研究したことにはなりません。ワークショップ等で活発に子どものことを話し合っていても、それだけでは授業研究は深まらないし、技量の向上にもつながらないでしょう。子ども目線で教材や教科の本質を捉え直し、子どもの姿をリアルに想像しながら授業を構想・計画する力の育ちにつながってこそ、授業研究は教師の力量形成に資するものとなります。子どもの学びの姿から議論を始めつつ、それを生み出した教師側の働きかけや教材の妥当性を吟味するなど、子ども、教材、指導法の三つの話題の配列と時間配分を工夫するとよいでしょう。

　こうして事例研究を通じて、一つの授業の出来事の意味を深く解読する

一方で、その事実から一般化・言語化を図り共有可能な知を創出する契機を埋め込むことも重要です。事後検討会の中に、ベテラン教師や研究者が軸となって、あるいは、参加者全員で、事例から何が一般化できるかを考える時間を組み込んだり、「研究だより」のような形で、知の一般化・言語化・共有化を図ったりする工夫も考えられます。これにより、教師の授業研究において、教育実践を語り意味づける自分たちの言葉と論理（「現場の教育学」）が構築されていくわけです。

子どもの姿にはじまり子どもの姿で勝負できる学校へ

さらに、教師一人ひとりの研究マインドを触発し、成長に向けて学びを蓄積していくことだけでなく、学校としての集合的な知を蓄積する組織学習の一環として、また、同僚性や協働文化の創出という学校経営の核として、校内研修を位置づけることが必要です。すなわち、ヴィジョンの対話的共有と教師たちが本業で協働し対話する場づくりの両輪によって、教師集団が目の前の子どもたちの学びにチームとして責任を引き受け、協働で授業改善に取り組むシステムと文化の構築につなげるわけです（「面の授業改善」）。

まず、資質・能力ベースの改革等をきっかけに、教師たちが協働で、子どもや学校の実態や課題について話し合い、「目の前の子どもたちの課題はどこにあるのか」「自分たちの学校ではどんな子どもを育てたいのか」「目の前の子どもたちに必要な学びや授業はどのようなものか」「この子たちとどんな授業がしたいのか」「授業づくりで何（どんなコンセプト）を大事にしていきたいか」といったことを問い、改革のゴール・イメージとしての学校教育目標（目指す子どもの姿（学びの風景）によって語られ学校全体で追求され続けるべき改革のヴィジョン）を共有する営みにつなげます。「どんなふうになりたいか」「何を学んで卒業したいか」といった、子どもたちの声を聴いたり、ヴィジョンを子どもたちとも合い言葉として共有したりと、子どもたちの参加を促すことも有効でしょう。

アクティブ・ラーニングやICT活用など、手法から入ると、教職員の間には抵抗も大きくなりがちです。しかし、子どもの実態から始めると、方向性も共有されやすいものです。そうした学校の診断的な自己評価に裏付けられたボトムアップの協働的な目標づくりによって、実践の基本的な方向性や目標を共有する一方で、それぞれの教師の実践哲学や授業スタイルを生かした創意工夫を尊重し、新たな実践の提案を期待するわけです。

ちなみに、「○○な学び」やICT等、外からの新たな要請については、教科や学級や学年の枠を超えて、教師集団が交流しつながっていくきっかけづくりとして生かす視点が重要ですし、特に手法的なものについてはワンポイントのアクセサリーくらいの位置づけで考えるとよいでしょう。実践本体の充実を忘れることなく、一方で、ワンポイントに合わせる形で本体部分をコーディネートすることでそこに変容が生まれることを期待するくらいの心持ちがよいでしょう。

目の前の子どもたちに必要なことという観点で、教師の間で取り組みの視線やマインドセットをある程度そろえた上で、新しい取り組みのよさを頭で理解するだけでなく、実際にその方向で取り組みを進めてみて、子どもの変化や育ちを感じたときに、教師は取り組みの意味を実感し実践は変わっていきます。学校改革は子どもの姿が駆動するものです。そこで、学習する組織の中心として授業研究を生かしていくわけです。たとえば、授業後の協議会の議論は、PDCAサイクル（成果や方法へと急ぐ評価的思考）、あるいは逆に、出来事の意味のエピソード的理解（学びの多様性やプロセスの一回性を掘り下げる解釈的思考）であるだけでなく、目指す子ども像の内実を実践を通して探り確認しつづける視点を持って（価値追求的思考）、そして、子どもの学びのプロセスや授業という営みの本質に関する理解や信念（観）を研究的に深めること（ダブル・ループの実践的・批判的省察）として遂行することが重要です。

「校内研究」という言葉が仮説検証型研究のようなイメージで捉えられ

て、手立ての検証をしなければならないと考えてしまうと、目の前の実践の事実まるごとから学べなくなります。校内「研究」というより校内「追求」くらいのニュアンスで考えておくとよいでしょう。そして、各人の授業力量を高めていくだけならペアや小集団で授業を見合うことでも一定の効果はあるかもしれませんが、全教職員で同じ授業をみて話し合うことの意味は、目指す授業や学びの姿を、具体的な風景で共有していく点にあるのです。

　このように、アクター同士が向き合って対峙する二項関係ではなく、教育活動の目的であり対象である子どもたちの学びと生活の事実を共にまなざす応答的な三項関係（共同注視関係）を意識することが肝要です。今や子どもの学びや成長や生活は、学校だけでも教職員だけでも保障し切れない状況で、保護者はもちろん、多様な職種や大人たちの力を借りながら、それらのアクターとの協働関係の構築が不可欠になってきています。何より、失敗を恐れて萎縮し挑戦しない、リスクを取らずに前例踏襲になりがちといった、現場のみならず行政にも見られる現状については、外れたことをすると目立つし責められる、責任を自分がかぶらないといけないといった、教育界のみならず日本社会全体にまん延する構造や空気がそうさせている部分があります。発信・広報・巻き込み等により、信頼関係や保護膜を構築する方向で、学校を取り巻く評判や世論を形成することがマネジメント上重要です。

　二者関係で相手と面と向かって議論すると対立することもあるかもしれませんが、共同注視の三角形の関係性を意識して同じ対象を見ているような形にすると、対立も緩和されがちですし、信頼関係や協働の輪も構築しやすくなります。究極の目的に相当するヴィジョンやパーパスは、一度立てて終わりなのではなく、追究し続け、絶えずそこに立ち戻りその意味を具体的に確認し続ける過程（対話的なゴール・イマジネーション）自体が重要です。子どもの姿（実態）から対話的にゴールをイメージし共有・追

求していく営みを通して、教師集団、そして保護者や地域住民等も含めた、学校に関与するさまざまなアクターの間に、子どもたちの学びをともに見守る共同注視の関係性を構築していくわけです。これにより、それぞれのアクターの責任の範囲と役割分担を、機械的分業に陥らせず、相互浸透を含んで有機的に組織化し、共有ヴィジョンと協働的に応答責任を担う機動性のあるネットワークの創出につなげていけるでしょう。目の前の子どもから目を離さずに、そこに見いだせるニーズ（子どもや保護者のウォンツと一致するとは限らない）を見極め、成長への具体的なねがいをかけて、そこから素直にシンプルに学びや授業を組織していくこと、その先に、子どもの姿で勝負できる学校になっていくことが重要なのです。

【引用文献・参考文献】

アージリス , C.（2007）「『ダブル・ループ学習』とは何か」DIAMOND ハーバード・ビジネス・レビュー
　　編集部編訳『組織能力の経営論』ダイヤモンド社 .

青木栄一（2019）「増税忌避社会における政治主導教育改革の帰結」『教育制度学研究』Vol. 26.

青木栄一（2021）『文部科学省』中央公論新社 .

赤木和重（2017）『アメリカの教室に入ってみた』ひとなる書房 .

秋田喜代美（1996）「教師教育における『省察』概念の展開」森田尚人他編『教育学年報 5　教育と市場』
　　世織書房 .

浅井幸子（2016）「教師の教育研究の歴史的位相」佐藤学他編『岩波講座　教育　変革への展望 4　学び
　　の専門家としての教師』岩波書店 .

浅田匡・藤岡完治・生田孝至編（1998）『成長する教師』金子書房 .

浅野大介（2021）「経産省が『教育現場の DX』に超本気の納得理由」『東洋経済 ONLINE』.

浅野大介（2022）「社会変容と探究モードへの挑戦」田村学・佐藤真久編『探究モードへの挑戦』人言洞 .

安彦忠彦（2022）『来たるべき時代の教育と教育学のために』教育出版 .

新井紀子（2012）『ほんとうにいいの？デジタル教科書』岩波書店 .

石井英真（2010）「学力論議の現在―ポスト近代社会における学力の論じ方」松下佳代編著『〈新しい能力〉
　　は教育を変えるか』ミネルヴァ書房 .

石井英真（2013）「教師の専門職像をどう構想するか―技術的熟達者と省察的実践家の二項対立図式を
　　超えて―」『教育方法の探究』Vol.16.

石井英真（2015）『今求められる学力と学びとは―コンピテンシー・ベースのカリキュラムの光と影』
　　日本標準 .

石井英真（2017a）『中教審「答申」を読み解く』日本標準 .

石井英真編（2017b）『アクティブ・ラーニングを超えていく「研究する」教師へ』日本標準 .

石井英真（2018a）「現代日本における教師教育改革の展開」田中耕治・高見茂・矢野智司編『教職教育論』
　　協同出版 .

石井英真編（2018b）『授業改善 8 つのアクション』東洋館出版社 .

石井英真（2020a）『再増補版・現代アメリカにおける学力形成論の展開』東信堂 .

石井英真（2020b）『未来の学校―ポスト・コロナの公教育のリデザイン』日本標準 .

石井英真（2020c）『授業づくりの深め方』ミネルヴァ書房 .

石井英真（2020d）「コミュニティとしての『日本の学校』のゆくえ―教育の自由化・個性化と『小さな学校』
　　論をめぐる論争点」『教育学研究』Vol.87, No.4.

石井英真編著（2021a）『流行に踊る日本の教育』東洋館出版社 .

石井英真（2021b）「カリキュラムと評価の改革の世界的標準化と対抗軸の模索」広瀬裕子編『カリキュ
　　ラム・学校・統治の理論』世織書房 .

石井英真（2021c）「教職の専門性と専門職性をめぐる現代的課題―劣位化・脱専門職化を超えて再専門
　　職化の構想へ」『日本教師教育学会年報』Vol. 30.

石井英真（2021d）「失敗を成長につなげるために―教師の学びと成長のメカニズム」石井英真監修・宍
　　戸昌昌・長瀬拓也編『失敗から学ぶ』東洋館出版社 .

石井英真（2022a）「コンピテンシー・ベースの教育改革の課題と展望―職業訓練を超えて社会への移行
　　と大人としての自立のための教育へ」『日本労働研究雑誌』No.742.

石井英真（2022b）「『教員免許更新制廃止法案』の検討―研修記録による教員の『個別最適な学び』をどう見るか」『季刊教育法』No.213.

石井英真（2022c）「プロローグ―『真正の学び』でコンピテンシーを育て、受験学力にもつなげるために」同編著『高等学校　真正（ホンモノ）の学び　授業の深み』学事出版.

石井英真（2023）『中学校・高等学校　授業が変わる学習評価深化論』図書文化.

石井英真・河田祥司（2022）『徹底対談・GIGAの中で教育の本質を語る』日本標準.

磯部征尊・山崎貞登（2015）「Design and Technologyからのイングランド STEM 教育の現状と課題」『科学教育研究』Vol.39, No.2.

磯崎哲夫・磯崎尚子（2021）「日本型 STEM 教育の構築に向けての理論的研究―比較教育学的視座からの分析を通して」『科学教育研究』Vol.45, No.2.

市川伸一（1995）『学習と教育の心理学』岩波書店.

稲垣佳代子・波多野誼余夫（1989）『人はいかに学ぶか』中央公論新社.

今井むつみ・秋田喜美（2023）『言語の本質』中央公論社.

今井康雄（2022）『反自然主義の教育思想』岩波書店.

今泉博（2002）『集中が生まれる授業』学陽書房.

今津孝次郎（2017）『新版・変動社会の教師教育』名古屋大学出版会.

イリッチ, I.（東洋・小澤周三訳）（1977）『脱学校の社会』東京創元社.

岩永雅也・松村暢隆（2010）『才能と教育』放送大学教育振興会.

岩川直樹・伊田広行（2007）『貧困と学力』明石書店.

ウィッティー, G.（堀尾輝久・久冨善之監訳）（2004）『教育改革の社会学―市場、公教育、シティズンシップ』東京大学出版会.

内田良・広田照幸・高橋哲・嶋﨑量・斉藤ひでみ（2020）『迷走する教員の働き方改革―変形労働時間制を考える』岩波書店.

梅根悟（1956）「義務教育制度の二つの形」『教育史研究』Vol. 2.

ウルフ, M.（大田直子訳）（2020）『デジタルで読む脳 × 紙の本で読む脳―「深い読み」ができるバイリテラシー脳を育てる』インターシフト.

大塚貞夫（2023）「手書きの意義を問い直す―言語・認知の生涯発達の視点から」『心理学ワールド』No. 102.

大桃敏行（2016）「ガバナンス改革と教育の質保証」小玉重夫他編『岩波講座 教育 変革への展望6 学校のポリティクス』岩波書店.

小笠原和彦（2000）『学校はパラダイス』現代書館.

奥村好美（2022）「個別化・個性化教育の動向と教師の自律性」日本教育方法学会『教育方法51　教師の自律性と教育方法』図書文化.

香川大学教育学部附属高松小学校（2017）『創る』東洋間出版社.

梶田叡一（1994）『教育における評価の理論Ⅰ 学力観・評価観の転換』金子書房.

加藤幸次（2001）「一人一人に学力を育てる授業づくり」加藤幸次・高浦勝義編著『学力低下論批判』黎明書房.

加藤幸次（2004）『少人数指導　習熟度別指導』ヴィヴル.

加藤幸次監修・愛知県東町立石浜西小学校（2009）『子ども・保護者・地域を変える多文化共生の学校を創る』黎明書房.

片桐芳雄（2004）「『日本型教育論』の可能性」藤田英典他編『教育学年報10　教育学の最前線』世織書房.

苅谷剛彦（2001）『階層化日本と教育危機』有信堂高文社.

苅谷剛彦（2002）『教育改革の幻想』筑摩書房．

苅谷剛彦（2019）『追いついた近代 消えた近代』岩波書店．

神代健彦「教育学の承認論的転回？」田中拓道編『承認』法政大学出版局．

神代健彦（2020）『「生存競争」教育への反抗』集英社．

川島隆太（2023）『スマホ依存が脳を傷つける—デジタルドラッグの罠』宝島社．

ガードナー，H.（松村暢隆訳）（2001）『MI：個性を生かす多重知能の理論』新曜社．

木村元（2015）『学校の戦後史』岩波書店．

ギデンズ，A.（2005）（秋吉美都・安藤太郎・筒井淳也訳）『モダニティと自己アイデンティティ』ハーベスト社．

窪島務（1996）『現代学校と人格発達』地歴社．

久野弘幸監修・愛知県東浦町立緒川小学校（2008）『個性化教育30年—緒川小学校の現在』中部日本教育文化会．

熊井将太（2021）「個別化・個性化された学び—『未来の学校』への道筋となりうるか—」石井英真編『流行に踊る日本の教育』東洋館出版社．

熊野善介（2014）「科学技術ガバナンスとSTEM教育－日本におけるガバナンス論とアメリカにおける新たな科学教育改革からの観点」同編著『科学技術ガバナンスの形成のための科学教育論の構築に関する基礎的研究 最終報告書』．

経済産業省（2019）『「未来の教室」とEdTech研究会　第2次提言』．

現代アメリカ教育研究会編（1998）『カリキュラム開発をめざすアメリカの挑戦』教育開発研究所．

合田哲雄（2020）「アイディアとしての『Society 5.0』と教育政策」『教育制度学研究』Vol. 27.

国立教育政策研究所（2016）『資質・能力（理論篇）』東洋館出版社．

コテ，J. E. ＆レヴィン，C. G.（2020）（河井亨・溝上慎一訳）『若者のアイデンティティ形成』東信堂．

後藤武俊（2020）「公教育の射程と困難を抱える子ども・若者への教育保障」大桃敏行・背戸博史編『日本型公教育の再検討』岩波書店．

コルトハーヘン，F.（武田信子監訳）（2010）『教師教育学』学文社．

斎藤喜博（1969）『教育学のすすめ』筑摩書房．

斎藤喜博（2006）『授業の展開（新装版）』国土社．

齋藤純一（2017）『不平等を考える』筑摩書房．

佐伯胖（1995）『「わかる」ということの意味（新版）』岩波書店．

榊原禎宏（2016）「教職の専門性の今後の在り方」『学校経営研究』Vol. 41.

坂本旬・芳賀高洋・豊福晋平・今度珠美・林一真（2020）『デジタル・シティズンシップ』大月書店．

櫻井直輝・梅澤希恵・葛西耕介・津田昌宏・福嶋尚子（2013）「カリキュラム形成に関わる教職の専門性・専門職性の研究」『平成24年度　学校教育高度化センター学内公募プロジェクト報告書』．

佐藤秀夫（2005）『教育の文化史2　学校の文化』阿吽社．

佐藤学（1994）「教師文化の構造—教育実践研究の立場から」稲垣忠彦，久富善之編『日本の教師文化』東京大学出版会．

佐藤学（1995）「『個性化』幻想の成立」森田尚人他『教育学年報4 個性という幻想』世織書房．

佐藤学（1996）「学びの場としての学校」佐伯胖・藤田英典・佐藤学編『学び合う共同体』東京大学出版会．

佐藤学（1997）『教師というアポリア』世織書房．

佐藤学（2000）『「学び」から逃走する子どもたち』岩波書店．

佐藤学（2004）『習熟度別指導の何が問題か』岩波書店．

佐藤学（2006）『学校の挑戦 学びの共同体を創る』小学館．

佐藤学（2010）『教育の方法』左右社．

佐藤学（2012）「学校という装置」『学校改革の哲学』東京大学出版会．

佐藤学（2016a）『学びの専門家としての教師』佐藤学他編『岩波講座　教育　変革への展望4　学びの専門家としての教師』岩波書店．

佐藤学（2016b）「教育改革の中の教師」佐藤学他編『岩波講座　教育　変革への展望4　学びの専門家としての教師』岩波書店．

佐藤学（2021）『第四次産業革命と教育の未来』岩波書店．

澤田稔（2013）「教科における自立型学習に関する授業研究」『個性化教育研究』第5号．

柴田博仁・大村賢悟（2018）『ペーパーレス時代の紙の価値を知る―読み書きメディアの認知科学』産業能率大学出版部．

柴田義松（1967）『現代の教授学』明治図書．

柴田義松（2003）『「読書算」はなぜ基礎学力か（新世紀の授業改革）』明治図書．

志水宏吉（2022）『ペアレントクラシー』朝日新聞出版．

白水始（2020）「ポストコロナ時代の学校教育に向けて」『教育展望』6月号．

ショーン，D. A.（柳沢昌一・三輪健二監訳）（2007）『省察的実践とは何か』鳳書房．

白井俊（2020）『OECD Education2030 プロジェクトが描く教育の未来』ミネルヴァ書房．

スティグラー，J. W. & ヒーバート，J.（湊三郎訳）（2002）『日本の算数・数学教育に学べ』教育出版．

関内偉一郎（2021）『アメリカ合衆国における才能教育の現代的変容』三恵社．

妹尾昌俊（2020）『教師崩壊』PHP研究所．

センゲ，P. M. 他（リヒテルズ直子訳）（2014）『学習する学校』英治出版．

総務省（2016）『ICT の進化が雇用と働き方に及ぼす影響に関する調査研究』．

高井良健一（2006）「生涯を教師として生きる」秋田喜代美・佐藤学編『新しい時代の教職入門』有斐閣．

高倉翔（1977）「義務性」真野宮雄編『現代教育制度』第一法規出版．

髙田一宏（2018）『ウェルビーイングを実現する学力保障』大阪大学出版会．

高橋純（2022）『学び続ける力と問題解決―シンキング・レンズ，シンキング・サイクル，そして探究へ』東洋館出版社．

髙橋哲（2022）『聖職と労働のあいだ―「教員の働き方改革」への法理論』岩波書店．

竹沢清（2005）『子どもが見えてくる実践の記録』全障研出版部．

橘慎二朗・前場裕平（2019）「分かち合い、共に活動や価値を創造する異年齢集団の歩み―壁やイレギュラーとの対峙の中で、自己の生き方・在り方を見つめ直す」『子ども発達臨床研究』Vol. 12.

山田哲也（2016）「学校教育と承認をめぐる問題」田中拓道編『承認』法政大学出版局．

田中耕治編（2005）『時代を拓いた教師たち』日本標準．

田中耕治編（2016）『グローバル化時代の教育評価改革』日本標準．

ダーリング - ハモンド，L.（深見俊崇編訳）（2017）『パワフル・ラーニング』北大路書房．

千々布敏弥（2021）『先生たちのリフレクション』教育開発研究所．

続有恒（1973）『教育心理学の探求』金子書房．

恒吉僚子（2008）『子どもたちの三つの「危機」―国際比較から見る日本の模索』勁草書房．

寺崎昌男（1973）「解説　教師像の展開」同編『近代日本教育論集　第6巻　教師像の展開』国土社．

寺田拓真 (2023)『元文部科学省キャリア官僚が問う！教育改革を「改革」する。』学事出版．

トムリンソン，C. A.（山崎敬人他訳）（2017）『ようこそ、一人ひとりを生かす教室へ―「違い」を力に

変える学び方・教え方』北大路書房.

中根千枝 (1967)『タテ社会の人間関係—単一社会の理論』講談社現代新書.

中根千枝 (2019)『タテ社会と現代日本』講談社現代新書.

中野和光 (2016)「グローバル化の中の学校カリキュラムへの一視点」『カリキュラム研究』Vol. 25.

奈須正裕 (2021)『個別最適な学びと協働的な学び』東洋館出版社.

中内敏夫 (1983)『学力とは何か』岩波書店.

中内敏夫 (2008)『生活訓練論第一歩』日本標準.

中内敏夫 (2005)『教育評論の奨め』国土社.

中西新太郎・谷口聡・世取山洋介他 (2003)『教育 DX は何をもたらすか：「個別最適化」社会のゆくえ』大月書店.

中村高康 (2018)『暴走する能力主義』筑摩書房.

仲本正夫 (2005)『新・学力への挑戦』かもがわ出版.

中山芳一 (2023)『教師のための「非認知能力」の育て方』明治図書出版.

西岡加名恵 (2016)『教科と総合学習のカリキュラム設計』図書文化.

西岡加名恵・石井英真・川地亜弥子・北原琢也 (2013)『教職実践演習ワークブック：ポートフォリオで教師力アップ』ミネルヴァ書房.

西岡加名恵・石井英真・久富望・肖瑤 (2002)「デジタル化されたドリルの現状と今後の課題—算数・数学に焦点を合わせて」『京都大学大学院教育学研究科紀要』Vol. 68.

西林克彦 (1994)『間違いだらけの学習論—なぜ勉強が身につかないか』新曜社.

仁平典宏 (2019)「教育社会学—アクティベーション的転回とその外部」下司晶他編『教育学年報 11 教育研究の新章』世織書房.

日本教師教育学会 (2023)『「令和の日本型」教育と教師：新たな教師の学びを考える』学文社.

西山圭太 (2021)『DX の思考法』文藝春秋.

野本響子 (2022)『子どもが教育を選ぶ時代へ』集英社.

橋本憲幸 (2019)「国際教育開発論の思想課題と批判様式—文化帝国主義と新自由主義の理論的超克」『教育学研究』Vol. 86, No. 4.

波多野誼余夫編 (1996)『認知心理学 5: 学習と発達』東京大学出版会.

バッキンガム, D.（水越伸監訳・時津啓・砂川誠司訳）(2023)『メディア教育宣言—デジタル社会をどう生きるか』世界思想社.

八田幸恵 (2011)「カリキュラム研究と教師教育—アメリカにおける PCK 研究の展開」岩田康之・三石初雄編『現代の教育改革と教師』東京学芸大学出版会.

バトラー後藤裕子 (2021)『デジタルで変わる子どもたち—学習・言語能力の現在と未来』筑摩書店.

濱口惠俊 (1998)「日本型システムの成立基盤とその機能・構造的特質」同編著『世界の中の日本型システム』新曜社.

浜田博文 (2020)「学校ガバナンス改革の中の教職の『劣位化』」同編著『学校ガバナンス改革と危機に立つ「教職の専門性」』学文社.

ビースタ, G. J. J. (2016)（藤井啓之・玉木博章訳）『よい教育とはなにか』白澤社.

久田敏彦監修・ドイツ教授学研究会 (2013)『PISA 後の教育をどうとらえるか』八千代出版.

広田照幸・橋本尚美 (2021)「働き方改革だけでは問題は解決しない」『季刊教育法』No. 218, エイデル研究所.

福井大学教育地域科学部附属中学校研究会 (2004)『中学校を創る—探究するコミュニティへ』東洋館

出版社.

ベック, U. (1998)（東廉・伊藤美登里訳）『危険社会』法政大学出版局.

藤岡完治（2000）『関わることへの意志』国土社.

藤岡信勝（1991）『ストップモーション方式による授業研究の方法』学事出版.

藤田英典（2005）『義務教育を問いなおす』筑摩書房.

藤田英典（2016）「教育政策の責任と課題」小玉重夫他編『岩波講座 教育 変革への展望6 学校のポリティクス』岩波書店.

藤原顕（2010）「教師の実践的知識に関する研究動向－コネリーとクランディニン(F.M. Connelly and D.J. Clandinin)の研究を中心に」『兵庫県立大学看護学部・地域ケア開発研究所紀要』Vol.17.

船寄俊雄・近現代日本教員史研究会（2022）『近現代日本教員史研究』風間書房.

米国学術研究推進会議（森敏昭他監訳）（2002）『授業を変える』北大路書房.

堀田龍也・佐藤和紀・三井一希・渡邉光浩監修、棚橋俊介・西久保真弥著（2021）『GIGAスクールはじめて日記—Chromebookと子どもと先生の4カ月』さくら社.

堀尾輝久・浦野東洋一編（2005）『日本の教員評価に対する・ユネスコ勧告』つなん出版.

本田由紀（2009）『教育の職業的意義』筑摩書房.

本田由紀（2020）『教育は何を評価してきたのか』岩波書店.

松原憲治・高阪将人（2017）「資質・能力の育成を重視する教科横断的な学習としてのSTEM教育と問い」『科学教育研究』Vol.41, No.2.

松尾知明（2010）『アメリカの現代教育改革』東信堂.

松尾知明（2015）『21世紀型スキルとは何か』明石書店.

松尾豊（2015）『人工知能は人間を超えるか』KADOKAWA.

松下佳代編著（2010）『〈新しい能力〉は教育を変えるか』ミネルヴァ書房.

松下佳代・京都大学高等教育研究開発推進センター（2015）『ディープ・アクティブラーニング』勁草書房.

松沢哲郎（2011）『想像するちから—チンパンジーが教えてくれた人間の心』岩波書店.

学び続ける教育者のための協会（REFLECT）編（2019）『リフレクション入門』学文社.

丸山和昭（2017）「再専門職化の時代における教員養成の方向性」『日本教育行政学会年報』Vol 43.

溝上慎一（2014）『アクティブラーニングと教授学習パラダイムの転換』東信堂.

溝上慎一（2020）『社会に生きる個性』東信堂.

溝上慎一（2023）『幸福と訳すな！ウェルビーイング論』東信堂.

宮島年夫（2007）「個別学習と集団学習をつなぐ個性と協調性を同時に育てる」『VIEW21 小学版』2007年1月号.

宮本健市郎（2005）『アメリカ進歩主義教授理論の形成過程』東信堂.

明和政子（2019）『ヒトの発達の謎を解く—胎児期から人類の未来まで』筑摩書房.

三輪建二（2010）『生涯学習の理論と実践』放送大学教育振興会.

村井尚子（2022）『ヴァン＝マーネンの教育学』ナカニシヤ出版.

メジロー, J.（金澤睦・三輪建二監訳）（2012）『おとなの学びと変容』鳳書房.

森口佑介（2019）『自分をコントロールする力 非認知スキルの心理学』講談社現代新書.

松村暢隆（2003）『アメリカの才能教育』東信堂.

森直人（2011）「個性化教育の可能性—愛知県東浦町の教育実践の系譜から」宮寺晃夫編『再検討・教育機会の平等』岩波書店.

諸富徹（2020）『資本主義の新しい形』岩波書店.

文部科学省初等中等教育局教育課程課教育課程企画室（2018）「OECD Education 2030 プロジェクトについて」『初等教育資料』No.967.

山岸俊男（1999）『安心社会から信頼社会へ』中央公論新社.

山岸俊男（2010）『心でっかちな日本人』筑摩書房.

山岸俊男・長谷川眞理子（2016）『きずなとおもいやりが日本をダメにする』集英社.

山﨑準二（2002）『教師のライフコース研究』創風社.

山﨑準二（2012）「教師のライフコースと発達・力量形成の姿」山﨑準二・榊原禎宏・辻野けんま『「考える教師」―省察、創造、実践する教師―』学文社.

山﨑準二（2016）「教師教育の多元化システムの構築」佐藤学他編『岩波講座　教育　変革への展望4　学びの専門家としての教師』岩波書店.

ヤング，M.（菅尾英代訳）（2017）「『力あふれる知識』はすべての児童・生徒にとっての学校カリキュラムの基盤となりうるか」『カリキュラム研究』Vol. 26.

吉田敦彦（2023）「別様な市民が創るオルタナティブな学び場の公共性―〈縁側〉をもつ応答的包摂型公教育の生成へ」佐久間亜紀他編『教育学年報14　公教育を問い直す』世織書房.

吉本均（1983）『授業の構想力』明治図書.

ライチェン，D. S. & サルガニク，L. H.（立田慶裕監訳）（2006）『キー・コンピテンシー―国際標準の学力をめざして』明石書店.

リヒテルズ直子（2019）『イエナプラン実践ガイドブック』教育開発研究所.

レンズーリ，J. S.（松村暢隆訳）（2001）『個性と才能をみつける総合学習モデル』玉川大学出版部.

若松大輔（2021）「コミュニティにおける教師の学びに関する考察―リー・ショーマンの理論的構想に着目して」『日本教師教育学会年報』Vol. 30.

渡辺貴裕（2019）『授業づくりの考え方』くろしお出版.

OECD編（無藤隆・秋田喜代美 監訳）（2018）『社会情動的スキル―学びに向かう力』明石書店.

Evans, K. and Furlong, A.（1997）"Metphors of Youth Transitions: Niches, Pathways, Trajectories or Navigations," in Bynner, J., Chisholm, L., and Furlong, A.（eds.）, *Youth Citizenship and Social Change in a European Context*, Routledge.

Hargreaves, A. and Shirley, D.（2012）*The Global Fourth Way: The Quest for Educational Excellence*, Corwin Press.

Korthagen, F. and Vasalos, A.（2005）"Levels in Reflection: Core Reflection as a Means to Enhance Professional Growth," *Teachers and Teaching*, Vol.11（1）.

Taubman, P. M.（2009）*Teaching by Numbers: Deconstructing the Discourse of Standards and Accountability in Education*, Routledge.

あとがき

　1990年代以降、「改革のための改革」が問題視されてきましたが、そうした改革疲れの先に、本書で見てきたように、システム自体を根本から「変革」せねばという論調が強まっています。そもそも不確実性を伴う実践というものには、特に教育という営みには、これでいいのだろうかという迷いがつきものです。それに加えて、改革の対象とされ続けた学校現場は、社会的な信用もゆらぎ、自信を失いがちです。その結果、これをやっておけばよいという、上から与えられる遵守すべきものや一見確かなマニュアル的なものに依存しがちとなり、それがさらに学校や教師の受け身の姿勢を強化し、人が育つために必要な挑戦や試行錯誤の機会を学校から失わせています。

　子ども達の学びと成長を保障する場所として、このままではいけないことも学校にはたくさんあります。学校改革研究の知見が教えるように、学校は内側からしか変わらないものですが、今の学校には自分たちで変わっていくことを期待できないとしびれを切らした改革者や変革者たちは、学校の破壊的創造を強調したり、学校外への離脱を促したりもしています。そうして、そもそも学校に依存しすぎず、今の当たり前をゼロベースで見直して、学びの場や居場所を多様化していこうというのが、教育「変革」政策の基本的な方向性です。

　教育に限らず、なかなか変わらない現状への閉塞感から、徐々に変えていくのではなく根本から変えていこうという声が大きくなりがちな風潮があるように思います。議論や批判よりも、まずは行動すること、前向きに何かを進めることが是とされがちです。そういった論調からすると、本書はまどろっこしいものかもしれません。本書では、子ども主体の学びや一人ひとりに応じた教育やICT活用などについても、歴史的な理論や実践

の蓄積を参照しながら、繰り返し問われてきた論点や、議論や実装において ふまえておくべき知見を整理しつつ、ああでもないしこうでもないといった形で論じています。その先に、私なりに考える結論や方向性を示してはいますが、それは何か気の利いた目新しい提案という感じでもありません。斬新でワクワクする実践や取り組みのヒントを示すような、提案性のある著作と合わせて、本書を読んでもらえるとちょうどよいかもしれません。とは言え、本書の主張の多くは、現場にとって、破壊的ではないけれど、根本を問うという意味でラディカルだとは思っています。

　議論したり迷ったりすることは、変化を止めるもののように思われがちです。しかし、たとえば、新たな学びの実現というのも、ちゃんと目の前の子ども達に誠実に向き合いさえしていれば、これでいいのだろうか、こういう形もありうるのではないかと、むしろさまざまな考え方の間で揺れ動いたり、いろいろ議論しながら試したりしているうちに、気が付くと実質的に現実が動いているということもあるでしょう。

　かつては文部省や文部科学省が示す学習指導要領等に対して、それを批判的に相対化するような論調もそれなりにあって、それらの間で、現場において最適解が探られてきた部分もあると思います。むしろ現場に近いところでカウンターやオルタナティブとなる考え方があることで、政策の打ち出しも、緊張感を持ちつつも大胆になりえたように思います。しかし、そうした相対化する力も弱くなって、他方で、各業界からの諸要求は拡大し、学習指導要領自体がいろいろと無難にバランスを取るようになり、ある程度議論済みのものが現場へと周知徹底されるという構図の中で、自信を失いがちで萎縮した現在の学校現場においては、再度それを議論の余地のあるものとしてつかみなおす余力も姿勢も失われてしまっています。

　本書は、自明視されがちな改革のキーワードを、議論の余地のあるものとして宙づりにして、現場の先生方が自分たちで、迷いながらつかんでいけるための議論の足場や見通しを示せたらと思っています。わからなさや

迷いを引きずれること、不確実な世の中においては、そうしたネガティブ・ケイパビリティが重要であり、負の感情を含んだしぶとさこそが、表層ではない物事の深層に届く思索と変化を生み出しうるのです。そして、振れ幅の大きな迷いの先にこそ、自分なりの軸も形成されてくるものです。

　本書を書き終えて、私自身、迷いは深まっています。本書で地ならしした思考や視座の外側で、今も次々と新しい挑戦が生まれていますし、学校という場と教師という仕事に私は希望を見過ぎているのかもしれません。自分の唯一の取り柄は、足で稼いで現場から学ぶという点だと思っています。学校現場では、いろいろな厳しさやしんどさを感じることも多いですが、子ども達の日常や学びを守っている教師の仕事の尊さ、そして、少しでも子どもたちのためにがんばろうという現場の想いもまた感じています。

　次々と押し寄せる改革や変革の波に対して、それを受け止め解読する余裕や溜めのない現場の状態を見るに、現場に近いところで、防波堤やクッションをもう少し手厚くする必要があるのではないかと思います。真に受け止めるべきことを整理して、現場に対して、正解を示すというより、ラディカルに問いを投げかけ、議論の空間を少しでも担保する。そうして、現場において、自分たちの実践とそれを語る言葉が、そして専門職としての自信が積み上げられていく。本書がその一助となれば望外の喜びです。

　本書を作成する過程で、2023年度後期の京都大学の「教育方法学特論」の授業で、草稿をもとに受講者とディスカッションを行い、多くのヒントや示唆を得ることができました。受講者の皆さんに感謝申し上げます。

　本書は、予定より一年以上刊行が遅れましたが、本書の作成を励ましてくださった教育出版の廣瀬智久様、そして、粘り強く丁寧に編集の労をとってくださった担当の阪口建吾様、武井学様には記して感謝申し上げます。

2024年2月
石井英真

石井 英真
<ruby>石井<rt>いしい</rt></ruby> <ruby>英真<rt>てるまさ</rt></ruby>

1977 年兵庫県生まれ。京都大学大学院教育学研究科准教授。博士（教育学）。日本教育学会理事、日本教育方法学会常任理事、日本カリキュラム学会理事、文部科学省「児童生徒の学習評価に関するワーキンググループ」委員、「今後の教育課程、学習指導及び学習評価等の在り方に関する有識者検討会」委員など。主な著書に、『今求められる学力と学びとは』（単著、日本標準、2015 年）、『再増補版・現代アメリカにおける学力形成論の展開』（単著、東信堂、2020 年）、『授業づくりの深め方』（単著、ミネルヴァ書房、2020 年）、『未来の学校』（単著、日本標準、2020 年）、『中学校・高等学校 授業が変わる学習評価深化論』（単著、図書文化、2023 年）など多数。

教育「変革」の時代の羅針盤
「教育 DX ×個別最適な学び」の光と影

2024 年 3 月 19 日　初版第 1 刷発行
2024 年 9 月 24 日　初版第 2 刷発行

著　者　　石　井　英　真
発行者　　伊　東　千　尋
発行所　　教　育　出　版　株　式　会　社

〒135-0063　東京都江東区有明 3-4-10　TFT ビル西館
電話　03-5579-6725　振替　00190-1-107340

© T.Ishii 2024　　　　　　　　　　　印刷　モリモト印刷
Printed in Japan　　　　　　　　　　製本　上島製本
落丁・乱丁本はお取替いたします

ISBN978-4-316-80503-0　C3037